基礎管理会計
Basic Management Accounting

清水　孝＋庵谷治男［著］

中央経済社

はじめに

　管理会計は，経営戦略の実行を支援するための情報の認識，作成，記録そして伝達をするものであり，財務情報と非財務情報，さらには定量的情報のみならず定性的情報をも含んでいる。言い換えれば，意思決定や業績評価のために役立つ情報であれば，あらゆる種類の情報を活用するということを意味する。

　経営において財務情報の有用性はきわめて大きい。ところが，経営戦略実行の支援という企業全般にかかわるものでありながら，財務情報の認識や作成については，一定の知識や技能を要求するために，縁遠く感じている人も多い。企業において，こうした財務情報や非財務情報なしに戦略を実行すること，すなわち経営を行うことは不可能であるにもかかわらずである。それは船の羅針盤あるいは飛行機のコックピットをみずに船や飛行機を航行させることと等しい。

　管理会計情報の重要性はトップマネジメントである経営層にとどまるものではない。事業部を預かるミドルマネジャーや，現場に近いロワーマネジャーであっても，全社的な方向性を理解した上で，自らの事業部や部門の目標を設定し，それに向けて様々なアクション・プランを策定し，これを実行していかなければならない。ほとんどの組織では，売上予算あるいは費用予算を持っている。全社的な目標利益を達成しようとする場合，組織の各部門あるいは部署，最終的には個人が，売上高予算を達成し，費用予算を超えないようにすることで全社的利益の獲得に貢献できるが，重要なことは予算を立てることではなく，予算統制を行って振り返ることでもない。もっとも重要なことは予算を達成するために採用されるアクション・プランである。

　しかし，あるアクションを採れば，売上高は増加するがコストもかかるだろう。これらのバランスを取りながら利益の獲得に貢献するためには，企業で働くすべての人々が管理会計的な発想を持たなければならない。つまり，本社の経理部で働く人々だけではなく，工場はもとより営業や開発の仕事をする人々も，戦略を理解し，戦略目標を達成するにはどうするのか，それぞれの行動がどのような費用を生み，収益を生むのか，結果として利益に貢献できるのかを意識して日々の仕事に当たらなければならない。本書は，こうしたマインドを

持つきっかけとするために，管理会計の領域を網羅して，企業内の人々が持つべき考え方やツールを列挙している。

　本書は，管理会計の基礎について解説する書物である。初めて管理会計の世界に触れる方々が，細かい計算のプロセスを追うのではなく，どのような状況でどのような情報が要求されるのか，また，与えられた情報をどのように読めばいいのかについて焦点を当てている。したがって，詳細な計算プロセスは一部を除いて説明していない。

　また，本書の内容は大学あるいは大学院で，管理会計を2単位（90分×15回：第5章および第7章は2回，それ以外の各章は1回）で学べるように組み立ててある。本文を熟読し，示されている事例を考え，最後に章末問題を解くことで，管理会計の基礎を学ぶことができるのである。

　本書は，早稲田大学大学院会計研究科の清水と東洋大学経営学部の庵谷が共同で執筆した。互いに得意な分野に特化しつつ，入門書としてあるべきレベルを模索した。一般的な管理会計の書物には説明があるものであっても，思い切って割愛したものもある。執筆を通じて互いに原稿のやり取りを行い，検討を重ねてきた。このため，本書は2名の共同執筆であるが，最初の原稿を執筆した章は，清水が1，4，5，6，7，9章，庵谷が2，3，8，10，11，12章となっている。

　また，原稿は，早稲田大学商学部助手の町田遼太先生と，早稲田大学大学院商学研究科博士課程在学中の上田巧君に細かく目を通してもらった。2名とも管理会計を学ぶ読者の目で原稿を読み，数々の貴重な指摘をしてくれた。彼ら2人のサポートなしに，本書を作り上げることは不可能であった。記して感謝申し上げる。最後に，本書の出版を快くお引き受けいただいた中央経済社の小坂井和重氏にも衷心より感謝申し上げる。

2019年4月

清 水　　孝
庵 谷 治 男

目次

はじめに・i

第1章　戦略を実行するための管理会計の意義

第1節　管理会計の意義と目的・1
　1　管理会計の語源／1
　2　組織の目的，目標と戦略／2
　3　管理会計の定義／4

第2節　戦略を管理するシステム・5
　1　戦略を管理する／5
　2　BSCの基本的構造／7
　3　財務情報と非財務情報／10

第3節　マネジメント・コントロール・システムと管理会計・11
　1　管理会計の体系／11
　2　マネジメント・コントロールの発展／13
　3　フィードバック・コントロールとフィードフォワード・コントロール／16

第4節　財務会計と管理会計・17
　1　財務会計と管理会計／17
　2　伝統的財務会計と管理会計の相違点／18
　3　制度会計の変化／20

参考文献／21

章末問題／23

第2章　企業の健康診断をする
：財務分析と各種の財務指標

第1節　財務分析の基礎概念・25
1. 財務分析の意義と利用情報／25
2. 財務分析の利用者と活用方法／26
3. 財務情報の源泉：財務諸表／26
4. 財務分析の準備／30

第2節　収益性分析：ROI, ROE, 財務レバレッジ・32
1. 収益性分析の意味／32
2. 資本利益率／32
3. 総資本（総資産）利益率／34
4. 経営資本利益率／36
5. 自己資本利益率／37
6. 財務レバレッジ／37
7. 資本利益率の分解／38

第3節　財務安全性の分析：流動比率，当座比率，負債比率，固定比率，インタレスト・カバレッジ・レシオ・42
1. 財務安全性分析の意味／42
2. 流動比率と当座比率／43
3. 負債比率と自己資本比率／44
4. 固定比率と固定長期適合率／45
5. インタレスト・カバレッジ・レシオ／45

章末問題／49

第3章　年次の利益目標を考える
：短期利益計画

第1節　短期利益計画の基礎概念・53
1. 長期経営計画と中期経営計画／53
2. 短期利益計画／55

第2節　CVP分析の前提としての変動費と固定費・56
　　1　変動費と固定費の意義／56
　　2　正常操業圏の概念／57
　　3　固変分解の方法／58
第3節　CVP分析・61
　　1　利益図表の作成／61
　　2　貢献利益／64
　　3　貢献利益図表／67
　　4　目標利益を達成するための売上高／67
　　5　安全余裕率（安全率）／69
　　6　経営レバレッジ／69
　　7　CVP分析の仮定／70
参考文献／71
章末問題／71

第4章　利益目標を達成するための計画
：予算管理

第1節　予算管理の基礎概念・73
　　1　予算と予算管理／73
　　2　予算の種類／75
　　3　予算の体系／77
　　4　予算の3大機能／78
　　5　責任会計／80
第2節　予算編成・81
　　1　予算編成のプロセス／81
　　2　損益予算編成のプロセス／82
第3節　予算統制・83
　　1　予算統制のプロセス／83
　　2　売上高予実差異分析／84
　　3　費用の予実差異分析／88

4 利益の予実差異分析／90

第4節 予算管理の革新・92

1 予算管理の問題点／92

2 脱予算経営の基礎／92

3 脱予算経営と日本企業／94

参考文献／94

章末問題／95

第5章 年次のキャッシュ・フローを考える
：短期資金管理

第1節 資金管理の基礎概念・97

1 資金管理の意味と目的／97

2 短期資金管理と長期資金管理／98

3 資金の概念／99

第2節 資金繰表の作成・103

1 資金繰表の意味／103

2 資金繰表の作成／104

3 予定資金繰表の作成／106

第3節 資金運用表の作成・108

1 資金運用表の意味／108

2 資金運用表の作成／110

第4節 キャッシュ・フロー計算書の作成・116

1 キャッシュ・フロー計算書の意味／116

2 間接法によるキャッシュ・フロー計算書／118

3 キャッシュ・フロー計算書の作成／122

章末問題／123

第6章　オペレーションの意思決定をする
：差額利益分析

- 第1節　差額利益分析の基礎概念・127
    1. 意思決定の種類／127
    2. 業務的意思決定の種類／128
    3. 業務的意思決定のための原価・利益情報／130
- 第2節　受注を受けるべきか否か・132
    1. 新規注文の条件／132
    2. 差額利益の計算／133
    3. 意思決定の注意点／134
- 第3節　追加加工をして高く売るべきか否か・135
    1. 追加加工の条件／135
    2. 差額利益の計算／136
- 第4節　単純なセールス・ミックスの意思決定・137
    1. 状況の整理と問題点／137
    2. 作業時間に制約がある場合／138
    3. 原材料に制約がある場合／140
    4. 投入資源と販売数量に制約がある場合／141
- 第5節　セールス・ミックスの意思決定・142
    1. 状況の整理と問題点／142
    2. ケースの分析／142
- 参考文献／144
- 章末問題／145

第7章　設備投資を行うべきか行わざるべきか
：設備投資の経済性計算

- 第1節　設備投資の経済性計算の基礎概念・147
    1. 設備投資の意思決定／147
    2. 設備投資決定の判断基準：キャッシュ・フロー／148

　　　　　3　単純回収期間法／155
　第2節　資本コストの計算・157
　　　　　1　資本コストを考慮する意味／157
　　　　　2　複利計算と割引計算／158
　　　　　3　資本コストの計算／161
　　　　　4　加重平均資本コストの計算／161
　第3節　正味現在価値法の意義とその計算・164
　　　　　1　正味現在価値法の意義／164
　　　　　2　正味現在価値法の計算／164
　第4節　その他の設備投資の経済性計算・168
　　　　　1　設備投資の経済性計算の手法／168
　　　　　2　投資利益率法／169
参考文献／170
章末問題／170

第8章　活動に焦点を当てた原価計算と原価管理
：ABCとABM

　第1節　ABCの基礎概念・173
　　　　　1　ABC提唱の背景：伝統的な原価計算の問題点／173
　　　　　2　ABCの基本的な考え方／175
　　　　　3　ABMの意義／176
　第2節　ABCの計算方法・178
　　　　　1　ABCの2段階計算プロセス／178
　　　　　2　ABCの第1段階／178
　　　　　3　ABCの第2段階／179
　　　　　4　ABCにおける活動の分類と活動原価／180
　　　　　5　コスト・ドライバー／180
　第3節　ABCの計算例：実際配賦・182

　　　　　1　部門別個別原価計算の事例／*182*

　　　　　2　ABC の事例／*185*

　　　　　3　ABC の利点と問題点／*187*

　　　　　4　未利用キャパシティの測定／*189*

　　第4節　ABM の考え方・*192*

　　　　　1　ABM の概念／*192*

　　　　　2　業務的 ABM と戦略的 ABM／*193*

　参考文献／*194*

　章末問題／*194*

第9章　工場のコストを管理する

：原価管理

　　第1節　原価管理の基礎概念・*197*

　　　　　1　原価管理の意義／*197*

　　　　　2　原価企画・原価改善・原価維持／*199*

　　第2節　原価企画・*202*

　　　　　1　原価企画の意義と特徴／*202*

　　　　　2　原価企画のプロセス／*203*

　　　　　3　目標原価の決定方法／*204*

　　　　　4　原価企画におけるサプライヤー関係／*205*

　　第3節　原価改善・*207*

　　　　　1　原価改善の意義と特徴／*207*

　　　　　2　原価改善のプロセス／*208*

　　　　　3　原価改善におけるサプライヤー関係／*209*

　　第4節　原価維持：標準原価計算・*210*

　　　　　1　原価維持の意義と特徴／*210*

　　　　　2　原価標準と標準原価カード／*210*

　　　　　3　期間標準原価の計算／*212*

　　　　　　4　原価差異の計算と分析／212
　　　　　　5　直接材料費の差異分析／213
　　　　　　6　直接労務費の差異分析／215
　　　　　　7　製造間接費の差異分析／216
　　参考文献／217
　　章末問題／218

第10章　事業部をどのように評価するのか
：事業部制会計と業績評価

　　第1節　事業部制組織とカンパニー制組織・219
　　　　　　1　事業部制組織／219
　　　　　　2　カンパニー制組織／223
　　第2節　直接原価計算・225
　　　　　　1　直接原価計算の意義／225
　　　　　　2　全部原価計算と直接原価計算の違い／225
　　第3節　セグメント別損益計算書・228
　　第4節　事業部ROI，残余利益，EVA®・231
　　　　　　1　事業部ROIと残余利益／231
　　　　　　2　EVA®／234
　　参考文献／235
　　章末問題／236

第11章　事業部制を支える会計手法
：振替価格と事業部資本と本社費配賦

　　第1節　振替価格の基礎知識・239
　　第2節　振替価格の種類・241
　　　　　　1　市価基準／241

　　　　　　2　原価基準／243
　第3節　事業部資本・249
　第4節　本社費配賦の是非・251
　第5節　本社費の配賦方法・252
　参考文献／253
　章末問題／254

第12章　小さい組織をどのように管理するのか
：ミニ・プロフィット・センターとアメーバ経営

　第1節　ミニ・プロフィット・センターの基礎知識・257
　　　　1　ミニ・プロフィット・センターの意義／257
　　　　2　真性 MPC と疑似 MPC／259
　第2節　アメーバ経営の概念・261
　　　　1　京セラの経営／261
　　　　2　京セラのアメーバ経営／262
　第3節　アメーバ経営の手法・263
　　　　1　アメーバ組織／263
　　　　2　管理会計システム／265
　　　　3　予実管理システム／269
　　　　4　社内売買システム／270
　　　　5　非製造業における協力対価システム／271
　第4節　京セラフィロソフィ・272
　　　　1　京セラフィロソフィの概要／272
　　　　2　7つの会計原則，6つの精進，経営12カ条／272
　参考文献／274
　章末問題／276

索　引／277

第1章

戦略を実行するための管理会計の意義

第1節◆管理会計の意義と目的

1　管理会計の語源

　管理会計（Management Accounting あるいは Managerial Accounting）は，しばしば管理・統制のための会計ととらえられることがあるが，それは必ずしも正しくない。管理会計の語源となっている Management あるいは Managerial の意味を辞書で調べてみよう。

　研究社の新英和大辞典によれば，Management は名詞であり経営や管理，あるいは経営管理者を意味している。Managerial は形容詞であり，「経営者の」あるいは「経営管理上の」という意味を有している。ここから考えると，管理会計は経営管理者が，経営を行うために使用する会計ということになる。経営を行う主体は経営者ということになるから，結局は経営者あるいはもう少し範囲を広げて経営管理者が，経営を行うために使用する会計を管理会計と考えてよいだろう。

　企業を対象として考えれば，「経営を行う」ことは，まさしく企業活動すべてを指している。しかし，経営者あるいは経営管理者が行う活動は，もう少し焦点を絞って考えなければならないだろう。経営者は，企業が持続的に存続することを目的とし，各種の計画を立て，それらを計画どおりに実行できるように部下に影響を与えなければならない。経営管理者は，同様に経営者から与え

[図表1-1] 影響システムとしての管理会計

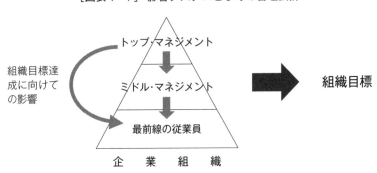

られた，あるいは経営者とともに考えた計画の実行を詳細に企画し，それらを計画どおりに実行できるように部下に影響を与えることになる。組織が複数の階層から成り立っていることを前提とすれば，こうした**影響システム**（伊丹，1986）は何段階にも分かれて存在していることになる。

図表1-1では，便宜上組織を3階層（トップ・マネジメント，ミドル・マネジメントおよび最前線の従業員）に分類している。それぞれ直上の職階から組織目標達成に向けての影響が与えられることが示されているが，職階を飛び越えた影響，たとえばトップ・マネジメントの強い影響が最前線の従業員に働くこともある。管理会計は，このように組織目標を明確にし，**組織構成員に対してその達成に向けて影響を与えるシステム**に他ならない。

2 組織の目的，目標と戦略

ところで，「組織の目的」とは何であろうか。組織には様々な目的がある。先述したように，持続的に存続することも目的の1つであるが，最広義の目的は，企業の存在意義として示されていることが多い。多くの日本企業は社是あるいはフィロソフィなどといった形で，**企業の存在意義あるいは企業理念**を明らかにしている。

たとえば，トヨタ自動車は，企業理念をウェブサイト等で示しているが，その原型は豊田佐吉の考えを基に，後に豊田利三郎・喜一郎が作成した豊田綱領である（トヨタ自動車ウェブサイト）。また，京セラは，敬天愛人を企業理念と

考え，これを具体化するために京セラフィロソフィが作成されている。こうした企業理念は，超長期的に，言い換えれば未来永劫にわたる企業の方向性を指し示し，企業が追求すべきものであるが，多くの場合，あまりにも漠然としていて，それに基づいて具体的な行動を起こすのは難しくなる。存在意義や企業理念は，物事の考え方の骨格となるものであり，企業が活動を行うためには，より具体的な**目標**が必要になる。

　少し時間軸を短くすると，多くの企業は3年程度の中期経営計画を立案している。この時，向こう3年間に到達すべき具体的な数値目標を設定することがある。一般的には，自社の強みや弱み，経営環境の機会と脅威（SWOT）を分析し，ストレッチな目標を考える。顧客の嗜好はどのように変化するのか，自社の技術はその変化にどのように対応できるのか，また，新たな需要を喚起することができるのか，競合他社の動向はどのようになるのか，部材や原材料の市場は安定しているのか，技術革新は進むのかなどを考えつつ，標的となる市場を絞り，そこに投入する製品やサービス，そしてそのための資源配分を行っていく。この時に，いわゆる**戦略**を策定することになる。

　戦略には全社戦略と事業戦略がある。**全社戦略**は，事業ポートフォリオをどのように組み，どの事業にどれだけの資源配分を行うかを決定するものである。**事業戦略**には多くの定義があり，一義的に確定することはきわめて難しいが，ここでは，ある事業分野においてストレッチな目標を達成するために考案された一連のアイデアの束と考えておくことにする。

　事業戦略は，かつては事前に計画された一連のアイデアの束であると考えられていたが，Mintzbergは，将来のために意図されて計画されたもの（**意図された戦略**）だけではなく，組織が学習する中で形成される**創発戦略**が存在することを示した（Mintzberg, 1998: 訳書，pp.11-13）。このことは，トップ・マネジメントが自ら立てた事業戦略を遂行するように部下に影響を与えるのみならず，部下が組織の目的を理解し，環境を学習しながら新たな思考パターンを形成していくための方向性を示すよう影響を与えることも必要であることを意味している。

3 管理会計の定義

 以上のように,管理会計は組織内で働く人々に影響を与えるシステムであると考えられるが,古くから管理「会計」とあるように,その情報は主として会計情報であるととらえられてきた。たとえば,**米国公認管理会計士協会**(Institute of Management Accountants:IMA) は,1981年に管理会計を「経営管理者が組織内部において,計画・評価およびコントロールを行い,その組織体の経営資源を適切に使用し,会計責任を果たすために使用する財務情報を認識し,測定し,集計し,分析し,作成し,解釈して伝達する過程」であると定義している (IMA,1981,p.1)。

 この定義は,管理会計の主体を経営管理者とし,その目的は計画・評価・コントロール・資源配分および会計責任を果たすことであり,そのために財務情報を認識・測定・集計・分析・作成・解釈・伝達することであると考えている。ここには,計画や評価という用語が出てきてはいるが,具体的に何を目指すのかについては示されていないし,ましてや戦略などという概念はまったく想定されていない。もともと,管理会計の領域においては,戦略あるいは中期経営計画は所与のものであった。管理会計は意図された戦略や中期経営計画を業務的に実行するために,組織に対して影響を与えるシステムであり,関連する情報は財務情報に限定されると考えられていた。

 しかしながら,前述のように企業は中長期的な目標を持ち,これを実現するために経営を行っている。したがって,計画の策定,評価の実行,コントロールおよび資源配分は戦略の実行に資するように行われなければならない。管理会計と戦略の関わりについて明示的な説明を行ったのも IMA である。IMA は2008年に管理会計の新しい定義を次のように示している。「管理会計は,専門的な機能であり,組織の戦略の策定および実行において経営管理者を支援するために,経営上のパートナーとなり,計画立案と業績管理システムについて工夫を凝らし,財務的な報告およびコントロールにおける専門的技術を提供することを含んでいる」(IMA,2008)。ここにおいて,管理会計は組織の戦略を策定し実行する段階において,経営管理者を支援するための専門的機能であることが明記されたのである。

近年の管理会計の定義は，戦略との関係性を明らかにしているものも少なくない。管理会計の主たる役割は，経営目的を達成するために，経営戦略を成功裡に遂行することである。いかに有効かつ効率的なアクション・プランを取るのか，また，いかに人々の行動を目的達成に向けるのかという点が重要なのである。他方，戦略の策定という観点においては，一から新しい戦略を策定する時には，管理会計の有用性は大きくはない。しかし，管理のサイクルを回しながら，不確実性に対処して環境適応を目指していく段階においては，新たな戦略の創発に役立つことも否定できない。すなわち，管理会計は，意図された戦略の策定というよりは，創発戦略の策定には貢献しうる可能性を持っているのである。

　したがって，本書では管理会計を次のように定義しておくことにする。

　　管理会計とは，事業戦略の実行時における意思決定および業績評価に対して，経営管理者に必要とされる情報を提供し，これによって組織全体に戦略の実行に向けて影響を与えるシステムの総合体を言う。ただし，事業戦略のレビュー時にも管理会計情報は有用であり，結果として創発戦略の策定にも資するものとなる。

第2節◆戦略を管理するシステム

1　戦略を管理する

　管理会計が主として戦略の実行に資する情報にかかわるものであることは理解できたと思う。そこでは，様々な情報が活用され，きわめて多面的にマネジメント・プロセスが組まれることになる。こうした総合的な戦略実行システムとして著名なものが，バランスト・スコアカード（Balanced Scorecard：BSC）である。BSC は，ハーバード大学の Kaplan 名誉教授とコンサルタントの Norton 博士によって考案されたものであり，すでに両名によって著された書物も 5 冊にのぼっている（Kaplan and Norton, 1996；2001；2004；2006；2008）。

[図表1-2] 戦略マネジメント・システム

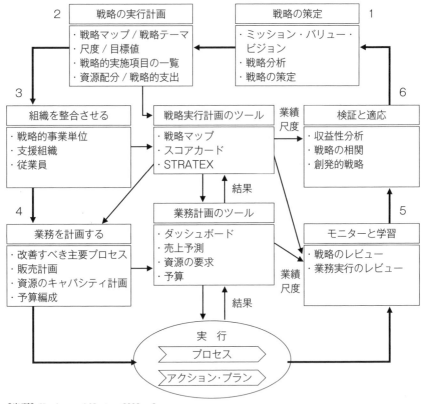

[出所] Kaplan and Norton, 2008, p.8.

　BSCは，戦略マネジメントのツールという位置づけになっており，**図表1-2**のようなシステムとして考えられている。

　戦略マネジメント・システムは6つのステップに分割されていて，戦略の策定からその実行，そして戦略のレビューまでをカバーしている。この流れを筆者の解釈によって説明していく。

　第1段階は戦略そのものを策定するステップである。BSCのロジックでは，組織の存在意義であるミッション，行動規範となるバリューおよび中期的な経営目標であるビジョンに基づいて戦略が策定される。第2段階は戦略の実行計

画の立案であって，これが戦略マップおよびスコアカードとなって具体化する。一般的に示されるBSCはこの段階のものをいう。戦略マップとスコアカードについては後に詳しく説明する。戦略マップとスコアカードは，全社的なものに始まり，その後ビジネス・ユニットやサポート・ユニットなど，組織の下方に展開されて，組織全体の方向性が一致（整合）される。これが第3段階である。第4段階は，戦略を成功させるために必要な具体的業務計画の立案である。戦略および業務が実行されれば，その状況がモニターされ，さまざまな学習が行われる。これが第5段階である。戦略および業務はうまく行われることもあれば失敗することもある。成功すればさらなる成功をするために，失敗すればそれをカバーするために様々な案が考えられ，創発戦略が生まれる可能性が生じる。これが第6段階であり，次の戦略策定のフェーズに戻っていくのである。Kaplan and Nortonが示したBSCのシステムは，まさしく戦略をマネジメントする形となっているのである。

2　BSCの基本的構造

　BSCは，きわめて広範にわたり奥の深いアイデアであるため，簡単に説明することは困難である。これを理解するためには，前述の5冊の書物を十分に読みこなすことが必要なのであるが，ここではあえて単純化したBSCの構造について述べておくことにする。BSCについてさらなる学習をする場合には，Kaplan and Nortonの書物をぜひ読んでいただきたい。

(1)　BSCは戦略マネジメント・システムである

　BSCにまつわる書物はすでに数十冊出版されており，中にはそれぞれの著者独特の定義をしているものもあるが，その本質は戦略を管理するシステムである。その大きなプロセスは**図表1-2**に示したとおり，戦略の策定に始まり，それを具体的な活動に落とし込むことによって実行しフィードバックする，戦略マネジメント・システムである。

（2） BSC には４つの視点がある

　BSC には４つの視点があり，各視点から戦略を評価し実行するものである。通常，最終的な結果の視点として**財務の視点**が置かれる。伝統的な理論では，企業は株主のものであるという説が支配的である。企業の活動は最終的には財務的な数値となって株主に報告される。株主あるいは投資家に評価されるためには，彼らが期待する利益を獲得できていなければならない。株主や投資家を満足させるだけの利益を獲得するためにはどうすればよいか。その答えは，顧客を満足させて繰り返し製品やサービスを購入してもらうことである。

　こうした顧客の支持を得るための戦略目標が**顧客の視点**に置かれる。顧客の支持を得るためには，「他社よりも安いコストで製品を作る」，「他社よりも優れた機能の製品を開発して作る」，「他社よりも美しいデザインの製品を作る」，「他社よりも早くデリバリーする」など，企業内のプロセスに秀でなければならない。社内のプロセスについて秀でることを考えるのが**内部プロセスの視点**である。内部プロセスに秀でるためには**学習と成長のプロセス**において，３つの無形の資産（インタンジブルズ），すなわち人的資本，情報資本および組織資本が優れていなければならない。**人的資本**はまさしく従業員の能力であり，これを高めるために何をすればよいのかを考えることはあらゆる企業にとって必須である。**情報資本**は意思決定を支援する IT システム，**組織資本**はよりよい組織文化を意味し，それぞれの資本を増強するための方策を考える。

　BSC で考えられている戦略はそう複雑ではなく，Porter (1985) の差別化戦略あるいはコスト・リーダーシップ戦略が前提となっている。これらのいずれか（日本企業は両方を求めることが多い）を達成するためのロジックを４つの視点を通して考えるのである。

　たとえば，ある弁当屋が，よりおいしく安全な弁当をより安価に生産・販売するためのロジックを考えよう。こうした企業が利益を出すためには，顧客に受け入れられて毎日購入してもらわなければならない。顧客は安価ではあっても安全な食材を使用した弁当で，かつ種類が多くなければ飽きてしまう。つまり顧客満足度を得るためにはこの３点，安価，安全および多種類が求められる。これらを達成するための内部プロセスを考察し，よりよい品質の弁当を作り，

丁寧かつ親切に販売する販売員を養成し，活気ある組織にすることを学習と成長の視点で考えていくことになる。きわめて単純であるが，これがBSCの4つの視点を通じたロジックである。

（3） BSCには2つのツールがある

BSCは，上で説明したロジックを投影する**戦略マップ**と，そのロジックをより具体的なアクション・プランに落とし込むために作成される**スコアカード**から構成されている。戦略マップは，4つの視点において達成すべき目標である**戦略目標**のロジックを示すものである。戦略マップ自体は，きわめて直感的に示されており，組織内のあらゆる人々に対して，組織が何をどのように達成

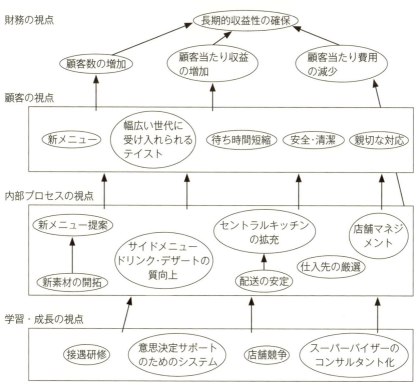

［図表1-3］ 外食産業における戦略マップ

［出所］清水，2014，p.107。

しようとしているのかを伝えるためのものである。**図表1-3**は，ある外食産業における戦略マップの例である。

しかし，戦略マップにある戦略目標をどのように達成するのかは戦略マップには示されていない。それを書き入れていくと複雑になりすぎてしまうからである。そこで，それぞれの視点に設定された戦略目標の実行状況を測定するための尺度，その目標値，そして実行するための**アクション・プラン**（strategic initiatives: 戦略的実施項目）をスコアカードに記入する（**図表1-4参照**）。

[図表1-4] スコアカードの構造

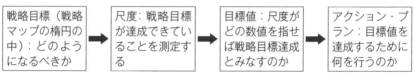

[出所] 清水，2014，p.68を加筆修正。

このように，戦略を実行するためのおおまかな道筋を示す戦略マップと，戦略マップに示された戦略目標を実行するための尺度・目標値・アクション・プランを示したスコアカードの2つで，戦略を管理することになる。

なお，**図表1-2**のステップ5とステップ6で，戦略はレビューを受けて，戦略そのものの適切性に関する判断が行われ，環境変化が大きく，当初策定された戦略が不適切である場合には新たな戦略が考案されることになる。

3　財務情報と非財務情報

BSCにおいては，伝統的に管理会計で使用されてきた財務（会計）情報は，財務の視点にしか現れない。顧客の視点では顧客満足度や顧客維持など，内部プロセスの視点では，内部業務の実施状況における数値，そして学習と成長の視点では，前述のように従業員の能力開発や組織の活性化といった課題も取り上げなければならない。

もともと管理会計は，会計情報を取り扱うものとして発展してきた。原価管理などにおいては，いわゆる原単位（数量や時間）を管理指標として使用して

きたが，主流は財務情報であり，長い間，その定義から「財務情報」という用語がのぞかれることはなかった。

しかし，BSC のロジックからも明らかなように，企業が利益を生み出すためには，個々のマネジャーや従業員が何をすればよいのかを理解して，それぞれに目標を設定して実行することが必要となる。売上高，費用，利益といった財務情報は行動の結果として得られるものである。しかし，数字を作ろうと思えば，それに先立って様々な行動をとらなければならないことは当然である。著者の1名は，常々業績管理という領域は，売上高・費用・利益といった財務業績を計画どおり生み出すように，現在の活動を管理することを意味すると指摘してきた。財務的な結果は，それ以降の期間へのフィードバック情報としては意味があるが，問題なのは，計画期間の目標をいかに達成するか，という点のはずである。こうした財務結果を出すためのドライバーとなる行動を計画し，それを達成するためには，非財務の情報がきわめて重要なのである。

第3節◆マネジメント・コントロール・システムと管理会計

1　管理会計の体系

伝統的管理会計の体系についてみておきたい。かつては計画会計と統制会計あるいは意思決定会計と業績評価会計といった管理会計の体系が提唱されていた。**計画会計**はまさしく計画のために会計情報を使用するものであり，計画値と実績値のギャップを測定してその原因を測定し，フィードバック情報として活用するのが**統制会計**である。

他方，Beyer (1963) は，各種の代替案を数値で評価して意思決定の援助を行う**意思決定会計**と組織の業績を財務的に評価する**業績評価会計**に分類した。

ところが，Anthony (1965) は，これらとは異なる分類を行った。それが戦略計画，マネジメント・コントロールおよびオペレーショナル・コントロールである。その後，Anthony の体系の名称は変更が加えられて，現在は戦略策定，マネジメント・コントロールおよびタスク・コントロールとされている。

企業はまずは中期的な経営目標を設定する。その目標の達成に向けて戦略と

いうアイデアの束を考えて，それを達成する具体的な計画を立案する。これが計画会計であり，意思決定会計でもある。ただし，計画会計には，戦略あるいは中期経営計画のための長期計画と，単年度の短期計画がある。単年度のために立案された短期計画を実行し，その結果と計画を比較してフィードバックを行うことが統制会計であり，短期計画会計と統制会計を合わせて業績評価会計という。

　他方，策定された戦略を実行するために組織構成員に影響を与えることを会計的にとらえたものと考えることもできる。戦略を実行するのは組織構成員である。したがって，組織構成員は戦略を理解するとともに，上司は部下を戦略目標の達成に向けて影響を与えることが求められる。Anthony and Govindarajan（2007, p.7）は，このように「組織のマネジャーが，他のメンバーが当該組織の戦略を実行するように影響を与えるプロセス」のことを**マネジメント・コントロール**と呼び，個々のタスクを有効かつ効率的に実施するための科学的コントロールを**タスク・コントロール**として区別したのである。結果として，マネジメント・コントロールは，伝統的管理会計の領域を含み，さらに戦略の実行との関連も明確にしたのである。近年の管理会計の領域は，マネジメント・コントロールをベースとして考えられているものが多くなっている。

　Anthonyの考案したマネジメント・コントロールは，戦略を実行するメカ

［図表1-5］　Anthonyの戦略実行メカニズム

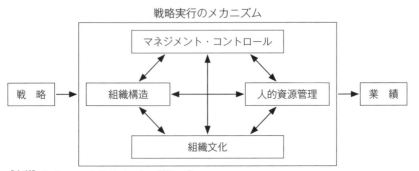

［出所］Anthony and Govindarajan, 2007, p.8.

ニズムとして**図表1-5**のように表されている。

すなわち，戦略を実行して業績を出すためには，マネジメント・コントロール，組織構造，人的資源管理および組織文化が適切に機能することが必要なのである。Anthonyのマネジメント・コントロールは，まさに伝統的な管理会計のツールであり，たとえば予算管理，振替価格，あるいは報酬システムといったものをあげている。

2 マネジメント・コントロールの発展

Anthonyのマネジメント・コントロールは，先述のとおり伝統的な管理会計のツールから構成されていた。しかし，戦略実行には，伝統的管理会計ツールだけでは不十分であり，Anthony自身もそれを知っていたからこそ戦略実行のメカニズムとして他の3つの要素をあげたのだと考えられる。

こうした伝統的管理会計の範疇にはなかったものも，組織構成員に対して影響を与えるという観点からマネジメント・コントロールとして新たにとらえるべきものもあると考えた研究者は少なくない。たとえば，Merchant and Van der Stede（2012）は，Anthonyのマネジメント・コントロールは事後的なフィードバック型であるとして，現代の企業が必要とするのは事前的なコントロールであると考えた。そこで，彼らはマネジメント・コントロールの手段として成果コントロール，行動コントロール，人事コントロール，そして文化コントロールの4つをあげたのである。

成果コントロール（Merchant and Van der Stede, 2012）は，組織構成員が達成すべき目標を設定し，達成できれば報酬を受け取ることができるコントロール・システムをいう。このコントロールはもっとも影響力が強い。その他の3つのコントロールはMerchant and Van der Stede（2012）の第3章に記されているものである。**行動コントロール**は，組織構成員の行動そのものをコントロールしようとするものであり，組織構成員に組織の利益となるための行動を取らせ，不利益となる行動を回避するためのシステムである。**人事コントロール**は，組織構成員が自分をコントロールし，動機づけるためのもので，採用や教育システムを通じて行われるコントロール・システムである。最後に**文化コ**

ントロールは，相互牽制を行うことであり，行動指針を共有することで互いの行動をあるべき姿にコントロールしようとするものである。

　もう1つ著名なマネジメント・コントロールとして，Simonsによって提唱されているコントロール・レバーがある。Simonsは多くの書物を著しているが，戦略を成功させるために必要な4つのレバーを考案した。それが信条システム，境界システム，**診断型コントロール・システム**（diagnostic control systems：DCS）そして**インタラクティブ・コントロール・システム**（interactive control system：ICS）であった（Simons，1994；2000）。信条システムと境界システムは一対をなしている。**信条システム**は個々の組織が持つ基本的な価値観や目的を表しており，組織構成員を正しい方向に向けるためのものである。他方，**境界システム**は，組織構成員が行ってはいけないことを表したものであり，信条システムとは逆の方向に機能する。

　DCSとICSは対をなす概念である。DCSにおいては，たとえば予算に関して実績が予算から大きくはずれるような時にのみ情報が提供されて対応策がとられていく。すなわち，事後的なフィードバック・コントロールのためのシステムである。他方，ICSは，Simonsのいう戦略的不確実性（戦略の実行を妨げるような環境変化など）が生じる可能性がある場合，上司は部下にその変化について感度を上げさせ，何らかの兆候があった場合には対話することで，数値に変化が現れる前（あるいは現れた直後）に対応するという事前的なフィードフォワード・コントロールのためのシステムとなる。フィードバック，フィードフォワード・コントロールについては後に述べる。

　Merchant and Van der StedeあるいはSimonsの所説は，基本的には業績が出た後にコントロールを行うフィードバック型から，業績を出すためにコントロールを行うフィードフォワード型へとマネジメント・コントロールを拡張しようとしたものである。つまり，Anthonyのマネジメント・コントロールは，**図表1-6**のように拡張されたと考えてよいだろう。

　図表1-6は，Merchant and Van der Stedeの所説を図示化したものであるが，Simonsのコントロール・システムもこれで説明ができる。Simonsの言う信条システムと境界システムは，それぞれMerchant and Van der Stedeの文化コントロールと行動コントロールに相当している。また，人事コント

[図表1-6] 拡張された戦略実行メカニズム

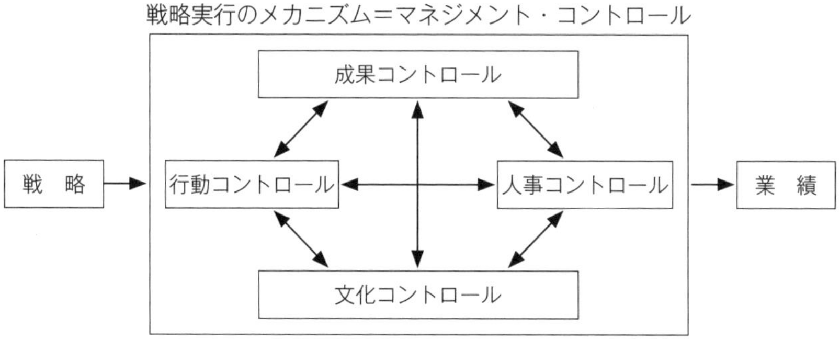

戦略実行のメカニズム＝マネジメント・コントロール

戦略 → 行動コントロール ↔ 人事コントロール → 業績
（成果コントロール、文化コントロールとも相互に関連）

[出所] 清水, 2015, p.14。

ロールは行動コントロールと文化コントロールに密接に関連している。問題は Simons の DCS・ICS と成果コントロールをどのように関連付けるかである。Merchant and Van der Stede の成果コントロールについて考えれば，目標を達成するためには，DCS によるフィードバック・コントロールだけではなく，ICS を用いたフィードフォワード・コントロールを実施することが必要である。成果を生み出すための様々な取り組みが求められるのである。つまり，DCS と ICS はコントロールをどのように行うのかに関連しているのである。

なお，最近ではマネジメント・コントロールのパッケージが提唱されている。Malmi and Brown (2008) は，組織構成員に影響を与える様々な要素を1つのパッケージとした。もちろん，Merchant and Van der Stede のマネジメント・コントロールも1つのパッケージであるが，Malmi and Brown (2008) は，文化コントロール（行動，価値，シンボル），計画の策定（長期計画・行動計画），サイバネティック・コントロール（予算・財務／非財務測定システム・ハイブリッド測定システム），報酬と報償，アドミニストレーション・コントロール（ガバナンス構造・組織構造・ポリシーと手続）など，多くの要素を1つのパッケージとして，それぞれの組織に適切なコントロール・システムを構築することを提案している。

3 フィードバック・コントロールとフィードフォワード・コントロール

ここでフィードバック・コントロールとフィードフォワード・コントロールについて簡単に説明しておこう。フィードバック・コントロールのメカニズムは、**図表1-7**に示されている。

フィードバック・コントロールは、ある計画によって設定された目標の達成のために活動を行い、それによって生じた実績と目標とを比較し、実績が目標を上回ったか、下回ったかを確認し、そしてなぜ実績が目標から乖離したのかを分析することで、目標未達成の場合にはそれを取り返すために新たな施策を立てて次の期間の計画に活かしていくものである。一般的に、企業はこうしたフィードバックのループを原則として1か月単位で回しており、目標が未達成の場合は翌月にマイナス分を取り戻すための新たな施策（アクション・プラン）を考えている。フィードバック・コントロールは、きわめて有用なコントロール・システムであるが、実績が出て始めてコントロールのループが回るので、コントロールのタイミングが遅くなる可能性があるという問題点もある[1]。

[図表1-7] フィードバック・コントロール

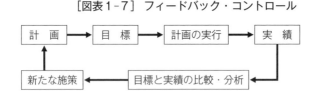

他方、年次予算の達成を考える場合、多くの企業は年度末の実績を予測する。予測が実績を下回りそうだと判断される場合には、実績はまだ確定してはいなくても、目標達成のために施策を改善したり新たな施策を追加する。このように、ターゲットとされる要素に関する予測を行い、予測と目標に差が生じている場合、目標達成のために施策を考察するコントロールをフィードフォワー

---

1 主要な財務数値（たとえば売上高など）のフィードバック・ループを日次で回す企業も存在する。このようにループを短くすればこうした問題点は回避し得る。

ド・コントロールという。

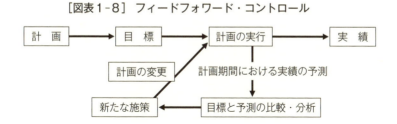

[図表1-8] フィードフォワード・コントロール

　フィードフォワード・コントロールは，フィードバック・コントロールと異なり，計画を実行している期間中に予測を行い，予測と目標に差異が存在する場合にコントロールが開始される。このため，フィードバック・コントロールよりも早く手を打つことが可能になるが，他方でフィードフォワードコントロールはあくまでも予測に基づいているため，結果が実際に生じた時に，施策が適切であったかどうかを確認するフィードバック・コントロールも不可欠となる。結果として，企業はフィードバック・コントロールとフィードフォワード・コントロールの両方を使用してマネジメントを行っている。

第4節◆財務会計と管理会計

1　財務会計と管理会計

　会計の世界には財務会計と管理会計の2大領域がある。**財務会計**は，**財務諸表**[2]を中心とした財務情報を，企業外部の利害関係者に対して報告する会計である。わが国では会社法および金融商品取引法などが財務会計の制度について規定をおいているため，これらは制度会計とも呼ばれている。
　管理会計が企業の戦略の実行に資する情報の作成に関連しているのに対して，

2　わが国においては，貸借対照表，損益計算書，キャッシュフロー計算書および株主資本等変動計算書から成り立っている。

財務会計は**外部利害関係者**，すなわち，投資家，株主，債権者および監督官庁などに対して，投資家や株主に対しては投資をするか否か，あるいは投資を継続するか否か，債権者に対しては貸付けを行うか否か，あるいは貸付けを継続するか否か，監督官庁などに対しては適切な経営あるいは申告等が行われているか否かを判断させるための情報を提供している。目的は，管理会計が企業内部の経営者や経営管理者の意思決定に有用な情報の提供であるのに対して，財務会計は企業外部の利害関係者の意思決定に有用な情報の提供である。両者は目的が異なるため，機能も異なる。したがって，**図表1-9**にあるように，両者には様々な違いがあると考えられている。

[図表1-9] 伝統的財務会計と管理会計の特徴

	財務会計	管理会計
報告先	投資家・株主・債権者・監督官庁・社会	経営者・経営管理者・従業員
目的	外部利害関係者の意思決定に有用な情報の作成・提供	経営者・経営管理者が戦略を実行するために有用な情報作成・提供
法律による規制	会社法・金融商品取引法などに規制されている	法律によって縛られることはない
タイムスパン	基本的には開示ルールに従う（1年または4半期）	超長期（10年程度），長期，中期，短期（1年），四半期，月次，週次，日次
提供情報	伝統的には財務情報	財務情報および非財務情報（定量的情報および定性的情報）
事前・事後	基本的には過去の財務業績	過去の業績および将来の予測情報
情報メッシュの大きさ	企業全体・事業セグメント	企業全体・事業セグメント・事業セグメント内のサブセグメント・部・課・個人

2　伝統的財務会計と管理会計の相違点

　図表1-9の財務会計の欄には「基本的な」とか「伝統的には」という言葉がついている点に注意していただきたい。これは，近年の財務会計あるいは制度会計が大きく変化しつつあることに依拠している。その点については後に述

べることにして，ここでは伝統的な財務会計と管理会計の相違について説明しておく。

上述のように，財務会計と管理会計は目的と報告先が明確に異なる。両者の特徴の違いは，これらの違いによって生じている。

まず，報告のタイムスパンは，財務会計では基本的には法律等によって決められている期間に従うため，公には四半期および1年である。これに対して，管理会計は戦略実行（時には策定）に有用な情報であり，戦略実行のための意思決定期間は，たとえば設備投資の意思決定のように十数年にわたるものから，日次の業務的意思決定まできわめて幅広くなる。言い換えれば，何かを決定し，それに基づいてコントロールすることがあれば，その期間はすべて管理会計の対象となる。

次に提供される情報について考える。財務会計は財務諸表によって情報提供が行われるから，その情報は原則として財務情報である。もちろん，決算報告書や有価証券報告書には，事業の状況などが記されているから，非財務かつ定性的情報もあるが，その根幹は財務情報である。

管理会計情報はどうか。かつて，IMAの1981年定義には明らかに対象が財務情報とされていたのに対し，2008年定義にはそうした文言が見当たらない。もともと，管理会計は組織内で目的を達成するために計画を立案し，代替案の評価を行い，コントロールを行うことが目的であるから，財務情報はもちろん非財務情報，たとえば工場における原材料の数量や作業時間といった，いわゆる原単位も重要な情報として活用されている。今日では，管理会計情報はこうした工場における原単位からさらに拡張され，バランスト・スコアカードの項目で説明したように，顧客，業務プロセスあるいは従業員や組織文化なども活用されるようになってきている。要するに，組織の目標達成に対して有用な情報は，財務情報であれ非財務情報であれ，さらには定性的情報でも使用する，ということである。

また，伝統的財務会計は財務諸表によって情報として発信することから，基本的には事後的情報を取り扱うことになる。これに対して管理会計は，意思決定を行う際，とりわけ計画の立案には事後的情報のみならず事前的情報，すなわち未来情報を多く使用する。計画を作り上げる時には，直前の期間の事後的

情報と次の期間における事前的情報を使用していく。また，期間中にコントロールをかける時も，目標と結果を付け合せるだけではなく，目標と予測を比較してフィードフォワードを回すことも並行して行う。このため，事前的情報あるいは未来情報がきわめて有用なのである。

最後に情報メッシュの大きさであるが，財務会計で要求されているのは一企業および連結子会社を含めた企業グループの財務状況である。ただし，いわゆる事業セグメントの情報については開示される。管理会計は，企業内のあらゆるセグメントについて情報を作成する場合がある。事業セグメントとしての事業本部や事業部（Strategic Business Unit:SBU）はもとより，さらに下部の組織である部や課といった組織の情報を作成することもあり，最小単位は個人となる。

3　制度会計の変化

ここまで伝統的な財務会計と管理会計について比較してきた。ただし，財務会計を中心とする制度会計は，今日大きく変化を遂げようとしている。制度会計は，制度あるいは法制を基礎とする会計である。このため，これまでは主として会社法や金融商品取引法を基礎とした財務会計を中心として考えられてきた。しかし，企業の外部利害関係者，とりわけ投資家や株主を保護するためには，伝統的な財務会計情報だけでは不十分であるという考え方が生じ，その結果，財務会計をはじめとする制度会計にも大きな変化が生じている。

財務会計の枠組みの中で考えれば，わが国でも証券取引所が求める情報として，将来予想情報やその修正について積極的な開示を求めるようになり，これは，事前的情報あるいは未来情報としてとらえられるものである。

また，外部報告の新たな枠組みとして統合報告が注目されている。**統合報告**とは，国際統合報告協議会（IIRC）が2013年12月に公表した，国際的な企業情報を開示する新たな枠組みである。統合報告は，財務情報はもとより，非財務情報を積極的に開示することを求めている。その中核は，**ESG**（Environment, Social, Governance）すなわち環境，社会およびガバナンスに関する情報であり，ESGが企業の持続的かつ長期的成長には不可欠であるとして，企業のこれらへの取り組みを開示させようとするものである。統合報告に至っては，管理会

計が対象としているよりもさらに広い範囲の情報を開示させようとする場合もある。

依然として財務会計は外部利害関係者，管理会計は内部の経営者や経営管理者の意思決定に有用なものであるという目的は変わらないが，その情報の特質は，財務会計：財務情報・過去，管理会計：財務・非財務情報・過去・未来といった画一的な分類では表しにくくなっている。統合報告のように，制度会計が新たな尺度を組み込めば，それを管理するために管理会計でもその尺度に関連したものを導入することが求められるようになる。

とはいえ，その目的が異なる以上，企業あるいは企業グループ全体の業績を開示しようとする財務会計と，企業あるいは企業グループの成功を目指して，企業内部のセグメントやそのセグメントのサブセグメントなど，非常に細かな組織にまでわたり，より具体的な意思決定と業績評価を目指す管理会計とでは，両者の情報の性質が近づいてきたとしても，その本質は異なるものであると考えられる。

《参考文献》
・Anthony, R. (1965) *Management Accounting Principles*, Homewood: Ill, R.D. Irwin.
・Anthony, R. and V. Govindarajan (2007) *Management Control Systems*, 12th edition, Boston: MA, McGraw-Hill Irwin.
・Beyer, R. (1963) *Profitability Accounting for Planning and Control*, New York: NY, Ronald Press.
・Institute of Management Accountants (1981) *Statement on Management Accounting 1A: Definition of Management Accounting*, Montvale: NJ, Institute of Management Accountants.
・Kaplan, R.S. and D.P. Norton (1996) *The Balanced Scorecard: Translating Strategy into Action*, Boston: MA, Harvard Business School Press. (吉川武男訳 (1997)『バランス・スコアカード－新しい経営指標による企業変革』生産性出版)
・Kaplan, R.S. and D.P. Norton (2001) *The Strategy-Focused Organization: How Balanced Scorecard Companies Thrive in the New Business Environment*, Boston: MA, Harvard Business School Press. (櫻井通晴監訳 (2001)『キャプランとノートンの戦略バランスト・スコアカード』東洋経済新報社)

- Kaplan, R.S. and D.P. Norton（2004）*The Strategy Maps: Converting Intangible Assets into Tangible Outcomes*, Boston: MA, Harvard Business School Press.（櫻井通晴・伊藤和憲・長谷川惠一監訳（2014）『戦略マップ－バランスト・スコアカードの新・戦略実行フレームワーク（復刻版）』東洋経済新報社）
- Kaplan, R.S. and D.P. Norton（2006）*Alignment: Using the Balanced Scorecard to Create Corporate Synergies*, Boston: MA, Harvard Business School Press.（櫻井通晴・伊藤和憲監訳（2007）『BSCによるシナジー戦略－組織のアラインメントに向けて』ランダムハウス講談社）
- Kaplan, R.S. and D.P. Norton（2008）*Execution Premium: Linking Strategy to Operations for Competitive Advantage*, Boston: MA, Harvard Business School Press.（櫻井通晴・伊藤和憲監訳（2009）『バランスト・スコアカードによる戦略実行のプレミアム』東洋経済新報社）
- Malmi, T. and D.A. Brown（2008）Management control systems as a package-Opportunities, challenges and research directions, *Management Accounting Research*, vol.19, pp.287-300.
- Merchant, K.A. and W.A. Van der Stede（2012）*Management Control Systems*, 3rd edition, Essex: England, Financial Times Prentice Hall.
- Mintzberg, H.（1998）*Strategy Safari: A Guided Tour through the Wilds of Strategic Management*, New York: NY, Free Press.（齋藤嘉則監訳（1999）『戦略サファリ－戦略マネジメント・ガイドブック』東洋経済新報社）
- Porter, M.（1985）*Competitive Advantage: Creating and Sustaining Superior Performance*, New York: NY, Free Press.（土岐坤・中辻萬治訳（1985）『競争優位の戦略』ダイヤモンド社）
- Simons, R.（1994）*Levers of Control: How Managers Use Innovative Control Systems to Drive Strategic Renewal*, Boston: MA, Harvard Business School Press.（中村元一・黒田哲彦・浦島史惠訳（1998）『ハーバード流「21世紀経営」4つのコントロール・レバー』産能大学出版部）
- Simons, R.（2000）*Performance Measurement & Control Systems for Implementing Strategy*, Upper Saddle River: NJ, Prentice Hall.（伊藤邦雄監訳（2003）『戦略評価の経営学』ダイヤモンド社）
- 伊丹敬之（1986）『マネジメント・コントロールの理論』岩波書店。
- 清水孝（2014）『戦略実行のための業績管理』中央経済社。
- 清水孝（2015）『現場で使える管理会計』中央経済社。
- Institute of Management Accountants（2008）*Statement of Management*

Accounting, Definition of Management Accounting,https://www.imanet.org/search#searchWiWithin=definition%20of%20management%20accounting&it=content&contenttype=Statement%20on%20Management%20Accounting.（2018年2月6日最終閲覧）
・トヨタ自動車ウェブサイト「企業理念」http://www.toyota.co.jp/jpn/company/vision/philosophy/（2018年2月6日最終閲監）

第1章　章末問題

第1問　財務会計と管理会計を比較しなさい。

第2問　戦略マネジメント・システムについて要約し，BSC が戦略マネジメントに対してどのように機能するか述べなさい。

第2章

企業の健康診断をする
：財務分析と各種の財務指標

第1節◆財務分析の基礎概念

1 財務分析の意義と利用情報

　企業の健康状態を知る手段の1つとして財務情報の分析（**財務分析**）がある[1]。会計は企業の「血液」と比喩されることもあり，まさに財務分析には企業を流れる血液を測定・分析し，企業の体力を客観的に把握する役割がある。財務諸表上に示されている会計数値そのもの（絶対額）をみることも健康状態を測る指標として意味がある。財務分析ではさらに，種々の会計数値を組み合わせて比率を計算することで，企業の状態を収益性，安全性，生産性，成長性といった多面的な視点から把握しようと試みる。なお，本書ではその中でも財務分析の基礎となる収益性および安全性に関する分析を中心に説明する。

　財務分析で使用する情報には，企業が公表する財務諸表の数値（外部情報）と，企業内部で独自に活用している情報（内部情報）がある。本章ではとくに前者の財務諸表を用いた財務分析を中心に説明する。**財務諸表**は会社法や金融商品取引法をはじめとした諸法規に即して作成される。同一のルールに則って

　1　書籍によっては経営分析と称される場合もあるが，経営分析には財務情報以外の非財務情報（戦略や技術力など幅広い情報）も含まれる場合があることから，本書では財務情報に限定するという意味で，財務分析と呼称する。

作成された数値は比較可能性が高まる。業種や規模といったある程度の制約条件には配慮すべきものの，特定の企業の財務分析の結果を他企業や業界平均の結果と比較分析することが可能である。くわえて，同一の基準のもとで時系列的に財務諸表を作成していれば，財務分析の結果を経年的に比較することも可能である。

2　財務分析の実施者と活用方法

　財務情報を入手可能な環境にあれば，財務分析は誰でも行うことが可能である。そのため，財務分析は誰が，何のために（どのような目的で）行うのかによって，分析の内容も自ずと異なってくる。企業の**利害関係者**（ステークホルダー）である経営者，従業員，投資家，債権者，取引先，行政機関，消費者など，財務分析のユーザーの裾野は幅広い。本書は管理会計のテキストという性格上，企業のマネジャーの意思決定に役立つ情報（あるいはマネジャーの行動に影響を与える情報）の提供に主たる関心があるものの，本書で説明する財務分析のユーザーは企業のマネジャーに限定されることなく，広く活用可能である。いくつかの活用例をあげれば次のとおりである。

　経営者は，ベンチマーク情報として競合他社の財務分析を行い，自社の分析結果と比較し経営に役立てる。投資家は企業への投資に対するリターン（配当としてどれだけ還元されるか）を測定するために用いる。債権者は企業への融資に対する判断材料（ソルベンシー（支払能力）を測る目的）として活用する。取引先は特定の企業と取引を行うにあたり，信用できる相手かどうか（期日までに支払いがなされるかどうかなど）を判断する際に用いる。その他にも公認会計士，税理士，コンサルタントなどによる企業への助言的業務でも，財務分析はデューデリジェンス（企業価値を評価するための精査）の1つとして積極的に活用され，企業再生やM&A（企業買収）といった場面で重要な役割を果たしている。

3　財務情報の源泉：財務諸表

(1)　財務諸表の種類

　財務分析はすでに述べたとおり，企業が公表した**財務諸表**を用いる。財務

諸表の中でも貸借対照表（Balance Sheet:B/S），損益計算書（Profit and Loss Statement:P/L），キャッシュ・フロー計算書が主要な財務情報を提供している。この3つの財務諸表の特徴を示せば**図表2-1**のとおりである。

[図表2-1] 貸借対照表、損益計算書、キャッシュ・フロー計算書と会計期間

（2） 貸借対照表と損益計算書の意義

貸借対照表はある一時点（図表では決算日）における**財政状態**を表しており，ストック情報としての性質を有する。それに対して，**損益計算書**はある一定期間（前年度決算日以降から当年度決算日まで）の**経営成績**を表しており，フロー情報としての性質を持つ。また，**キャッシュ・フロー計算書**も損益計算書と同様に，ある一定期間における営業活動，投資活動，財務活動に関わる現金収支を表しており，フロー情報としての性質を持つ。本書の財務分析では貸借対照表と損益計算書を使用する。下記では貸借対照表と損益計算書の構造について簡潔にみていく[2]。

（3） 貸借対照表と損益計算書の関係

企業が経営活動を行う上で，資金は不可欠である。そこで，貸借対照表の構成は左右の金額のバランス（残高）が等しくなるように表す（**図表2-2を参照**）。右側（貸方）が資金の調達源泉を，左側（借方）が資金の運用形態を示している。

負債は銀行などの債権者から調達した返済義務のある資金であり，**他人資本**

---

2 キャッシュ・フロー計算書の構造については第5章で説明する。

ともいわれる。**資本**（**純資産**）は株主（出資者）に帰属する資金であり，他人資本との対比で自己資本ともいわれる。負債と純資産を合計したものを**総資本**という。それに対して，**資産**は債権者あるいは出資者から調達した資金をどのような形（たとえば，現金，売掛金，商品，有価証券など）で運用しているかを示し，資産の総額を**総資産**と称する。

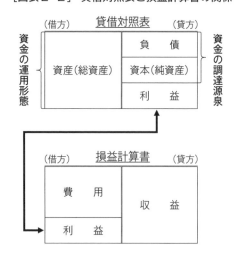

［図表2-2］　貸借対照表と損益計算書の関係

また，資産が負債および資本を上回った金額（ネットの資産の増加額）は利益となり，右側（貸方）に記載される。なお，後述するように貸借対照表上の利益は損益計算書上の利益と一致する。

ここまでをまとめると貸借対照表の構造は次の等式（貸借対照表等式）で成り立っている。

　　　資産＝負債＋資本（純資産）

企業が経営活動によって獲得した収益とそれに要した費用との関係を示したものが損益計算書である（**図表2-2**を参照）。**収益**は出資や増資以外の要因による資本（純資産）の増加を指し，**費用**は資本の払い戻し以外による資本（純

資産)の減少要因である。**費用収益対応の原則**が示すように,費用はその期に得られた収益との対応関係がある。収益と費用の差額は利益であり,損益計算書の左側(借方)に計上される。

参考までに,貸借対照表と損益計算書の雛形(有価証券報告書で開示されるフォーマット)を示すと**図表2-3**のとおりである。**図表2-3**では,各勘定科目が前期(X1年)と当期(X2年)の2年分表示されている。財務分析では通常,単年度分の当期の財務情報を中心に用いる。ただし,貸借対照表と損益計算書の情報を組み合わせた指標(たとえば,後述する資本利益率(ROI)など)では,貸借対照表の前期(X1年)と当期(X2年)を平均した数値(**期中平均**)を用いる。これは,貸借対照表はストック情報であるため,損益計算書のフロー情報と組み合わせる場合は前期から当期まで(期中)のストックの変動を反映させることが適しているからである。

[図表2-3] 貸借対照表と損益計算書のフォーマット

貸借対照表

資産の部	X1年	X2年
Ⅰ 流動資産	×××	×××
Ⅱ 固定資産		
1 有形固定資産	×××	×××
2 無形固定資産	×××	×××
3 投資その他の資産	×××	×××
Ⅲ 繰延資産	×××	×××
資産合計	×××	×××
負債の部		
Ⅰ 流動負債	×××	×××
Ⅱ 固定負債	×××	×××
負債の合計	×××	×××
純資産の部		
Ⅰ 株主資本		
1 資本金	×××	×××
2 資本剰余金	×××	×××
3 利益剰余金	×××	×××
純資産合計	×××	×××
負債及び純資産合計	×××	×××

損益計算書

	X1年	X2年
売上高	×××	×××
売上原価	×××	×××
売上総利益	×××	×××
販売費及び一般管理費	×××	×××
営業利益	×××	×××
営業外収益	×××	×××
営業外費用	×××	×××
経常利益	×××	×××
特別利益	×××	×××
特別損失	×××	×××
税引前当期純利益	×××	×××
法人税等	×××	×××
当期純利益	×××	×××

たとえば，資本利益率の計算式（利益÷資本）で考えると，仮に資本が前期末100，当期末200（期中に100増加）の場合，期中平均の150（＝（100＋200）÷2）を用いることが望ましい。利益を当期末200の資本で稼いだと考えるよりも，期中平均150の資本で稼いだと考えるほうが対応関係が正しいからである。なお，貸借対照表と損益計算書の財務情報を組み合わせた指標では，特段のことわりがない限り，貸借対照表の数値は期中平均を用いている。

4　財務分析の準備

（1）　財務情報の入手方法

　財務情報は従来，主に紙媒体として**有価証券報告書**を入手する必要があったが，現在ではウェブ上で入手可能な環境が整備されている。代表的なサイトとして，企業のホームページ（とくに投資家向けの IR（Investors Relations）情報として財務データを公表），金融庁が運営する EDINET（Electronic Disclosure for Investors' NETwork），大学等の図書館で広く導入されている EOL[3]などがある。各サイトで公表している情報量は異なる場合がある（過年度分は限定的な場合がある）が，いずれも直近の財務諸表は入手可能である。

　分析上の注意点として，各社が採用している会計基準を事前にチェックすべきである。現在，わが国で認められている基準には日本基準，米国会計基準，国際会計基準と複数存在する。そのため，基準ごとで会計処理に差異がある場合は財務分析で比較する際に注意を要する。財務情報を比較分析する際は，比較可能性を念頭に置かなければならない。同一企業の経年的比較を行う際には対象期間中に会計基準の変更が行われていないかどうかに配慮した分析が必要である。また，複数企業間の比較を行う際には企業間での会計基準の違いのみならず，上述した対象期間中の会計基準の変更も生じていないか合わせてみていくことが必要である。

　また，グループ会社のような複数の会社を傘下にもつ企業では**連結財務諸表**と**個別財務諸表**の２種類の財務諸表が開示されている。双方の財務諸表は財務

　3　EOL は株式会社プロネクサスが運用する有料の企業情報データベースである。

分析の目的に応じて使い分ける。企業集団全体を対象に財務分析を行うのであれば連結財務諸表の分析が妥当である。逆に，企業集団の中核的企業の財務分析を対象とするのであれば個別財務諸表が適している。たとえば，同一業界内のメーカーＡ社とＢ社が異なる多角化を展開している場合，純粋な中核事業間の比較をするのであれば個別財務諸表が，周辺事業も含めた企業集団全体の比較をするのであれば連結財務諸表が，分析対象として望ましい。

(2) 財務分析の限界

　最後に，財務分析には限界があることを頭に入れておかなければならない。財務分析で用いる情報（公開された財務諸表上の数値）はあくまでも過去の情報である。直近の財務諸表が入手可能となるのは決算日から数か月後であり，厳密には現在の状況を表しているわけではない。ましてや未来情報でもないため，財務分析の結果のみによって企業の行く末を即断することは早計である。

　財務諸表上の財務情報も集約されている。仮に売上が減少した場合に，具体的な商品，顧客層あるいは地域といった内容までは開示されていない。昨今はセグメント情報という形式で内訳を確認できる場合もなくはないが，それでも個々の中身を細かくみることには限界がある。財務分析の結果に深みを持たせるためにも，新聞や雑誌記事といった他の情報源を突き合わせることが望ましい。

　さらに，財務分析は経営情報の中でも財務情報に特化しているため，非財務情報や情報化が難しい知識などは分析の対象外となっている。財務分析の結果は企業の１つの「見え方」に過ぎないのである。さらに，財務分析の結果はあくまでも注意喚起情報に過ぎず，原因分析（なぜそのような結果となったのか）や解決策の提案（どのように問題を取り除くのか）といった点はさらに踏み込んだ分析・議論が必要となる。財務分析は手段に過ぎない（分析自体が目的ではない）のである。

第2節 ◆ 収益性分析:ROI, ROE, 財務レバレッジ

1 収益性分析の意味

収益性分析とは,投下資本に対してどれだけの利益をあげているか(資本をいかに効率的に利用したか)を分析する手法である。

収益性分析の基本的な考え方は,ビジネスの基本として,資本をビジネスに投下し,ビジネスを実行して利益を上げる,というサイクルに関連している。すなわち,投下した資本と得られた利益(リターン)をとらえて考えるということである。

以下では,この基本的な考えに基づいた指標を説明していく。

2 資本利益率

収益性分析を行う場合の代表的な指標は**資本利益率**(Return on Investment: **ROI**, 投下資本利益率)である。

$$\text{ROI} = \frac{\text{利益}}{\text{資本}} \times 100 (\%)$$

注意すべき点は,分母の「資本」および分子の「利益」が指す財務情報が複数あることである。貸借対照表で説明したように,借方の資産を総資産(あるいは総資本)と呼ぶ場合と,貸方の負債・純資産合計を総資本と呼ぶ場合がある。また,資本をより限定した意味で用いる場合もある。たとえば,株式持分にあたる資本を**自己資本**,特定の事業に投下された資本を**経営資本**という。他方,利益についても損益計算書では**売上総利益**, **営業利益**, **経常利益**, **税引前当期純利益**, **当期純利益**など異なるタイプが複数存在する。いずれの資本と利益を組み合わせるかは分析の目的に応じて検討する必要がある。

以上のことから,資本利益率(ROI)という名称は種々の資本と利益を組み合わせた指標の総称に他ならず,具体的に財務分析を行う際は個別具体的な名称が付された指標を用いることになる。

なお,資本利益率で用いる個々の「資本」は期中平均(=(前期末金額+当期

[図表2-4] Z社の貸借対照表（一部抜粋）

（単位：百万円）

	前期末 （X1年度）	当期末 （X2年度）
資産の部		
流動資産		
現金及び預金	7,700	8,700
受取手形	4,000	2,500
売掛金	2,500	1,500
有価証券	800	700
商品及び製品	500	400
仕掛品	150	200
原材料	50	80
貯蔵品	10	10
貸倒引当金	△200	△300
流動資産合計	15,510	13,790
固定資産		
有形固定資産		
建物及び構築物	3,600	4,100
機械装置及び運搬具	1,200	1,400
工具器具備品	200	300
土地	2,700	2,500
建設仮勘定	300	200
有形固定資産合計	8,000	8,500
無形固定資産合計	1,200	1,800
投資その他の資産合計	3,200	5,500
固定資産合計	12,400	15,800
資産合計	27,910	29,590
負債の部		
流動負債合計	6,000	7,500
固定負債合計	4,000	3,500
負債合計	10,000	11,000
純資産の部		
株主資本合計	17,910	18,590
純資産合計	17,910	18,590
負債純資産合計	27,910	29,590

[図表2-5] Z社の損益計算書（一部抜粋）

	当期末 （X2年度）
売上高	24,000
売上原価	14,000
売上総利益	10,000
販売費及び一般管理費	8,000
営業利益	2,000
営業外収益	
受取利息	50
受取配当金	200
営業外収益合計	250
営業外費用	
支払利息	150
社債利息	50
営業外費用合計	200
経常利益	2,050
特別利益	50
特別損失	100
税引前当期純利益	2,000
法人税等	900
当期純利益	1,100

末金額）÷2）で計算することに注意を要する。以下で説明する各指標の理解度を深めるために，図表2-4と図表2-5にあるZ社の貸借対照表および損益計算書を用いて例題を設定している。解答は小数点第3位を四捨五入して求めること。

3 総資本（総資産）利益率

総資本利益率（ROI）は，利益を負債・純資産合計（総資本）で割って求める。

$$\text{ROI} = \frac{\text{利益}}{\text{総資本}} \times 100(\%)$$

総資本と総資産は等しいことから，総資本利益率は**総資産利益率**（Return on Asset：**ROA**）ともいう。

$$\text{ROA} = \frac{\text{利益}}{\text{総資産}} \times 100(\%)$$

総資産利益率は，資産全体からどれだけ利益を獲得したかを示している。また繰り返しになるが，負債と純資産の合計（総資本）も総資産と等しい。よって，ROIとROAは負債という他人資本として調達した資金と，株主持分という自己資本から調達した資金の双方を合わせて事業に投資し，そこからどれだけ利益を獲得したかをみる指標ともいえる。

なお，利益は具体的にどの勘定科目を用いることが望ましいだろうか。経常利益や当期純利益などを使用することもあるが，理論的には事業利益を使用すべきである。事業利益は損益計算書上には表示されていない。**事業利益**は営業利益に**金融収益**（受取利息および受取配当金）を加算して計算する（**図表2-6**を参照）。また，連結財務諸表を用いて計算する場合は，持分法利益（持分法による投資利益）を加算する。なお，持分法利益は関連会社の当期純利益に持分比率を乗じた金額から，のれんの償却額を控除した金額である。

総資本または総資産に対する利益に事業利益を用いる根拠は，総資本が主に営業活動ならびに金融活動（預金や投資など）に利用されており，営業活動から営業利益が，金融活動から金融収益がそれぞれ獲得されることにある。別の言い方をすれば，株主と債権者の双方から集めた資金で獲得した利益には，株

[図表2-6] 損益計算書における事業利益の考え方

<u>損益計算書（一部抜粋）</u>

	X1年	X2年
売上高	×××	×××
売上原価	×××	×××
売上総利益	×××	×××
販売費及び一般管理費	×××	×××
営業利益	×××	×××
営業外収益		
受取利息	×××	×××
受取配当金	×××	×××
営業外収益合計	×××	×××
営業外費用		
支払利息	×××	×××
社債利息	×××	×××
営業外費用合計	×××	×××
経常利益	×××	×××

事業利益 ← 金融収益：受取利息、受取配当金

主と債権者双方に帰属するリターンが含まれていなければならない。よって，当期純利益および経常利益は，債権者へのリターンである支払利息が控除されているため，事業利益より望ましくないのである。

総資本事業利益率は次のような式で表すことができる。

$$総資本事業利益率 = \frac{事業利益（営業利益＋受取利息＋受取配当金）}{総資本（総資産）} \times 100(\%)$$

例題2-1 Z社の総資本事業利益率および総資本経常利益率を計算しなさい。

【解答】

$$総資本事業利益率 = \frac{2,000+50+200}{(27,910+29,590) \div 2} \times 100 \fallingdotseq 7.83\%$$

事業利益は損益計算書上に表示されていないことから，自ら算出すると

いう手間がある。そのため，実務では事業利益の代わりに経常利益を用いて総資本利益率を計算する場合もある。

$$総資本経常利益率 = \frac{経常利益}{総資本（総資産）} \times 100(\%)$$

$$= \frac{2,050}{(27,910+29,590) \div 2} \times 100 \fallingdotseq 7.13\%$$

4　経営資本利益率

経営資本利益率（Return on Operating Assets）は，本来の営業活動に投下された資本からどれだけ利益（営業利益）を獲得したかを測る指標である。**経営資本**は貸借対照表に直接的に表示されておらず，総資本から営業活動と関わりの低い資本を差し引くことによって求められる。具体的に示すと次のようになる。

$$経営資本 = 総資本 - （建設仮勘定 + 投資その他の資産 + 繰延資産）$$

有形固定資産の区分に計上される**建設仮勘定**は，まだ建設中の有形固定資産（建物など）を表しており，営業活動に利用されていないため経営資本には該当しない。投資その他の資産は財務活動に投下された資本であり，同様に経営資本から除外される。そして，繰延資産は本来費用である項目がいったん資産として計上されているに過ぎず（将来にわたって費用化），資産性がないという理由で経営資本には含めないのである。

$$経営資本営業利益率 = \frac{営業利益}{経営資本} \times 100(\%)$$

例題2-2　Z社の経営資本営業利益率を計算しなさい。

【解答】

$$経営資本営業利益率 = \frac{2,000}{(27,910-300-3,200+29,590-200-5,500) \div 2} \times 100 \fallingdotseq 8.28\%$$

5 自己資本利益率

株主の持分である自己資本（equity）からどれだけ利益を獲得したかを示す指標が**自己資本利益率**（Return on Equity：**ROE**）である。ROEで用いる利益は株主へのリターン（配当）の原資となる当期純利益を用いる。自己資本当期純利益率は次のように示すことができる。

$$自己資本当期純利益率（ROE）=\frac{当期純利益}{自己資本}\times 100(\%)$$

> **例題2-3** Z社のROEを計算しなさい。
> 【解答】
> $$自己資本当期純利益率（ROE）=\frac{1,100}{(17,910+18,590)\div 2}\times 100\fallingdotseq 6.03\%$$

6 財務レバレッジ

自己資本利益率（ROE）を分解することで，ROEの変動に大きな影響を及ぼす財務レバレッジを理解することができる。**財務レバレッジ**は，指標を構成する特定の要素が「てこ（lever）」の役割となり，指標全体の数値の変動（リスク）を大きくすることを意味する。ROEを分解する中で説明をする。

$$自己資本当期純利益率（ROE）=\frac{当期純利益}{自己資本}\times 100(\%)$$

売上高を分子と分母に乗じて展開すると，売上高当期純利益率と自己資本回転率との積で示すことができる。

$$自己資本当期純利益率（ROE）=\frac{当期純利益}{売上高}\times\frac{売上高}{自己資本}\times 100(\%)$$

さらに，総資本を分子と分母に乗じて展開すると，売上高当期純利益率，総資本回転率，および自己資本比率の逆数（財務レバレッジ）との積で示すこと

ができる。

$$自己資本当期純利益率（ROE）＝\frac{当期純利益}{売上高}\times\frac{売上高}{総資本}\times\frac{総資本}{自己資本}\times100(\%)$$

この式は，米国のデュポン社が活用していたことからデュポン・システムと称される。売上高当期純利益率および総資本回転率が一定の場合，総資本に占める自己資本の割合が低ければ低いほど，ROEは高くなる。換言すれば，企業が自己資本ではなく負債の比率を高めるほど，ROEを意図的に高くすることが可能となる。このように自己資本が「てこ」の役割となり，ROEを底上げする。ROEを向上させたいと考える企業の中には，たとえば自己株式を購入するなどして自己資本を小さくするという方策を採ることも考えられる。しかし，当然のことながら安易に負債への依存度を高めると，財務的なリスクが高まるため，一概に自己資本の比率を低くすればよいというわけではない。

7　資本利益率の分解

(1)　資本利益率の分解 I

資本利益率は**売上高利益率**と**資本回転率**に分解することができる。

$$資本利益率＝\underbrace{\frac{利益}{売上高}}_{売上高利益率}\times\underbrace{\frac{売上高}{資本}}_{資本回転率}\times100(\%)$$

すでにみてきたように資本と利益の組み合わせは，総資本事業利益率（ROI），総資産事業利益率（ROA），経営資本営業利益率，自己資本当期純利益率（ROE）がある。

資本回転率の意味について説明すると，投下された資本を売上がどのくらい回収したのかを示している。資本の活動性（利用効率）をみることから，活動性分析と呼ばれる場合もある。数値例を用いて資本回転率の考え方を述べる。たとえば，売上高が120億円で資本（期中平均の総資本）が100億円であるとすると，資本回転率は1.2回（＝120億÷100億）となる。投下された資本が

1.2回転しているということは，換言すれば100億円の資本を回収し，さらに20％（20億円）分を稼いでいるといえる。

資本回転率の逆数をとると総資本回転期間を表す指標となる。

$$総資本回転期間 = \frac{1}{総資本回転率}（年）= \frac{資本}{売上高}（年）$$

上記の数値例を用いれば，総資本回転期間は0.83年（≒100億÷120億）となる。つまり，資本100億円を回収するのに0.83年（365日営業と仮定するとおよそ304日）要するという解釈が可能となる。

資本回転率の高低は産業特性に依存する。装置型産業であれば資本回転率は自ずと低くなるであろうし，有形固定資産を多く持たないIT業界のようなケースでは資本回転率は相対的に高くなる。

例題2-4 Z社の総資本回転期間を計算しなさい。

【解答】

$$総資本回転期間 = \frac{(27,910+29,590) \div 2}{24,000} ≒ 1.20年$$

（2） 資本利益率の分解Ⅱ

資本利益率は売上高利益率と資本回転率だけでなく，さらに複数の要素に分解することができる。それを示したものが**図表2-7**である。

売上高利益率の構成要素は主に売上（収益）の加算と費用の減算で構成されている。以下では，資本回転率に関わる指標について説明を加える。具体的には売上債権回転率，棚卸資産回転率，有形固定資産回転率である。また，売上債権回転率および棚卸資産回転率については回転期間も合わせてみていく。

繰り返し述べているように，貸借対照表項目に関しては期中平均を用いて計算する。以下の例題を解答する場合は，Z社の貸借対照表および損益計算書を用い，回転期間は小数点第1位を四捨五入して整数で解答すること。

[図表2-7] 資本利益率の分解

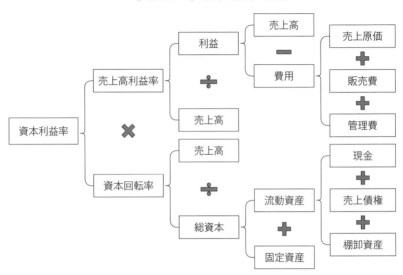

(3) 売上債権回転率と売上債権回転期間

売上債権回転率は，製品等の販売時に受け取った売上債権（受取手形および売掛金）をどの程度回収しているかを表す。なお，貸倒引当金を売上債権から控除する。売上債権回転率の逆数に365日を乗ずれば，**売上債権回転期間**を計算できる。

$$売上債権回転率 = \frac{売上高}{売上債権} \text{（回）}$$

$$売上債権回転期間 = \frac{売上債権}{売上高 \div 365} \text{（日）} \quad \text{または} \quad \frac{365}{売上債権回転率} \text{（日）}$$

例題2-5 Z社の売上債権回転率および売上債権回転期間を計算しなさい。

【解答】

$$売上債権回転率 = \frac{24{,}000}{(4{,}000+2{,}500-200+2{,}500+1{,}500-300) \div 2} = 4.8 回$$

$$\text{売上債権回転期間} = \frac{365}{4.8} \fallingdotseq 76 \text{日}$$

（4） 棚卸資産回転率と棚卸資産回転期間

棚卸資産回転率は，在庫（棚卸資産）の管理（購入・保管・販売）が効率的に行われているかどうかを測る。在庫の例としては，商品および製品（完成品）の在庫，半製品あるいは仕掛品の在庫，原材料の在庫，貯蔵品（未使用の事務用品，消耗品等）の在庫などが存在する。これまでみてきた回転率の計算には売上高を用いたが，棚卸資産回転率では売上原価を用いることが適切である。売上高には利益が加算されているため，棚卸資産の利用効率をみるには利益を除いた売上原価（社外に出荷された棚卸資産の金額）を用いた方が分子と分母の整合性がとれるからである。売上を用いると利益の分だけ回転率が大きく計算されることに注意を要する。

$$\text{棚卸資産回転率} = \frac{\text{売上原価}}{\text{棚卸資産}} \text{（回）}$$

$$\text{棚卸資産回転期間} = \frac{\text{棚卸資産}}{\text{売上原価} \div 365} \text{（日）} \quad \text{または} \quad \frac{365}{\text{棚卸資産回転率}} \text{（日）}$$

例題2-6 Z社の棚卸資産回転率と棚卸資産回転期間を計算しなさい。

【解答】

$$\text{棚卸資産回転率} = \frac{14,000}{(500+150+50+10+400+200+80+10) \div 2} = 20 \text{回}$$

$$\text{棚卸資産回転期間} = \frac{365}{20} \fallingdotseq 18 \text{日}$$

（5） 有形固定資産回転率

有形固定資産回転率は企業が保有する建物や設備が営業活動にどの程度効率的に利用されたのかを表す。計算にあたり**建設仮勘定**は有形固定資産から控除

する。なぜならば建設仮勘定は建設中のものであり，まだ売上に貢献しているとは言えないからである。有形固定資産回転率の数値は高いほど優良にみえるが，解釈には少し注意が必要である。新製品のための設備投資をして間もない場合は数値が低くなる可能性があり，設備投資を延期した場合は高くなる可能性があるからである。

$$有形固定資産回転率 = \frac{売上高}{有形固定資産} （回）$$

例題2-7 Z社の有形固定資産回転率を計算しなさい。

【解答】

$$有形固定資産回転率 = \frac{24,000}{(8,000-300+8,500-200) \div 2} = 3 回$$

第3節◆財務安全性の分析：流動比率，当座比率，負債比率，固定比率，インタレスト・カバレッジ・レシオ

1 財務安全性分析の意味

財務安全性分析の主たる目的はデフォルト・リスク（default risk: 債務不履行のリスク）を判断することである。債権者はもとより，投資家や取引先といった利害関係者も企業の事業活動が安定的に存続することに関心を抱いている。したがって，デフォルト・リスクに関わる情報は利害関係者の意思決定に大きな影響を及ぼす。

デフォルト・リスクを測定する主な方法はソルベンシー（solvency: 支払能力）を測定することであり，分析の対象項目は貸借対照表が中心となる。**図表2-8**は貸借対照表の主要項目に対する安全性分析の関係性を示したものである。以下，順を追って説明していく。また，収益性の分析と同様，Z社の貸借対照表と損益計算書を用いて各指標の計算を行ってみよう。解答は小数点第3位を四捨五入して求める。なお，安全性分析は貸借対照表の項目のみで計算す

[図表2-8] 貸借対照表にみる安全性分析の関係性

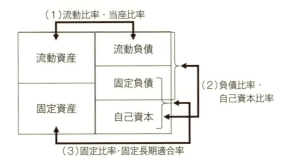

るため,期中平均を計算せずに当期末の単年度分の数値を利用する。

2 流動比率と当座比率

1年以内に返済義務がある債務を**流動負債**という。流動負債の返済は,1年以内に換金可能な流動資産で充てるべきであり,両者の比率をみる指標が**流動比率**である。流動比率の目安としては流動負債に対して流動資産が200%(2倍)あることが望ましいとされている。その根拠は,貸借対照表上で流動資産は取得原価で計上されているため,換金に際し時価評価をして資産額が半分となったとしても流動負債を支払う能力があると判断しているためである。

$$流動比率 = \frac{流動資産}{流動負債} \times 100 (\%)$$

さらに,流動負債の支払いに緊急を要する場合には,現金または即時的に換金できる資産である当座資産を充てるべきという考え方もあり,両者の比率をみる指標が**当座比率**である。当座資産には現金預金,受取手形,売掛金および有価証券が該当する。当座資産は流動負債の100%あれば支払能力があると判断される。なお,貸倒引当金を控除する。

$$当座比率 = \frac{当座資産(現金預金＋受取手形＋売掛金＋有価証券－貸倒引当金)}{流動負債} \times 100 (\%)$$

> **例題2-8** Z社の流動比率および当座比率を計算しなさい。

【解答】

$$流動比率 = \frac{13,790}{7,500} \times 100 ≒ 183.87\%$$

$$当座比率 = \frac{8,700+2,500+1,500+700-300}{7,500} \times 100 ≒ 174.67\%$$

3 負債比率と自己資本比率

　すでに述べたように，貸借対照表の右側（貸方）は資金の調達源泉を表し，負債（他人資本）と自己資本で主に構成されている。**負債比率**は，負債を自己資本で割って求める。企業の倒産時には資金の回収が進められるが負債は自己資本より債務返済の優先順位が高い。よって，自己資本に対して負債がどの程度上回っているか（下回っているか）について，投資家は強い関心を持つ。

$$負債比率 = \frac{負債}{自己資本} \times 100 (\%)$$

　負債比率は安全性の観点からは数値は低い方がよい。
　負債比率と同様の意味合いで用いられるのが**自己資本比率**である。こちらは企業全体の総資本に対する自己資本の割合を示した指標である。

$$自己資本比率 = \frac{自己資本}{総資本} \times 100 (\%)$$

> **例題2-9** Z社の負債比率および自己資本比率を計算しなさい。

【解答】

$$負債比率 = \frac{11,000}{18,590} \times 100 ≒ 59.17\%$$

$$自己資本比率 = \frac{18,590}{29,590} \times 100 ≒ 62.83\%$$

4 固定比率と固定長期適合率

1年超使用する目的で保有する固定資産をいずれの資金源泉で調達するかが問題となる。結論からいえば，支払期限が1年以内に到来しない資金源泉が望ましく，自己資本や固定負債が該当する。自己資本は半永久的な資金であり，固定負債は1年超返済期限が到来しない。**固定比率**は自己資本のみでまかなう場合，**固定長期適合率**は自己資本に固定負債を加えてまかなう場合をそれぞれ分析する指標である。

$$固定比率 = \frac{固定資産}{自己資本} \times 100(\%)$$

$$固定長期適合率 = \frac{固定資産}{自己資本 + 固定負債} \times 100(\%)$$

例題2-10 Z社の固定比率および固定長期適合率を計算しなさい。

【解答】

$$固定比率 = \frac{15,800}{18,590} \times 100\% \fallingdotseq 84.99\%$$

$$固定長期適合率 = \frac{15,800}{18,590+3,500} \times 100\% \fallingdotseq 71.53\%$$

---

5 インタレスト・カバレッジ・レシオ

ここまで，貸借対照表を用いた安全性分析をみてきたが，これらの分析には限界もある。貸借対照表は決算日におけるストック情報を示している。そのため，単年度のストック情報を用いた安全性分析には期中に起こったフロー情報を加味できないという問題がある。期中に急遽返済の必要性が生じ支払いが生じたかもしれないし，一時的に借入れを実施し決算日までに返済されたということもありうる。このようなフロー情報に基づいた安全性分析も必要である。

そこで，貸借対照表（ストック情報）に基づいた安全性分析を補うために，

フロー情報を用いた安全性分析を行う。その代表例が**インタレスト・カバレッジ・レシオ**（interest coverage ratio）である。「インタレスト」は支払利息や社債利息を指す。支払利息や社債利息は損益計算書の営業外費用の項目である。支払利息や社債利息をカバーするに足る利益として事業利益を用いることが望ましい。営業利益に受取利息および受取配当金といった金融収益を加えることで，支払利息や社債利息との対応関係を見る。よって，インタレスト・カバレッジ・レシオは1.0を超えることが望ましい。

$$\text{インタレスト・カバレッジ・レシオ} = \frac{\text{事業利益（営業利益 + 受取利息 + 受取配当金）}}{\text{支払利息 + 社債利息等}}$$

例題2-11 Z社のインタレスト・カバレッジ・レシオを計算しなさい。

【解答】

$$\text{インタレスト・カバレッジ・レシオ} = \frac{2,000 + 50 + 200}{150 + 50} = 11.25$$

[補　遺]

有利子負債を増加させていくとROEはどのように変化するのかについて，ここで説明をしておく。自己資本当期純利益率（ROE）と総資本事業利益率（ここでは便宜的にROAと表記する）の関係から，有利子負債を**財務レバレッジ**と考えることができる。総資本のうち，有利子負債をD（Debt），自己資本をE（Equity）と置き換え，ROEについてROAを用いて式に表してく。

$$\text{総資本事業利益率（ROA）} = \frac{\text{事業利益}}{\text{総資本}}$$

事業利益を表す式に変換すると次のようになる。

$$\text{事業利益} = \text{ROA} \times \text{総資本} = \text{ROA} \times (D + E) \quad \cdots\cdots ①$$

次に，支払利息について負債利子率をr（rate）として示す。

支払利息 $= D \times r$ ……②

事業利益（①）から支払利息（②）を差し引くと経常利益相当（営業利益に営業外収益を加算し，営業外費用を減算したのと同様と考えられる）が得られる。ここで，その他の営業外損益ならびに特別損益がないものと仮定すると[4]，事業利益（①）と支払利息（②）の差額は税引前当期純利益とも言い換えることができる。

$$
\begin{aligned}
\text{税引前当期純利益} &= \text{事業利益} - \text{支払利息} \\
&= \text{ROA} \times (D+E) - D \times r \\
&= \text{ROA} \times D + \text{ROA} \times E - D \times r \\
&= \text{ROA} \times E + D \times (\text{ROA} - r) \quad \text{……③}
\end{aligned}
$$

ROE を表す前段階として，上記の税引前当期純利益を用いて税引前 ROE を示す。具体的には③の式の両辺を自己資本 E で除す。

$$
\begin{aligned}
\text{税引前 ROE} &= \frac{\text{税引前当期純利益}}{\text{自己資本}} \\
&= \frac{\text{ROA} \times E + D \times (\text{ROA} - r)}{E} \\
&= \text{ROA} + (\text{ROA} - r) \times \frac{D}{E} \quad \text{……④}
\end{aligned}
$$

ROE は本来，税引後の当期純利益を用いることから，税率 t（tax rate）を考慮し $1-t$ を④の式に乗じる。

$$
\text{ROE} = \left[\text{ROA} + (\text{ROA} - r) \times \frac{D}{E} \right] \times (1-t) \quad \text{……⑤}
$$

上記⑤が財務レバレッジを示した式である。ここでは ROE に与える重要な影響として 2 点指摘する。第 1 は ROA と負債利子率 r との関係，第 2 は有利子負債 D と

---

[4] ROE と ROA の関係から財務レバレッジを導く際は，説明に用いる式を単純化するためにしばしばこのような措置がとられる。しかし，実際はその他の営業外損益や特別損益などの項目も発生する可能性がある。ROE と ROA の大小はあくまでもそれらの項目がない（0 と計上）との前提のもとで成り立つことに注意を要する。

自己資本 E との関係である。以下順を追って説明する。

第1はROAが負債利子率 r を上回っているか否かで，ROEが高くなるか否かが決まるということである。たとえば，ROAが5％とすると，負債利子率 r が3％の場合は（ROA － r）は2％（正の値）となり，ROEは高くなる。逆に，負債利子率 r が7％の場合は（ROA － r）は－2％（負の値）となり，ROEは低くなる。各々の状況について前者は好景気の場合，後者は不景気の場合に生じやすい。まとめると，次のような関係が成り立つ。

> ROA ＞負債利子率 r であれば ROE は高くなる
> ROA ＜負債利子率 r であれば ROE は低くなる

第2は自己資本と有利子負債の割合が第1で示した関係の程度（大きさ）を決めるということである。簡潔にいえば，総資本に対して有利子負債の割合が高いほど第1の結果に強く作用し，自己資本の割合が高いほどその作用は弱いということである。この作用（**レバレッジ効果**）は先述したデュポン・システムと同様の解釈が可能である。上記の数値例をベースに有利子負債の割合が与える影響を考えてみよう。総資本が500，㋐有利子負債100，自己資本400，㋑有利子負債250，自己資本250，㋒有利子負債400，自己資本100というケースについてROEの結果をみていく。なお税率は20％とする。

㋐　有利子負債100，自己資本400の場合

【ROA：5％，負債利子率 r：3％】

$$\text{ROE} = \left[5\% + (5\% - 3\%) \times \frac{100}{400} \right] \times (1 - 0.2) = 4.4\%$$

【ROA：5％，負債利子率 r：7％】　　　　　　　　　　　差0.8

$$\text{ROE} = \left[5\% + (5\% - 7\%) \times \frac{100}{400} \right] \times (1 - 0.2) = 3.6\%$$

(イ) 有利子負債250，自己資本250の場合

【ROA：5％，負債利子率 r：3％】

$$\text{ROE} = \left[5\% + (5\% - 3\%) \times \frac{250}{250} \right] \times (1 - 0.2) = 5.6\%$$

【ROA：5％，負債利子率 r：7％】　　　　　　　　　　差3.2

$$\text{ROE} = \left[5\% + (5\% - 7\%) \times \frac{250}{250} \right] \times (1 - 0.2) = 2.4\%$$

(ウ) 有利子負債400，自己資本100の場合

【ROA：5％，負債利子率 r：3％】

$$\text{ROE} = \left[5\% + (5\% - 3\%) \times \frac{400}{100} \right] \times (1 - 0.2) = 10.4\%$$

【ROA：5％，負債利子率 r：7％】　　　　　　　　　　差12.8

$$\text{ROE} = \left[5\% + (5\% - 7\%) \times \frac{400}{100} \right] \times (1 - 0.2) = -2.4\%$$

　以上の結果から見てもわかるように，有利子負債の割合が高いケース(ウ)がもっとも差が大きい（12.8）。ROAが負債利子率を上回っている状況であれば，非常に高いROEを実現可能となっている。その反面ROAが負債利子率を下回っている状況ではROEが大きく下振れしている。このように有利子負債に依存するほどROEの変動幅が大きくなるため，企業は過度な借入れには慎重になるべきことがわかる。また，有利子負債として銀行から借入れを多額に行えば，負債利子率が上昇することもありうる。そうなれば，負債利子率 r がROAを上回る確率が高まる。この点からしても，レバレッジ効果を過度に期待した資本構成には注意が必要である。

第2章　章末問題

第1問 S社の貸借対照表と損益計算書に基づいて，各問に答えなさい。なお，解答に際し，小数点第3位を四捨五入して求めること（ただし，回転期間（日）は小数点第1位を四捨五入し，整数で求めること）。

問1　総資本事業利益率および総資本経常利益率を計算しなさい。
問2　経営資本営業利益率を計算しなさい。
問3　自己資本当期純利益率を計算しなさい。
問4　総資本回転率および総資本回転期間を計算しなさい。
問5　売上債権回転率および売上債権回転期間を計算しなさい。
問6　棚卸資産回転率および棚卸回転期間を計算しなさい。
問7　有形固定資産回転率を計算しなさい。
問8　流動比率および当座比率を計算しなさい。
問9　負債比率および自己資本比率を計算しなさい。
問10　固定比率および固定長期適合率を計算しなさい。
問11　インタレスト・カバレッジ・レシオを計算しなさい。
問12　財務レバレッジとは何か説明しなさい。また，財務レバレッジの意味を踏まえながら，ROEを向上させる際の問題について述べなさい。

S社の貸借対照表（一部抜粋）

（単位：百万円）

	前事業年度 （20X1年 12月31日）	当事業年度 （20X2年 12月31日）
資産の部		
流動資産		
現金及び預金	1,800	1,500
受取手形	500	300
売掛金	3,400	3,100
有価証券	300	200
製品	900	800
仕掛品	50	20
原材料	450	540
貯蔵品	320	340
貸倒引当金	△ 10	△ 20
流動資産合計	7,710	6,780
固定資産		
有形固定資産		
建物及び構築物	3,850	4,000
機械装置及び運搬具	3,750	3,870
工具器具備品	860	800
土地	690	690
建設仮勘定	70	50
有形固定資産合計	9,220	9,410
無形固定資産合計	290	360
投資その他の資産合計	3,430	3,830
固定資産合計	12,940	13,600
資産合計	20,650	20,380
負債の部		
流動負債合計	5,820	6,140
固定負債合計	4,260	3,780
負債合計	10,080	9,920
純資産の部		
株主資本合計	10,570	10,460
純資産合計	10,570	10,460
負債純資産合計	20,650	20,380

S社の損益計算書（一部抜粋）

（単位：百万円）

	当事業年度 （20X2年12月 31日）
売上高	19,800
売上原価	9,950
売上総利益	9,850
販売費及び一般管理費	9,300
営業利益	550
営業外収益	
受取利息	10
受取配当金	20
営業外収益合計	30
営業外費用	
支払利息	15
社債利息	30
営業外費用合計	45
経常利益	535
特別利益	55
特別損失	90
税引前当期純利益	500
法人税等	200
当期純利益	300

第3章

年次の利益目標を考える
：短期利益計画

第1節◆短期利益計画の基礎概念

1　長期経営計画と中期経営計画

　企業は経営活動を行うにあたり，その**存在意義**（何のために存在するのか）が社会から問われる。企業は社会に対して果たすべき役割を**経営理念**あるいはミッションの中で明文化し，どのように貢献していきたいのかを外部に示す必要がある。また，将来どのように発展していきたいのかという**ビジョン**（こうありたいという目標）を明確にすることで，企業が向かうべき道筋がみえてくる。具体的に将来の目標を据え，企業はその目標を達成するために計画を策定していくことになる。

　しかし，経営者がどれほど素晴らしいビジョンを描いていたとしても，実行可能性の高い計画が練られていなければ画餅に帰すこととなる。将来の目標を確実に達成するためには，中長期経営計画をはじめ短期利益計画および予算管理などの各種計画が入念に吟味，策定され，有機的に結びついていることが必要である。予算管理は第4章で詳しく説明するため，本節では中長期経営計画および短期利益計画についてみていく。なお，経営を取り巻く環境は刻々と変化し，当初想定していなかった事態（不確実性）に直面することは珍しいことではない。そのため，たとえ期中であっても，経営者は計画の修正や新たな計画の策定に着手することが時には必要となる。

長期経営計画（10年程度）の策定は，経営環境が比較的安定している状況下では機能するといえるが，近年は多くの業界で不確実性が高まっているため，実行可能性のある長期経営計画を策定することは困難となっている。そこで，企業は長期的なビジョンを設定すると，それに基づき3年程度の**中期経営計画**を策定することになる。なお実務では，長期経営計画を用いる代わりに中期経営計画に連番を付し，第1期中期経営計画（2x01～2x03年度），第2期中期経営計画（2x04～2x06年度），第3期……というように一定期間で分割しながら一連の計画を示す場合もある。

中期経営計画では向こう3年間の予測に基づき，各年度の目標を具体的な数値でもって割り当てていく。ここで，予測と計画の連動については，①期間を固定し計画を策定するケース，②期間を更新しながら計画を策定するケースがある。とくに②は**ローリング方式**と称される。

①計画期間を固定し計画を策定するケースでは2x01～2x03年度というように期間を固定し，2x03年を最終年度としながら各年度の計画をあらかじめ（初年度が始まる前に）立案することとなる。言い換えると，年度が進むごとに最終年度までの残り期間は縮まっていく。なお，環境変化等の影響で最終年度を待たずに計画が修正される場合もある。たとえば，2x01年度末で実績が目標を下回った場合，残りの2年間（2x02～2x03年度）の目標を上方修正し，期間全体では当初の3年間の目標達成を目指す（期間全体の目標は変更しない）というケースが該当する。ただし，翌期以降も下回った分を取り戻すことが難しいと判断された場合は，各期間の目標は据え置き（あるいは下方修正される場合もある），期間全体の目標を下方修正するといった方策もありうる。いずれにせよ，①のケースは中期経営計画の3年という期間は固定し，その中で目標を管理することとなる。

それに対して，②計画期間を更新しながら計画を策定するケース（ローリング方式の利用）では最終年度を固定しない点に特徴がある。各年度が終わるごとに最終年度を1年先まで更新し，常に向こう3年間を見据えた計画を策定するのである。言い換えれば，3年という計画期間の長さは変化しない。たとえば，2x01～2x03年度を初回とすれば，次回は2x01年度末に新たに向こう3年間（2x02～2x04年度）について計画し，毎年それを繰り返すのである。②のケ

ースでは，向こう3年間を毎年更新することによって，常に直近の環境変化を加味して計画を策定することになる。その意味で，①よりも不確実性を反映した実行可能性の高い中期経営計画となる。

しかし，毎年更新するということはそれだけ企業には計画策定の業務負荷がかかる。くわえて，不確実性が高い状況下では毎年3年先の予測を正確に行うことがそもそも困難である（信頼性の高い情報を得ることが難しい）という事情も作用する。このような理由から，実際には②を採用する企業は①よりも少ないのが現状である[1]。

2　短期利益計画

中期経営計画は①および②のいずれの方法を取るにせよ，経営者が環境の変化に対する対応策を計画に織り込んでいくことが重要である。また，中期経営計画を確実に達成していくためには，さらに期間を細分化する中で目標の進捗を管理していくことが望ましい。そこで，企業は短期利益計画を用いて単年度の目標管理を行う[2]。短期利益計画は，中期経営計画で割り当てられた年次目標を会計数値に基づいて具体的かつ詳細に計数管理する。そして，短期利益計画に基づいて各年度の予算管理が展開されることになる。

短期利益計画では利益目標を設定する。一般的には，中期経営計画の中で期間全体の利益目標が示され，それを短期利益目標としてブレイクダウンすることになる。利益目標は金額（売上高，経常利益，税引前利益，EVA®など）あるいは比率（売上高利益率，総資産利益率，自己資本利益率など）のいずれか，あるいは複数指標の組み合わせが考えられる。ただし，利益目標の設定は業績評価の対象とも密接に関わるため，評価対象が企業全体なのかあるいは事業部なのかによっても選択される指標が異なるといえる（業績評価指標については第10章を参照のこと）。

---

  1 各種の調査結果では，本節②のようなローリング方式を採用している企業は少ないことが指摘されている（櫻井，2015, pp.160-161）。
  2 企業は一般的に，期間を細分化し，月次，週次，日次で目標の進捗管理を実施している。

いずれの指標を選択するにせよ，短期利益計画の中で目標を設定するにはあらかじめ自社の内部・外部環境の分析を行い，その結果を踏まえることが必要である。たとえば，経営学やマーケティングの領域で代表的な4P（Product：製品，Price：価格，Promotion：販売促進，Place：物流）やSWOT（Strengths：強み，Weaknesses：弱み，Opportunities：機会，Threats：脅威）などの分析があげられる。そして，利益目標を実際に設定する際には，売上高（収益），費用，利益という側面から目標額を算定していくことになる。この際に有用となる管理会計技法のひとつがCVP分析である。CVP分析については次節以降で順を追って説明していく。

第2節◆CVP分析の前提としての変動費と固定費

1 変動費と固定費の意義

短期利益計画において目標を設定するにはCVP分析を用いるのが一般的である。CVPとは費用（原価）：Cost，営業量：Volume，利益：Profitの頭文字から名づけられている。営業量（操業度）の変化によって，費用や利益がどのように増減するのかを分析する手法である。その根底にある考え方は，営業量を変化させた時に（すなわち，売上高を変化させた時に）原価がどのように変化するのかを予測することができれば，利益を予測することができるという点にある（岡本，2000）。**営業量（操業度）**を表す尺度には販売数量（生産数量）や売上高（生産高）などが採用される。なお，CVP分析では販売数量と生産数量がイコールとなること，すなわち在庫変動がないことを前提としている。

操業度をベースに費用は**変動費**と**固定費**に分類される。全部原価計算に基づく損益計算書（いわゆる財務諸表としての損益計算書）では，費用の項目は売上原価，販売費，一般管理費といった職能別（製造，販売，管理など）に基づき区分されている。そのため，変動費と固定費という区分の情報を入手することは困難である。そこで，CVP分析では直接原価計算（第10章で説明）の考え方に基づき，費用を変動費と固定費に区分するという手法を用いる。この手法を**固変分解**という。

営業量(操業度)の増減に伴う費用(原価)の変化の形を**コスト・ビヘイビア(原価態様)**という。その区分は変動費,準変動費,固定費,準固定費からなる(図表3-1参照)。**変動費**とは営業量の増減に比例して増減する原価をいう。たとえば,直接材料費がその一例である。それに対して,**固定費**とは営業量の増減に関わらずある一定期間変化しない原価である。たとえば,減価償却費が典型例である。

さらに,営業量に関係なく発生する基本料金の部分(固定費)と使用量(営業量)に応じて課金される部分(変動費)を組み合わせた**準変動費**も存在する。たとえば,電力料金や電話料金が該当する。ある一定の営業量では変動しないが,段階的にある一定量を超えると増加する原価を**準固定費**という。たとえば,監督者の給料などがある。

[図表3-1] 変動費・固定費・準変動費・準固定費

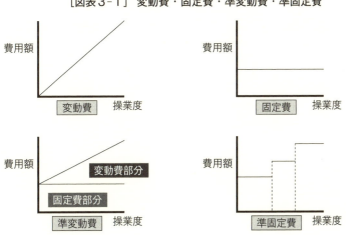

2　正常操業圏の概念

コスト・ビヘイビアを明確にするには,原価が変動する範囲を1年間に限定する必要がある。ある一定期間における営業量(操業度)の変動と原価の発生

を予測できる範囲を**正常操業圏**という。正常操業圏は正常営業量(操業度)を基準にすることが一般的である。**図表3-2**にあるように,準固定費があること,また,変動費であってもその変化率が変わることなどから,原価を表す線は直線にはならない。しかし,長期的に平準化させた正常操業度の範囲内では,準固定費の追加もなく,変動費の変化率も安定しているはずである。そこで,**図表3-2**のように,正常操業圏では,総原価(費用)を変動費と固定費とに分解することができる。

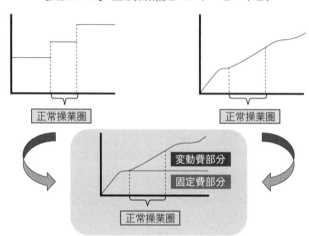

[図表3-2] 正常操業圏とコスト・ビヘイビア

3 固変分解の方法

固変分解(費用を変動費と固定費とに分解する方法)には複数の方法がある。勘定科目精査法,高低点法,スキャッター・グラフ法,最小自乗法,IE法などである。なお,これらの諸技法は組み合わせて用いられる。

(1) 勘定科目精査法

勘定科目精査法(費目別精査法)は,費用項目ごとに変動費あるいは固定費

に分類する方法であり，実務では頻繁に使用されている。主観的に費用を変動費と固定費に分類するので根拠に乏しい場合もある。また，変動費あるいは固定費が明確に識別できない準変動費のような性質の費目も存在する。通常は，意思決定の基準となる操業度の周辺（正常操業圏）で変動的に動けば変動費，固定的であれば固定費とする。

（2） 高低点法

高低点法は，最も高い営業量（操業度）と最も低い営業量（操業度）における費用の組み合わせに基づき，単位当たり変動費と固定費額を求める方法である。高低点法は複数のデータの中から最大値と最小値の組み合わせのみを抜き出して算定することから，極めて簡便な方法である。しかし，多数のデータが利用可能な状況下ではすべてのデータを活用する方がより信頼性が高まるといえる。

（3） スキャッター・グラフ法

スキャッター・グラフ法（ビジュアル・フィット法，散布図表法）は利用可能なデータをすべて図表上にプロットし，できるだけ多くの点を通過するように直線（平均線）を引き求める方法である。多くのデータを活用する点で高低点法よりは優れているが，あくまでも目分量で直線を引くため客観性に劣る。

（4） 最小自乗法

最小自乗法（回帰分析法）はスキャッター・グラフ法と同様に利用可能なすべてのデータを活用する一方で，直線（平均線）を計算式でもって統計的に見積もるため信頼性が高い方法と考えられている[3]。つまり，スキャッター・グラフ法が直線（平均線）を目分量で求めていたのに対し，最小自乗法は単回帰

---

3 この分析（単回帰分析）においては，計算された結果が必ずしも統計的に有意な数値になるとは限らない。また，費用がどの月の収益との対応関係にあるかを細かくみる必要がある。たとえば6月中に支出した広告費は7月に行われるセールのためであったとすれば，この広告費は7月の売上高と対比させる必要がある。

の計算式によって直線（平均線もしくは回帰線）を求める方法である。ある費目をy，直接作業時間をx，変動費率をa，固定費をbとそれぞれ置く。そして，直線（平均線）を $\overline{y} = ax + b$ とし，n個の実績データについて平均 $\overline{y}$ からの乖離（偏差）の合計を自乗した値，すなわち $\Sigma(y-\overline{y})^2$ が最小になるaとbを算定する公式を解く[4]。

$$\Sigma y = a(\Sigma x) + nb \quad \cdots\cdots ①$$

$$\Sigma xy = a(\Sigma x^2) + b(\Sigma x) \quad \cdots\cdots ②$$

なお，aおよびbを導く形で展開すれば，下記のように表すこともできる。

$$a = \frac{n \Sigma xy - \Sigma x \Sigma y}{n \Sigma x^2 - (\Sigma x)^2}$$

$$b = \frac{\Sigma x^2 \Sigma y - \Sigma x \Sigma xy}{n \Sigma x^2 - (\Sigma x)^2}$$

例題3-1 最小自乗法を理解するために，簡単な計算例（n=6）を用いて平均線（回帰線）計算してみよう。

【解答】

n	x	y	xy	x^2
1	10	360	3,600	100
2	12	360	4,320	144
3	15	360	5,400	225
4	20	420	8,400	400
5	18	400	7,200	324
6	15	380	5,700	225
n=6	$\Sigma x=90$	$\Sigma y=2,280$	$\Sigma xy=34,620$	$\Sigma x^2=1,418$

上記の①と②の公式から Σx，Σy，Σxy，Σx^2 がわかればよい。

---

4 単回帰の前提知識として，各実績と平均との差（偏差）をすべて合計すると0になり，自乗して合計すると最小になるという性質がある。

①式より，2,280 = 90a + 6b
②式より，34,620 = 1,418a + 90b
①を整理して，b = − 15a + 380　⇒②式へ代入
34,620 = 1,418a + 90(− 15a + 380)
68a = 420
a ≒ 6.18
b = − 15a + 380 より
b ≒ 287
以上より，求めるべき平均線（回帰線）は y = 6.18x + 287 となる。

(5) IE法

IE（インダストリアル・エンジニアリング）法（技術的見積法）は，工学的な手法に基づいて変動費と固定費を区別する方法である。IE は動作研究や時間研究の分野で活用され，能率の基準を算定することに役立つ。したがって，標準原価計算における原価標準の算定に用いられている。分析には膨大なデータから因果関係を推定するため，コンピュータと統計ソフトの利用が必須となる。

第3節◆CVP分析

1　利益図表の作成

　CVP 分析では総費用を変動費と固定費とに分解し利益計画を行うが，とくに固定費の存在を前提としていることに特徴がある。企業経営では有形固定資産の減価償却費などによる固定費の発生が利益計画に大きな影響を与える。よって，経営者には利益計画の中で固定費をいかにして回収するか，という視点が求められる。CVP 分析は営業量（操業度）の増減に伴う売上，費用（変動費と固定費），利益の関係をシンプルに示した手法である。経営者は CVP 分析を用いることで，精度の高い利益計画を策定することができる。

　CVP 分析では**利益図表**を作成する。典型的な利益図表は**図表3−3**のとおりである。

[図表3-3] 利益図表(1)

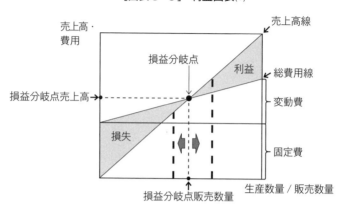

図表3-3では横軸に営業量（操業度）として生産数量あるいは販売数量をとり，縦軸に費用および売上高をとる。総費用は変動費と固定費から成る。売上高と総費用がイコールとなる点（交点）は利益が0となる。この点を**損益分岐点**（break-even point）という。その際の販売数量を**損益分岐点販売数量**，売上高を**損益分岐点売上高**と呼ぶ。損益分岐点販売数量よりも多く販売できれば利益を獲得し，逆に販売数量が少なければ損失となる。CVP分析では生産数量＝販売数量，すなわち在庫量は0とみなして計算する。損益分岐点販売量と損益分岐点売上高は次の式で計算する。

損益分岐点販売数量：売上高と費用が一致する式をたてる。

売上高＝価格×販売数量
費　用＝変動費＋固定費＝単位当たり変動費×販売数量＋固定費
売上高＝費用　となるためには，
価格×販売数量＝単位当たり変動費×販売数量＋固定費
価格×販売数量－単位当たり変動費×販売数量＝固定費
（価格－単位当たり変動費）×販売数量＝固定費
販売数量＝固定費÷（価格－単位当たり変動費）

このように，損益分岐点販売数量を計算することはできるが，この計算は，企業が一製品のみを生産しているケースにしか適用できない。複数の製品を生

産・販売している場合には，全製品の平均値をとることも不可能ではないが，そうするとそれぞれの製品の比率が変わるとすべてが計算しなおしとなり，計画には使いにくい[5]。

このため，一般的には操業度として売上高を使用して損益分岐点売上高を計算することになる。**図表3-4**は**図表3-3**の横軸を売上高としたものである。

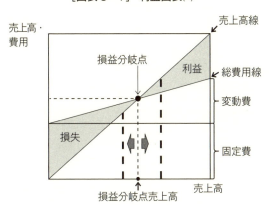

[図表3-4] 利益図表(2)

縦軸（y軸）と横軸（x軸）の両方に売上高があるため，売上高線は $y = x$ と示すことができる。他方，費用線の切片は固定費額となる（ここでは F としよう）。また，費用線の傾きは変動費／売上高（これを**変動費率**という）という（ここでは v としよう）。

損益分岐点売上高：売上高線と費用線が一致する式をたてる。

売 上 高 線：$Y = X$
費　用　線：$Y = vX + F$
売上高＝費用　となるためには，

5　複数の製品（プロダクト・ミックス）がある場合のCVP分析については，小林ほか（2017, pp.135-138）に複数の計算方法が解説されているので参照されたい。

$$X = vX + F$$
$$X - vX = F$$
$$(1 - v) X = F$$
$$X = F \div (1 - v)$$

　ここで，数値例を用いて損益分岐点販売数量と損益分岐点売上高を計算してみよう。販売単価400円，単位当たり変動費150円，固定費125,000円とする。損益分岐点販売数量をXとして売上高と総費用がイコールになるように式を立て，Xを解くと500個になる。よって，501個以上販売すれば，利益を獲得することができる。仮に600個販売した場合は25,000円の利益を獲得することができる。また，変動費率0.375（単位当たり変動費150円÷販売単価400円）となるので，損益分岐点売上高は200,000円となる（125,000円÷(1－0.375)）。もちろん，これは損益分岐点販売数量に価格を乗じても計算できる（図表3－5参照）。

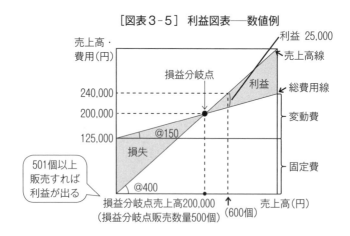

[図表3-5] 利益図表──数値例

2　貢献利益

　次に，貢献利益（限界利益）概念を用いてCVP分析を考える。**貢献利益**とは売上高から変動費を差し引いた値である。売上高から変動費を差し引くことで，残りの額（貢献利益）で固定費の回収と利益の獲得を考えればよいことが

わかる。貢献利益を用いたCVP分析は固定費をどの程度回収しているのかを示し，貢献利益が固定費を上回っていれば利益を獲得することに役立つことがわかる。

では貢献利益を用いると損益分岐点はどのように示すことができるだろうか。損益分岐点（利益が0）を示す式を展開すると次のとおりとなる。

売上高 − 総費用（変動費＋固定費）＝0
売上高 ＝ 総費用（変動費＋固定費）
売上高 − 変動費 ＝ 固定費
貢献利益 ＝ 固定費

つまり，損益分岐点上では貢献利益が固定費とイコールになることがわかる。これを利益図表で示したものが**図表3-6**である。**図表3-3**と比べると変動費と固定費の位置関係が上下逆になっていることに注意を要する。これにより，売上高から変動費を差し引いた部分が貢献利益として図の中で可視化されていることがわかる。

損益分岐点に着目すると，貢献利益と固定費がイコールになっている。また，損益分岐点販売数量よりも多く販売した場合は貢献利益と固定費の差額が利益

[図表3-6] **貢献利益を示す利益図表**

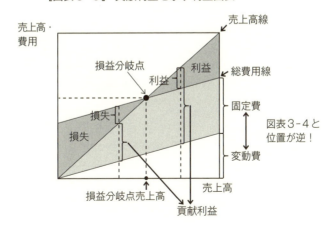

となり，逆に販売数量が少ない場合は貢献利益と固定費の差額が損失となっていることも確認できる。

なお，損益分岐点上の貢献利益は単位当たり貢献利益と損益分岐点販売数量の積である。よって，貢献利益＝固定費をさらに展開すると次のようになる。

単位当たり貢献利益×損益分岐点販売数量＝固定費

$$損益分岐点販売数量 = \frac{固定費}{単位当たり貢献利益}$$

先ほどと同様に，数値例を用いて貢献利益を示す利益図表を描いてみると**図表３-７**のようになる。なお，**図表３-５**と同様に損益分岐点販売数量は500個，損益分岐点売上高は200,000円である。ここで注意を要する点は，**図表３-７**で示しているように単位当たり貢献利益と単位当たり利益が共に@250円で等しくなっていることである。損益分岐点で単位当たり貢献利益が固定費を回収し終え，損益分岐点販売数量を超えた１個目からは@250円の利益を得ることが明示されている。このように貢献利益に基づく利益図表は前述の利益図表よりもCVP分析の結果が視覚的に理解しやすい。

［図表３-７］ 貢献利益を示す利益図表──数値例

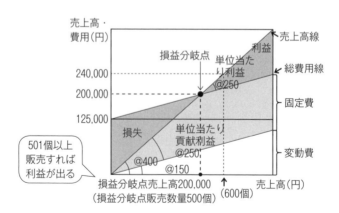

3 貢献利益図表

貢献利益が固定費を回収していくプロセスをより視覚的に分かりやすくした図表が**貢献利益図表**である。営業量（操業度）が0の点では固定費の総額が損失を表しており，営業量（操業度）が増加するにしたがって，貢献利益が固定費を回収し，損益分岐点以降は利益を獲得している様子がわかる（**図表3-8**参照）。

[図表3-8] 貢献利益図表

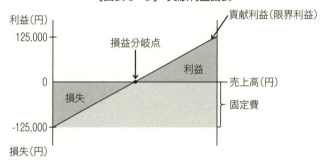

4 目標利益を達成するための売上高

目標利益を達成するための売上高および販売数量の求め方についても考えてみよう。なお，目標利益を達成する際の売上高を目標売上高とする。式で展開すると次のようになる。

目標売上高＝総費用（変動費＋固定費）＋目標利益
目標売上高－変動費＝固定費＋目標利益
目標貢献利益＝固定費＋目標利益

なお，目標販売数量を求めるために，固定費と単位当たり貢献利益を用いて上記の式を次のように展開できる。

単位当たり貢献利益×目標販売数量＝固定費＋目標利益

$$目標販売数量 = \frac{固定費 + 目標利益}{単位当たり貢献利益}$$

具体的な数値を例に利益図表を用いて確認する。目標利益が500,000円，販売単価300円，単位当たり変動費100円，固定費1,200,000円の場合，目標販売数量と目標売上高はいくらになるであろうか。上記の式に当てはめれば，目標販売数量は8,500個，目標売上高は2,550,000円となることがわかる（**図表3-9**および**図表3-10**参照）。

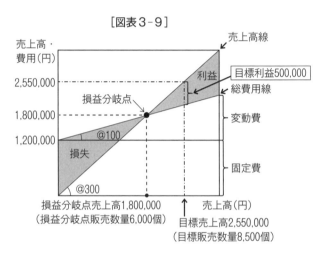

[図表3-9]

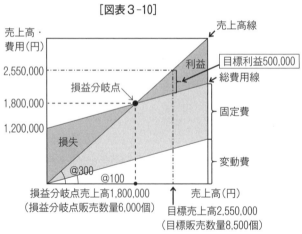

[図表3-10]

5　安全余裕率（安全率）

　損益分岐点売上高（あるいは販売数量）が現在の売上高（あるいは販売数量）からどの程度乖離しているかを示す指標として**安全余裕率**（安全率）が存在する。安全余裕率の値がプラスで大きいほど（売上高が損益分岐点を超えて，かつ離れているほど）企業の収益性が良いと判断できる。

$$安全余裕率 = \frac{売上高 - 損益分岐点売上}{売上高} \times 100 (\%)$$

　たとえば，現在の売上高が1,000,000円で損益分岐点売上高が800,000円であるとすると，安全余裕率は20％（(1,000,000円 − 800,000円)÷1,000,000円×100(%)）となる。安全余裕率が20％ということは，売上高が20％超落ち込むと損失が発生することを意味する。また，安全余裕率と対になる用語として**損益分岐点比率**（1−安全余裕率）がある。上記の例に当てはめれば，損益分岐点比率は80％となる。

6　経営レバレッジ

　経営レバレッジとは売上高（もしくは販売数量）の変化に対する営業利益の変化を比率で表した指標である。経営レバレッジは固定費の売上高に占める割合に着目する。固定費の割合が高いほど，売上高が変化した際に営業利益の変動幅は大きくなる。経営レバレッジは安全余裕率を展開することで，次のように表すことができる。

$$経営レバレッジ = \frac{貢献利益}{営業利益}$$

　貢献利益は売上高から変動費を差し引いた額である。言い換えれば，固定費と営業利益の和である。したがって，上記の式からも固定費の割合が高いほど，貢献利益は大きくなることがみて取れる。たとえば，ケース①で売上高1,000,000円，変動費200,000円，固定費600,000円，営業利益200,000円と，ケース②で売上高1,000,000円，変動費600,000円，固定費200,000円，営業利益200,000円とし，それぞれの経営レバレッジを比較してみよう。

ケース①　経営レバレッジ $= \dfrac{1{,}000{,}000円 - 200{,}000円}{200{,}000円} = 4$

ケース②　経営レバレッジ $= \dfrac{1{,}000{,}000円 - 600{,}000円}{200{,}000円} = 2$

　ケース①とケース②は売上高と営業利益が同額であり，変動費と固定費の割合が異なる。ケース①は固定費の割合が60％（対売上高比）であるのに対し，ケース②は固定費の割合が20％（同）である。その結果，経営レバレッジの指数が4および2と倍の開きとなっていることがわかる。また，経営レバレッジが4ということは売上高が仮に10％増加すると，営業利益が40％（＝10％×4）増加することを意味し，経営レバレッジが2の場合は同様に営業利益が20％（＝10％×2）増加することを意味する。したがって，固定費の割合が高いほど経営レバレッジの指数は高くなり，その結果，売上高の変動に対して営業利益の変動幅が大きくなることがわかる。

7　CVP分析の仮定

　CVP分析には，以下に示すようにいくつかの仮定が置かれている。

①　すべての線は直線（線形）で描くことができる。
②　すべての費用（原価）を変動費と固定費のいずれかに分類できる。
③　売上高と貢献利益（限界利益）が比例的な関係にある。
④　製造量と販売量が等しい。

　①は販売価格および変動費の傾きが一定であることを意味する。すなわち，CVP分析が対象とする期間に生じる価格変動や材料費の変動を加味していない。②は費用（原価）が変動費と固定費に分解可能であるという前提である。すでに説明したように，固変分解には複数の方法が存在するが完全な実施は困難であり，なんらかの恣意性は介入せざるを得ない。③も①と同様にすべての線が線形であることに起因する。最後に④は在庫（棚卸資産）の存在を無視することを意味する。しかし，それはあくまでも直接原価計算方式を採用した場合であり，全部原価計算方式を採用した場合は在庫（棚卸資産）の存在を加味

した CVP 分析が可能となる[6]。

《参考文献》
・岡本清（2000）『原価計算（六訂版）』国元書房。
・小林啓孝・伊藤嘉博・清水孝・長谷川惠一（2017）『スタンダード管理会計（第2版）』東洋経済新報社。
・櫻井通晴（2015）『管理会計（第6版）』同文舘出版。

第3章　章末問題

第1問　次の問に答えなさい。
　問1　中期経営計画の定義と役割を述べなさい。
　問2　短期利益計画の定義と役割を述べなさい。
　問3　中期経営計画と短期利益計画の関係について説明しなさい。

---

[6] 全部原価計算方式に基づくCVP分析については，小林ほか（2017, pp.138-143）で公式を用いた説明がなされており，さらに学習を進めたい人は参照されたい。

第2問 以下の資料に基づき，N社の費用の固変分解を行いなさい。なお，固変分解は最小自乗法に基づき，変動費率および固定費を推定しなさい。解答は小数点第1位を四捨五入して整数で求めること。

[資料] 各月の直接作業時間と総費用

月	直接作業時間（時間）	総費用（円）
1	800	165,000
2	750	160,000
3	780	162,000
4	770	160,000
5	810	166,000
6	790	164,000
7	750	158,000
8	760	158,000
9	770	159,000
10	770	160,000
11	800	164,000
12	810	167,000

第3問 K社ではCVP分析を用いて次年度の短期利益計画を策定している。資料に基づき，各問に答えなさい。

[資料] 次年度の利益計画（予想）

販売単価500千円，販売数量200個，単位当たり変動費300千円，年間固定費額は30,000千円

問1　製品1個当たりの貢献利益を計算しなさい。
問2　貢献利益率を計算しなさい。
問3　損益分岐点販売量を計算しなさい。
問4　損益分岐点売上高を計算しなさい。
問5　販売数量200個の場合の営業利益を計算しなさい。
問6　目標利益を20,000千円とした場合，目標販売数量を何個とすればよいか答えなさい。
問7　販売数量200個の場合の安全余裕率を計算しなさい。
問8　販売数量200個の場合の経営レバレッジを計算しなさい。

第4章

利益目標を達成するための計画

：予算管理

第1節◆予算管理の基礎概念

1 予算と予算管理

(1) 予算の意義

　利益計画で年度における目標利益を達成するための**目標売上高**および**許容費用**（目標売上高－目標利益）を計算した後に，企業は予算を用いた管理を行うことになる。利益計画で算定されている目標売上高および許容費用は，全社的に合計された金額である。

　しかし，実際に売上高を獲得するのは営業部門であり，大企業であれば複数の営業部門に数多くの人々が働いている。したがって，全社的な売上高の目標を，それぞれの営業部門に割り付け，さらには個人にまで落とし込こまなければならない。

　同様に，費用を消費するのは組織内のすべての人々になるから，全社的な許容費用を，企業内の各組織，最終的には個人にまで割り当てていくことが必要となる。重要な点は，単に金額の割り付けをするだけではなく，何を行うのかを明確にするということである。たとえば，売上高の目標を達成するためには，営業担当の人数がもっと必要かもしれないし，宣伝広告や販売促進をしなければならない場合もある。

企業は，売上高を獲得するために様々な活動を行っており，活動を行うためのキャパシティを持つことで，そして活動を実行することで費用が発生する。したがって，目標利益を獲得するために必要な売上高を算定すれば，その売上高を達成するために必要な活動が必要になるわけで，そこに費用が発生するのである。前述のように，費用はその上限が目標売上高と目標利益の差額として計算されているので，その金額を必要な活動にうまく割り振っていかなければならない。この割り振りに関する一連の手続きが予算である。

わが国の『原価計算基準』一（四）によれば，**予算**は「予算期間における企業の各業務分野の具体的な計画を貨幣的に表示し，これを総合編成したものをいい，予算期間における企業の利益目標を指示し，各業務分野の諸活動を調整し，企業全般にわたる総合的管理の要具となるもの」と定義されている。

この定義に従えば，予算は業務分野の行動計画を金額で示したものである。すなわち，上述のように，目標利益を得るために必要な売上高をいかに獲得し，そのための行動に必要となる費用を全社的な許容費用額に抑えていくために調整しながら計画を立てることである。予算を作り上げることが，企業全般にわたる総合的な経営管理を行うための出発点となるのである。

（2）　予算管理の意義

予算管理は，予算を用いた総合的な経営管理手法である。そもそも管理は，計画，実行，統制のサイクルから成っている。ある目標が設定されると，それを達成するための計画を立案し（計画），計画を実行し（実行），行動が終了すれば得られた結果が計画に対してどのようであったかを確認してその差を分析し（統制），それをもとに次の計画を立案するのが管理のサイクルである。

予算は，活動計画を金額で表したものであるが，上記の管理のサイクルに当てはめてみれば，まずは，活動計画としての予算を作り上げること（**予算編成**），予算の執行，予算と実績の差異の認識と分析（**予算統制**）が一連のサイクルとなり，予算統制の結果を受けて次の予算が編成されるのである[1]。

2　予算の種類

　ひと口に予算といっても，予算には多くの種類が存在している。**図表4-1**は予算を分類して一覧にしたものである。

[図表4-1]　予算の分類

分類基準	予算の種類
予算期間の長さ	**長期予算**（1年を超える期間の予算） **短期予算**（1年以内の予算。年次予算，四半期予算，月次予算など）
対象とする組織の単位	**総合予算**（企業全体の予算であり，部門予算をとりまとめたもの） **部門予算**（企業の部分の予算であり，事業部予算，機能別部門予算などがある）
対象とする活動	**損益予算**（企業の収益・費用に関わる活動の予算） **資金予算**（企業の収入・支出に関わる活動の予算，資本支出予算を別にする場合もある）
編成方法	**トップ・ダウン型**（トップ・マネジメントが決定し，これを企業全体に対して割り当てる） **参加型**（企業全体の方針に基づいて，各部門が予算を編成し，その後に全体の調整が行われる） **ボトム・アップ型**（部門が予算を編成し，調整なしに合算されて全社予算とする）

　まず，予算を活用する期間の長短でいえば，1年を超える期間の計画をして統制を行う**長期予算**と，1年以内を対象とする**短期予算**がある。長期予算は中期経営計画などで編成されるが，期間が長くなればなるほど不確実性は増していくため，詳細な予算が編成されることは少ない。他方，短期予算は1年の予算である年次予算をはじめ，半期予算，四半期予算，月次予算などがあり，部署別や費目別に詳細な予算が編成される。

1　このサイクルは，基本的には1年間で回されることになる。ただし，第3章でも述べたように月次や週次でも予算と実績の差異は認識されており，その分析結果に基づいて，翌月の行動計画を変更することがある。このように，予算管理には2つのサイクルがあり，大きなサイクルは年次で，小さなサイクルは月次（あるいは週次や日次）で回していく。

次に対象とする組織の単位に焦点を当てれば，組織全体の予算である**総合予算**と，個々の事業部や部門において編成されている**部門予算**がある。部門が作成した予算は，基本的には各部門の目標を達成するためのものであるが，これらを総合し，調整して，全社的な目標をしっかりと達成するようにまとめたものが総合予算となる。

予算が対象とする活動について説明する。経営活動には，収益・費用を対象とする損益活動と資金の収入・支出を対象とする資金活動があるが，前者に関する予算を**損益予算**，後者に関する予算を**資金予算**という。予算は利益計画から導かれるので，基本的には収益・費用を対象とする損益予算となる。

第5章でも説明するように，損益と資金収支は一致しない。損益計算では費用が収益と対応するように期間配分されるのに対して，資金には現金等の直接的な収入と支出がある。基本的には収益は収入であり，費用は支出を伴うが，そうでないものもある。たとえば，売上高が計上されても手形売上であれば収入はないし，減価償却費は費用ではあるが計上のタイミングでの現金支出はない。このように，企業の活動を損益面と資金面の両方から計画し統制しようとするのが損益予算と資金予算である。なお，資金予算のうち，とくに設備投資などに支出する**資本支出予算**を別建てで編成する場合もある。

予算の編成方法としては，トップ・マネジメントが決定して，それを組織に対して展開する方法（トップ・ダウン型）と，各部門が予算を編成し，それを単純に合算して全社予算とする方法（ボトム・アップ型）がある。しかし，現実の予算は，完全なトップ・ダウン型やボトム・アップ型がみられることは多くはなく，その中間形態にあると考えられる。つまり，予算編成方針がトップ・マネジメントから出され，各部門がそれに基づいて予算編成に参加して予算を編成し，それを調整して全社予算とする方法である。実際に使用されている予算は，多かれ少なかれ，部門やより下方の組織が予算編成に参加しており（予算編成に参加するとともに，その部分に対して責任を負うことを**参加的予算管理**という），予算の実行に積極的になるような仕組みがとられている。

3 予算の体系

前項では各種の予算の種類を説明したが，ここでは主たる予算である損益予算と資金予算の関係性と，損益予算の内容について明らかにしておく。

予算の体系（損益予算と資金予算の全貌）は，業種によっても企業によっても大きく異なっている。**図表4-2**は，一般的な販売業に属する企業の予算の体系を示している。

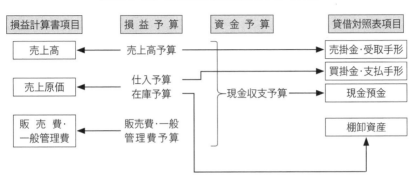

[図表4-2] ある企業（販売業）の予算の体系

利益計画に基づいて，売上高，売上原価および販売費・一般管理費の金額が決定されると，これらに対応する形で，損益予算として売上高予算，仕入予算および販売費・一般管理費予算が編成される。また，売上原価予算の編成に際して，在庫変動を予定する在庫予算が決定される。

他方，これらの損益予算に対応する形で資金予算も編成される。売上高予算の編成に伴い，どの程度の信用（掛け販売・手形販売）を認めるかを考える形で売掛金および受取手形の予算額が決定されるとともに，仕入予算の編成に伴い，どの程度の掛け仕入・手形仕入を行うかを考える形で買掛金および支払手形の予算額が決定される。在庫予算は棚卸資産の予算額を導く。また，売上高予算，売上原価予算および販売・一般管理費予算から現金収支予算が編成され，最終的に現金・預金の予算額が決定される。これらの貸借対照表項目の予算額

は，見積貸借対照表となり，損益計算書項目の予算額が見積損益計算書となるのである。

4　予算の3大機能

　予算は何のために編成されるのかと問われれば，主として計画，調整および統制のためであると考えられている。予算管理の意義の項で述べた点をもう少し詳しく説明していくことにしよう。

　予算の**計画機能**は，まさに企業の経営活動の目標を貨幣的に示し，その目標を達成するための具体的な行動を考案するということである。予算に基づいて計画が実行された後には，実際に得られた結果がどうであったかを測定し，さらに予算と実績に差が生じている場合にはその原因を分析し，次の計画サイクルにおける改善策を考案しなければならない。これが**統制機能**である。統制機能は，次の計画サイクルに改善策を提案するだけにとどまらない。

　企業は年度予算を四半期あるいは月次予算に分割して認識している場合がほとんどある。仮に，予算と実績の差異分析によるデータを次の計画サイクルに活用するとなると，1年間が終了して実績が得られなければならないことになる。しかし，現時点において最も重要なのは，いかにその年度の目標を達成するかであって，翌年度の計画に有用な情報を得ることではない。そこで，企業は年次予算を四半期や月次の予算に分割して，四半期が終了した段階，あるいは1か月が終了した段階で，予算と実績を比較し，仮に実績が予算を下回っている場合には，その分を次四半期あるいは次月以降年度末までに取り戻すような計画を立て直さなければならない。

　このように，完全に期間が終了してから行う統制を**事後統制**といい，年度予算の中で各月末の状況を確認して年度末の予算達成のための行動を起こしたり，月の中でも月末に達成すべき予算のために何らかの行動を起こすことを**期中統制**などということがある[2]。ただし，この2つの統制はいずれも結果が出てそれを予算（目標）と比較することで行われることに注意すべきである。な

　2　なお，予算期間が始まる前に十分に組織構成員を動機づけることを**事前統制**ということがある。

お，これらは目標と結果を比較して次の計画にフィードバックするという点から，第1章で述べたように**フィードバック・コントロール**とも呼ばれている。

予算の機能としてもっとも重視されているのは**調整機能**である。予算は，組織内のあらゆる部門に関係しているが，それぞれの部門は，独立して活動することがきわめて困難である。ほとんどの企業は，さまざまな機能や部門が密接に関連しあって行動しているから，全社的に最適な利益を獲得しようと思えば，これらの部門を調整することが必要になる。

調整には縦の調整と横の調整がある。縦の調整は，上司と部下の調整である。上司は部下に高い目標を達成してもらいたいと思う一方で，一般的に部下は自分が達成可能な目標を設定したいと考える。両者が同じ水準であれば問題はないが，異なる場合には調整が入る。企業全体が目標とすべき数値は決まっていて，それを各部門や部門に所属する個々人の努力で達成しなければならないから，部下が考える達成可能な目標の集合体が全社的な目標に達しなければ，上司は部下と話し合ってより高い目標を持たせなければならない。その逆もあり，部下が高すぎる目標を設定した場合には，あまり無理をさせないよう目標を下げさせるような調整をすることも（多くはないが）ある。

横の調整は部門間調整であり，機能部門間の調整と事業部間の調整が存在している。売上高予算が決定すると，目標利益を達成するために消費することができる費用の総額が決まる。そうすると，費用を売上原価，販売費，管理費などに振り分けることになるが，この時，仕入部門，営業部門，管理部門などの調整を行う必要が生じる。これが機能部門間の調整である。また，事業部制組織を採用している場合，環境分析などの結果，ある事業部の利益目標達成がきわめて困難な場合には，他の事業部に対して利益目標を移転する，すなわち，ある事業部の利益目標を減額する一方，他の事業部の利益目標を加算して，全社的な利益目標を達成するための調整が行われることもある。

5　責任会計

　予算管理を行う場合には，責任会計を導入しておくことが求められる。**責任会計**は，組織を**責任センター**と呼ばれるいくつかの単位に分割し，それぞれの組織の業績を会計上の数値で評価するための会計である。責任センターのマネジャーには，その組織の業務を遂行するための権限が与えられ，同時にそれに対する責任を負うことになる。

　責任センターにはいくつかの種類があり，それぞれのマネジャーが負う責任の種類によってコスト・センター，レベニュー・センター，プロフィット・センター，そしてインベストメント・センターに分類される。

　コスト・センター（費用センター）は，費用にのみ責任を負うマネジャーのいる組織である。予算管理システムにおいては，コスト・センターには費用予算が与えられ，コスト・センターのマネジャーは費用予算の達成に責任を持つ。工場のマネジャーは多くの場合，製造原価予算に対して責任を負うので，その場合，工場はコスト・センターとされる。

　レベニュー・センター（収益センター）は，売上高などの収益にのみ責任を負うマネジャーのいる組織である。予算管理システムにおいては，レベニュー・センターには収益（売上高）予算が与えられ，マネジャーはその予算の達成に責任を持つ。営業部門はレベニュー・センターの代表であるが，営業部門でも費用は発生するので，売上高と部門で利用した費用の差額である利益で責任を問う方が適切であるとも考えられる。

　このように，利益に対する責任（利益責任）を負うマネジャーのいる責任センターが**プロフィット・センター（利益センター）**である。マネジャーが利益責任を負っていれば，製造部や営業部などの機能別組織であっても事業部制組織であっても（詳細は第10章を参照），その組織はプロフィット・センターとなり，当該マネジャーは，予算に示された利益を確保することが求められる。言い換えれば，プロフィット・センターのマネジャーは，売上高予算や費用予算の達成を試みつつ，売上高が予算に達しない場合には費用を予算よりさらに削減するなどして，予算上設定されている目標利益の達成を行わなければならない。

さらに，マネジャーが投資権限を有している場合，言い換えれば，事業に対して投資を行い，その投資から適切なリターン（利益）を得るために，収益と費用に関する権限と責任を有している場合は，当該組織は**インベストメント・センター（投資センター）**となる。インベストメント・センターは，研究開発，生産，販売，そしてこれらの管理など，経営に関する多くの部分を有しており，もっとも自律的な組織となる。インベストメント・センターのマネジャーは，投資に対するリターンの割合であるROI（投下資本利益率）について目標が与えられ，その達成を目指さなければならない。

第2節◆予算編成

1　予算編成のプロセス

予算は，**図表4-2**で示したように，全社的な活動に結びついて編成されるが，そのおおまかな流れを示せば，**図表4-3**のようになる。

中期経営計画においては，向こう3年程度の目標が設定されている。これを単年度にブレークダウンしつつ，次年度の販売市場や買入商品の市場動向を調査し，競合他社との競争上の位置づけを勘案するなどして，第3章で述べたCVP分析などを駆使して，短期利益目標を設定することになる。これを受けて，予算編成方針が作られる。**予算編成方針**は，目標利益を得るために計算さ

[図表4-3]　予算編成のプロセス

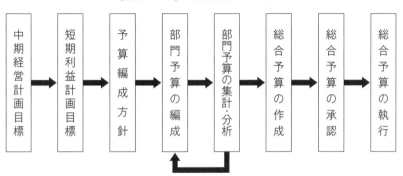

れている売上高予算や費用予算を，具体的にどのように実施するのかを示すものであり，トップ・マネジメントの考え方を企業内に広く知らしめるものである。

予算編成方針を受けて，各部門は**部門予算の編成**を開始する。いったん編成した部門予算は予算管理部門に集められて合算される。その結果が全社的な利益目標を達成していればよいが，実際にはそれを下回る数字であることが多く，いったん部門に差し戻されて再検討される。

この時，事業部であれば予算案は事業部長に差し戻されるが，事業部長はその部下の部長に，部長はその部下の課長に……といった形で，全社的に予算に関する事案を検討することになる。その際，ほとんどのケースでは組織内にいるきわめて多くの人員が予算にかかわり，予算編成に何らかの影響を与えるとともに予算に責任を持たされるようになる。これは，組織構成員を目標達成に組み込むためには都合が良いが，他方で何度も予算案が部門に差し戻されて，時間もコストもかかる原因となる。

予算管理部門に集計された部門予算案の集計が，全社的目標を達成するレベルになれば，総合予算が編成され，取締役会などでそれが承認されれば予算が執行されるのである。

2　損益予算編成のプロセス

図表4-2にあるように，予算はいろいろな機能や組織とかかわりをもちながら編成されている。一般的には，売上高予算がベースとなり，ほとんどの費用予算は売上高予算を達成するための具体的な活動を行うための計画として設定される。

販売業において，売上高予算と密接な関係にある費用としては，仕入予算や販売手数料予算（販売費に分類される）などがあげられるが，そのほかにも本社や営業所の減価償却費や本社の人件費など，販売している商品に共通にかかる費用も多数ある。こうした費用はおおむね固定費であるが，前年度をベースとして当年度の金額を推定した上で，調整を加味して決定されることになる。

最終的には，損益予算と次章で述べる資金管理によって推定される現金資金によって，見積損益計算書と見積貸借対照表が作成される。

第3節◆予算統制

1 予算統制のプロセス

　予算を編成した後には，それに基づいた行動がとられる。その結果，売上高予算を達成し，費用予算以内に費用を抑えることができれば，目標利益（利益予算）を獲得することができる。しかし，実際には売上高予算を達成することは難しいことが多い。それは，基本的には目標利益が高めに設定されるからである。したがって，そこから導かれる売上高予算も高めに設定される。もちろん，高めに設定されるとはいえ，それは実現可能でなければならない。実現可能なレベルでより高い目標を**ストレッチな目標**と呼ぶことがある[3]。

　ストレッチな利益目標は，達成しなければならないものではあるが，しばしば未達成（これを未達という）となることも多い。利益目標が未達の場合には，その原因を売上高と費用の面から分析しなければならない。また，利益目標を達成した場合は，さらにそれ以上の数値を達成することができないかどうかを考えるための分析を行わなければならない。

　予算統制は，売上高予算と費用予算それぞれに行われるが，より重要なのは売上高予算である。なぜなら，利益を獲得するためにはまず，売上高を確保しなければならないからである。また，売上高を得るためには顧客や市場という企業外部の世界で競合他社と競争しなければならず，そのために必要な要素をしっかりと見極めて準備する必要があるからである。以下では，2で売上高の予実差異分析，3で変動費の予実差異分析について述べることにする。

　予算と実績の差を分析することを**予算実績差異分析**（以下，**予実差異分析**）という。売上予算未達の場合，予実差異分析の結果は，月次の場合には翌月以降に未達部分を取り返すにはどうすればよいかを考えるための資料となる。ま

---

[3] 目標としては，たとえば「業界トップの売上高を目指す」というような相対的な目標と，業界トップの売上高を達成するために必要な金額は「＊＊億円」というような固定的な金額（あるいは比率）を示す目標値がある。以下では単に目標という場合，両者を区別せずに表す。

た，日本企業の多くは，半期で予算の見直しを行うことも各種の調査から明らかになっている。この場合は，予算は予算で置いておくが，**着地点**と呼ばれる新しい目標値が設定されて，組織はその目標に向かって活動を再編成する。予算そのものを見直して，下半期予算が新たな視点で作成されることもある。

[図表4-4] 予実差異分析の方向性

売上高予算に不利差異(実績＜予算)が生じている場合	
月　　次	半　　期
翌月に未達部分をいかに取り戻すかを考える。	環境分析を今一度行い，予算そのものを改訂するか，予算はそのままにしつつ，着地点と称する新たな目標値を設定する。
売上高予算に有利差異(実績＞予算)が生じている場合	
月　　次	半　　期
翌月以降も有利差異を維持しながら進めるためには何を行うべきかを考える。	環境分析を今一度行い，予算そのものを上方修正する。

他方，売上高予算が達成できている場合，予実差異分析の結果は，さらに利益を伸ばしていけるかどうかを考えるための資料となる。仮に売上高予算が達成できていたとしても，それが市場環境の変化によるものであれば，売上高が好調なのは自社のみならず，競合他社も同じような状況にあるはずである。したがって，業界内での位置を維持するためには（日本企業は，業界内でのランクをきわめて重視する傾向にある），さらに売上高を積み増す必要もある。このような場合には，どの程度まで上方修正が必要かを検討することになる。

2　売上高予実差異分析

売上高予実差異分析はどのように行われるのか。売上高は単価と数量の積として計算される。したがって，売上高の予算と実績に差があるのは，単価が予算と実績で異なるか，数量が予算と実績で異なるかのいずれか，あるいは両方が生じているからである。そこで，売上高予実差異を単価による差異である販売価格差異と数量の差異である販売数量差異に分解する。ただし，話を単純化

するために，ここでは販売される製品は1種類だけであるとする。

図表4-5は，売上高の予算と実績の差異がある場合の分析図になる。縦軸は価格であり，予算販売価格はBP，実際販売価格はAPで示してある。横軸は数量であり，予算販売数量はBQ，実際販売数量はAQである。

[図表4-5] 売上予実差異の分解

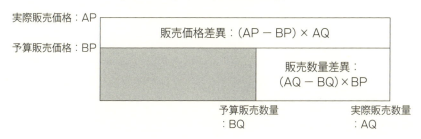

ここで，売上高予算額はBP × BQ（網掛けの部分の面積），実際売上高はAP × AQ（外側の四角形の面積）となっている。この形は実際売上高が予算売上高を上回る形になっているが，反対の状況でも，図としてはこの形を維持して書くことにする。外側の四角形の面積と網掛けの部分の面積の差額が，売上高予実差異であり，次の式で求める。

売上高予実差異＝実際販売価格×実際販売数量－予算販売価格×予算販売数量

なお，実際売上高から予算売上高を引いているのであるから，差が正の値であれば予算よりも実績が大きい，すなわち好ましい状況であり，これを**有利差異**という。反対に，差が負の値となれば，予算よりも実績が小さい，すなわち好ましくない状況であり，これを**不利差異**という。

さらに，予実差異分析では，販売価格における予算と実績の差による予実差異（**販売価格差異**）と販売数量における予算と実績の差による予実差異（**販売数量差異**）に分解する。それぞれは次のように計算する。

販売価格差異＝(実際販売価格－予算販売価格)×実際販売数量

販売数量差異＝(実際販売数量－予算販売数量)×予算販売価格

　販売価格差異は，実際販売価格が予算販売価格と異なるために生じる売上高差異であり，販売数量差異は，実際販売数量が予算販売数量と異なるために生ずる。一般的に，販売価格は市場で決定されており，企業が管理することは不可能であると言われている。いわゆる B to C（Business to Customers）企業（消費者向け製品の生産・販売企業）では，確かにその傾向が強い。B to B（Business to Business）企業（生産財の生産・販売企業）では，注文生産を行う場合には，交渉の際に，特別のメリットがない限り原価割れするような価格をつけないようにすることもできる。なお，B to C 企業であっても，大量販売などの場合に値引きを要求される場合もあるが，適切な利益を削ってまで値引きを行うべきではない。いずれにしても，できるだけ販売価格差異を最小限にするような努力が必要である。

　販売数量差異は，営業の努力によってコントロールできる場合が多い。予算販売数量を上回るような実績を残すことが求められる。とはいえ，販売数量を確保するために，実際販売価格を下げるようなこともしばしば行われる。このため，実際販売価格と実際販売数量が，それぞれの予算とどのように異なったことが，予算売上高に対してどのような影響を与えるかを確認することが必要となるのである。

例題4-1　X社の当月の売上高予算は12,000,000円（価格600円，販売数量20,000個）である。当月は若干需要が少なくなりつつあり，価格が下落傾向にあった。月末になり，実績を集計したところ，実際販売数量は19,500個，実際売上高は11,300,000円となった。売上高の予算実績差異分析を行いなさい。

【解答】

　　売上高予実差異＝実際販売価格×実際販売数量－予算販売価格×予算販売数量

　ここで，実際販売価格は示されていないが，実際販売価格×実際販売数量は実際売上高であるので，以下のように売上高差異を計算することができる。

売上高予実差異 = 11,300,000円 − 12,000,000円 = (−) 700,000円（不利差異）

次に，**図表4-5**を参考にしつつ，問題文の条件を当てはめて売上高差異を販売価格差異と販売数量差異に分解する。

[図表4-6] 売上高予実差異の分解

```
実際販売価格：?
                ┌──────────────────────────────────────┐
予算販売価格：600円│  販売価格差異：(? − BP) × AQ          │
                │                                      │
                │                  ┌───────────────────┤
                │                  │ 販売数量差異：      │
                │                  │ (19,500個−20,000個)│
                │                  │ ×600円＝(−)300,000円│
                └──────────────────┴───────────────────┘
                                予算販売数量        実際販売数量
                                ：20,000個         ：19,500個
```

問題文には，実際販売価格は与えられていない。実際価格は売上高を実際販売数量で除しても求められる。本問では579.487……（11,300,000円÷19,500個）となり割り切れない。というのも，販売価格は，1か月同じであるはずもなく，販売条件によっても需要の変化によっても変化するため，このようなことが生じる。このような場合，このまま579.487……円を使用してもよいが，次のように考えた方がよいだろう。

販売価格差異は**図表4-6**でみれば，実際販売価格×実際販売数量と予算販売価格×実際販売数量の差として認識される。前者は実際販売額であるから11,300,000円，後者は11,700,000円（600円×19,500個）であり，実際販売数量がすべて予算販売価格で売れた時の金額を示している。

式で確認すると，次のようになる。

$$(AP − BP) \times AQ = AP \times AQ − BP \times AQ$$
$$= 11,300,000円 − 11,700,000円$$
$$= (−) 400,000円（不利差異）$$

つまり，実際販売数量を予算編成時の販売価格で販売していれば11,700,000円の売上があったはずなのに，実際には価格が下がったため11,300,000円しか売上高がなかったということを示していて，これが400,000円の不利な販売価格

差異となったのである。

販売数量差異は**図表４－６**にあるように300,000円の不利差異となる。これら２つの差異については次のように解釈できる。需要の減少によって販売価格は下落し，販売数量も減少することが想定される。この状況の下で，Ｘ社は，価格下落の影響が売上高を400,000円減少させ（不利差異），販売数量の減少が売上高を300,000円減少させる方向（不利差異）に影響したということである。価格下落の影響の方が販売数量の影響よりも大きかったということになる。

3　費用の予実差異分析

前項では，売上高の予実差異分析を考えたが，実際に重要なのは売上高から費用を控除して計算する利益であるから，次に費用の予実差異分析を考える。

費用の差異分析を行う場合に使用するのは，第10章で説明する直接原価計算方式の損益計算書である。その理由は，製品１単位当たりに対する費用（変動費）と共通的に一定額生じる費用（固定費）を分解することで，意思決定に有用な情報を提供できるからである。

簡単な事例を考えてみよう。ある企業が商品の仕入・販売を行っていて，この時の費用構造は次のようになる。

　　　売上原価……………………………変動費
　　　売上手数料などの販売費…………変動費
　　　店舗の家賃や販売員の固定給……固定費
　　　経理部費などの管理費……………固定費

売上原価は完全に売上高に比例的に連動するために変動費である。販売費に含まれる売上手数料なども売上高に比例するために変動費となる。しかし販売費に含まれる販売店舗の家賃や販売員に支払われる固定給は，売上高の増減とは関係なく一定額発生するため固定費となる。経理部門や総務部門のいわゆる間接部門で発生する費用は固定費であると考えてよい。

そして，予算編成時において予定されている変動費（売上原価＋販売変動費）および固定費と実際に発生した変動費および固定費との相違を計算すれば，費

用面で利益に対して与える影響が計算できる。これを前項で計算した売上高の差異と合わせれば，利益の差異分析を行うことができるのである。

[図表4-7] 変動費の予実差異の分解

基本的な考え方は**図表4-5**と同様であるが，引き算をしている順序が売上高の場合とは反対になっていることに注意してほしい。売上高は実際が予算より大きければ有利差異であるが，費用は実際が予算より大きければ不利差異になる。利益に対する影響をみたいので，引く順序を逆にしているのである。

販売変動費率差異は販売商品一単位当たりの変動費の割合が予算編成時と実際とで異なることによって生じる差異である。**販売数量差異**は，販売数量が予算編成時と実際とで異なることで，費用がどのくらい異なるかを表す。

なお，固定費の差異は**固定費予算額－固定費実際発生額**で計算し，上述の差異と同様に結果が正の値を取れば有利差異，負の値を取れば不利差異である。

> **例題4-2**　例題4-1のX社において，当月の変動費予算は7,000,000円（商品当たり変動費350円，販売数量20,000個）である。実際販売数量は19,500個，実際費用は6,780,000円となった。また，固定費予算は3,500,000円，固定費の実際発生額は3,600,000であった。費用の予算実績差異分析を行いなさい。

【解答】

[図表4-8] 費用の予実差異の分解

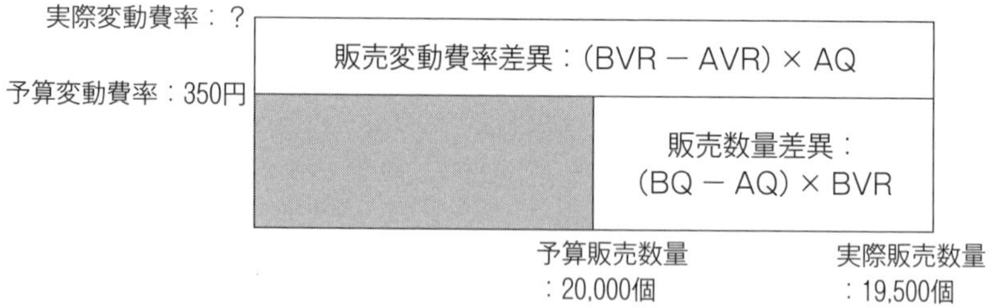

実際変動費率：？
予算変動費率：350円

販売変動費率差異：(BVR − AVR) × AQ

販売数量差異：
(BQ − AQ) × BVR

予算販売数量
：20,000個

実際販売数量
：19,500個

　売上高の差異分析と同様，実際変動費率は割り切れないのでBVR × AQ − AVR × AQで計算する。固定費差異は，固定費予算額−固定費実際発生額で計算する。

　　販売変動費差異＝350円×20,000個−6,780,000円＝220,000円（有利差異）
　　販売変動費率差異＝350円×19,500個−6,780,000円＝45,000円（有利差異）
　　販売数量差異＝(20,000個−19,500個)×350円＝175,000円（有利差異）
　　販売固定費差異＝3,500,000円−3,600,000円＝(−)100,000円（不利差異）

4　利益の予実差異分析

　最後に利益の予実差異分析を行う。売上高の差異分析と費用の差異分析を総合して，予算利益と実際利益との差についてその原因を分析する。基本的には，2と3で説明した内容を列挙することになるが，注意すべきは販売数量差異である。販売数量差異は，売上高と変動費について生じており，しかも有利・不利が必ず反対になる（なぜか考えてみよう）。したがって，両者を合わせてはじめて販売数量における予算と実際の差が利益に対していくら影響を与えたのかを知ることができる。

> **例題4-3** 例題4-1および例題4-2の情報を総合してみれば**図表4-9**のようになる。ここから，当月の利益に関する差異分析を行ってみよう。
>
> [図表4-9] X社の当月の予算と実績の情報
>
> | | 予　　算 | 実　　績 |
> |---|---|---|
> | 売上高 | 12,000,000円
(600円×20,000個) | 11,300,000円
(19,500個) |
> | 販売変動費 | 7,000,000円
(350円×20,000個) | 6,780,000円
(19,500個) |
> | 販売固定費 | 3,500,000円 | 3,600,000円 |
> | 営業利益 | 1,500,000円 | 920,000円 |
>
> 【解答】
> 　例題4-1および例題4-2から，以下の解答を得ることができる。
> 　　利益差異：580,000円（不利差異）　販売変動費率差異：45,000円（有利差異）
> 　　販売価格差異：400,000円（不利差異）販売固定費差異：100,000円（不利差異）
> 　　販売数量差異：125,000円（不利差異）
> 　販売数量差異に着目してみよう。販売数量差異は，売上高に関する差異と変動費に関する差異がある。この2つは，独立してみる意味はほとんどない。なぜなら，売上高に関する販売数量差異が有利差異（不利差異）なら，変動費に関する販売数量差異は必ず不利差異（有利差異）となるからである。したがって，販売数量における予算と実績の差異は，両者を合わせて考えなければならない。本問の場合は，売上高に関する販売数量差異は300,000円の不利差異，変動費に関する販売数量差異は175,000円の有利差異なので，販売数量が予算より500個少なかったことによる利益の影響は，両者を合わせた125,000円の不利差異となるのである。

第4節◆予算管理の革新

1　予算管理の問題点

　予算および予算管理は，きわめて有用な管理会計のツールであることは間違いない。しかし，その問題点も数多く指摘されてきた。たとえば，予算編成にマネジャーを関与させることによって，これを達成するモチベーションを増加させようとした**参加的予算管理**は，一定の効果があることは認められるものの，売上高予算は低めに，費用予算は高めに設定しようとすることがしばしばみられる（**予算スラック**）。

　とくに欧米において，こうした問題点が2000年代に入ってから改めて主張されるようになってきた。たとえば，予算管理の問題点として，Hansenらは，環境の変化が早い状況の下では，予算が使用されるまでに予算編成に活用された仮定自体が変化してしまうこと，垂直的なコマンド・アンド・コントロール型の構造やそれに伴う中央集権的な意思決定を導くことなどの問題点を挙げている（Hansen, Otley, and Van der Stede, 2003）。また，Hope and Fraser（2003）は，予算が引き起こす典型的な問題を10個列挙した。その中には，「販売目標を達成したら，それ以上顧客に対して配慮するな」，「削減された時に備えて，常に必要以上の資源（予算）を要求せよ」，「予算は必ず使い切れ」といった，われわれにも身に覚えのあるものが示されている。

　こうした予算の問題を克服するために考案された組織変革の経営思考が脱予算経営である。

2　脱予算経営の基礎

　脱予算経営は，主として北欧の企業にみられた経営思考である。代表的な例がスウェーデンの商業銀行であるハンデルスバンケンであり，この銀行は1970年代に予算の問題点が見過ごせないほど大きくなったとして予算を廃止している。脱予算経営の考え方は，予算を廃止して，相対的業績評価，ローリング予測とそれに基づく計画の随時変更，ボーナスと個人的業績を結びつけるのをや

めて全社業績と結びつけるといった思考方法を導入する。

　相対的業績評価は，予算のように固定的な目標の達成を目指すのではなく，企業であれば業界内のROEやROIの順位などを目標とする。企業内でも同様に事業部などは利益の金額や各種の利益率における順位で評価することを意味している。いずれも，目標は固定的な数値ではなく「順位」という相対的なものとなる。固定目標を設定し，それにボーナス等が連動すれば，達成が容易になるようにより低い目標を立てるようになりがちであるが，相対的目標であれば，相手がより高い実績をあげれば，自分が持っている固定的な目標を達成していても意味がない。

　たとえば，利益目標を100と設定したとする（固定目標）。年度末を前にこれを達成すれば，その後は翌年度のために利益を回したりするだろう。しかし，業界内で利益額を3位以内にするという目標（相対的目標）を立てると，環境次第では100ではなく120あるいは150を達成しなければならない場合もある。また，業界の情報は年度が終了した後でないとわからないので，最後まで手を抜くことができなくなる。

　ローリング予測とそれに基づく計画の随時変更は，予算のように一度編成したらそれを見直すことなく行動するのではなく，常に3か月程度先の予測を行いながら，予測が悪い状況なら次の手を打ち，予測が良い状況ならそれを維持するための手段を考えて，相対的目標を達成できるよう計画自体を継続的に変更していくものである（第3章の説明も合わせて参照のこと）。

　ボーナスと全社的利益を結びつける方法は，企業が利益を出せばそれを組織内の人々がシェアできるようなシステムを意味している。個人個人の業績を評価してボーナスを与えるのではなく，全社業績を第一に考え，全員が全社業績に向かって一丸になるような行動を取らせる。いわゆる成果報酬とは反対の考え方である。

　Bogsnes（2009）によれば，これらの手法はプロセスの6原則としてまとめられているが，手法のみがあっても脱予算経営は機能しないことも指摘しており，経営における行動指針，すなわち物事の考え方としてリーダーシップの6原則を示している。

　しばしばすぐれた管理会計の手法だけが注目されがちではあるが，実際には

いかに優れたツールであっても，人々が正しい考え方に基づいて正しい使い方をしないと，それらは決して機能しないという良い例であろう（予算がまさにその例である）。

3　脱予算経営と日本企業

　脱予算経営が提唱されて以来十数年が経過するが，予算を廃止した企業は日本にどのくらいあるのだろうか。著者の一人の知るところでは，完全に予算あるいは財務的計画を持たない東証一部上場企業は1社しかなく，また詳細は分かっていないが調査において予算管理システムも財務的計画も持たないとした企業が2社あった。さらに，予算という名前を使わずに他の財務的計画を使用している企業は17社（回答企業の8.9%）存在している[4]。

　予算を廃止することがどれほど大きなインパクトを企業に与えるかは想像できるだろうが，それにしても，ほとんどの企業が予算を利用している状況をみると，予算の問題点はどのようになっているのか疑問に思うかもしれない。

　この調査を詳細に確認していくと，わが国の企業では，予算の見直しをかなりの頻度で行っていること，もともとボーナスは全社的業績に結びついていることなどから，脱予算経営の論者が指摘するほど予算の問題点は欧米ほど大きくはないようである。

　とはいうものの，相対的目標の導入は遅れており，予算の編成は煩雑で多額のコストがかかると感じている企業は多い。さらなる改善をいかに進めていくか，今後の発展が待たれるところである。

《参考文献》

・Bogsnes, B. (2009) *Implementing Beyond Budgeting: Unlocking the Performance Potential*, Hoboken: NJ, John Wiley & Sons Inc. (清水孝訳 (2010)『脱予算経営への挑戦』生産性出版)
・Hansen, S.C., D.T. Otley, and W.A. Van der Stede (2003) Practice Developments in Budgeting: An Overview and Research Perspective, *Journal of Management Accounting*

　4　この調査は2015年に東証一部およびマザーズ上場企業に対して行われたものである。詳細は（清水，2016）を参照されたい。

Research, Vol.15, pp.95-116.
- Hope, L and R. Fraser（2003）*Beyond Budgeting: How Managers Can Break Free from the Annual Performance Trap*, Boston: MA, Harvard Business School Press.（清水孝監訳（2005）『脱予算経営』生産性出版）
- 清水孝（2016）「我が国企業における予算管理実務改善に関する調査」『早稲田商學』第446巻，pp.103-130。

第4章　章末問題

第1問　予算を定義し，①予算期間の長さ，②対象とする組織，③対象とする活動，④編成方法で分類しなさい。

第2問　予算の3つの機能を説明しなさい。また，この3つの中で何が最も重要と考えられるか，あなたの考えを述べなさい。

第3問　機械部品を受注生産するある企業の組織は機能別に分かれており，開発部門，生産部門，販売部門および管理部門がある。販売部門は顧客（企業）から注文を受け取り，生産部門と開発部門に伝達する。開発部門は，製品に関する生産方法や原材料を決定し，その情報を生産部門に提供する。生産部門は製品を生産し，完成した製品を販売部門に引き渡し，販売部門から顧客に配送される。管理部門は，総務，経理，経営企画部などから構成されていて，上記の機能の管理を行っている。
　このような組織では，開発部門，生産部門，販売部門および管理部門は，どの責任センターとすることが望ましいか，理由を付して述べなさい。

第4問　ある企業の今月のある製品販売に関する予算および実績は次のとおりであった。
① 予算に関する情報
売上高予算：予算販売価格@1,200円×5,000個　　　=6,000,000円
売上原価予算：予算売上原価 @600円×5,000個　　=3,000,000円
変動販売費予算：予算販売変動費率 @80円×5,000個=　400,000円
固定費予算：　　　　　　　　　　　　　　　　　1,200,000円
利益予算：　　　　　　　　　　　　　　　　　　1,400,000円

② 実績に関する情報

売上高：6,136,000円（実際販売数量：5,100個）

売上原価：3,070,000円

変動販売費：395,000円

固定費：1,250,000円

以上の情報から，販売価格差異，単位当たり売上原価差異，販売変動費率差異，販売数量差異および固定費差異を計算し，何が利益の予算実績差異に対してもっとも大きな影響を与えたかを答えなさい。

第5章

年次のキャッシュ・フローを考える

：短期資金管理

第1節◆資金管理の基礎概念

1 資金管理の意味と目的

　第3章では短期利益計画を学び，企業が目標利益をいかに獲得するのかを，売上高と費用の両面から計画する方法を学んだ。第4章では，目標とする企業全体の売上高と制約条件となる費用総額をベースに，企業の各部門や組織の予算を編成し，これを用いて統制する活動を学んだ。これらの方法を通じて，企業は全社的目標となる利益に向かって行動する道筋を立てることができるようになる。

　第3章および第4章で検討した目標は**会計的利益**あるいはROIやROEなどの**会計的利益を用いた尺度**である。しかし，企業にはもう1つの側面から組織全体をマネジメントすることが必要になる。その側面が**資金**である。なぜ資金の側面から組織をみることが必要なのか。

　企業の基本的な活動は，製造業であれば材料を仕入れ，工場を建てて設備を導入し，人を雇い，製品の生産を行い，これを販売するということになる。このとき，製品の生産までに資金を支払い，製品の生産の後に販売して資金を回収することになる。このように，企業活動では，まず資金が支出され，その後に資金が回収されるから，回収までに資金不足に陥らないように十分な資金を保有していることが求められる。

企業会計上，赤字，すなわち損失が続いていても，資金が回っている（材料，人件費や支払家賃などの支払が滞らないことを「資金が回る」という）限り，企業が倒産することはない。しかし，たとえ利益が出ていても資金不足が生じると，手形や小切手の不渡りが生じて銀行取引が停止され，倒産に至ることが多い。これがいわゆる**黒字倒産**あるいは**勘定合って銭足らず**という状況である。こうした状況を回避するためには，資金管理を適切に行うことが必要なのである。これが資金管理の第一の目的である。
　他方，第二の目的は，**資金の効率的利用**という観点に関連している。資金は企業外部から他人資本あるいは自己資本の形で調達される。他人資本は借入金や社債であり，自己資本は株式の発行である。他人資本で調達すれば，支払利息，株式の発行であれば配当金の支払が生ずることになるし，株式は株価の上下動を含めた資本コスト（第7章で詳述）がかかることになる。
　このため，集められた資金は，ビジネスに投資されて適切な利益を生み出さなくてはならない。このためには，単に利益率の高いビジネスに投資するという点だけではなく，資金がより速く利益を生み出していくという点にも注意する必要がある。とりわけ，運転資金などの短期的な資金は，できるだけ速く回収して次のサイクルに投下することが必要になるのである。

2　短期資金管理と長期資金管理

　資金管理は時間軸に沿って，1年以内の短期資金管理とそれを超える長期資金管理に分類されることもある。ただし，これらは単に1年という時間軸を基準として分類しているだけではなく，その内容も大きく異なっている。
　短期資金管理は，前述のとおり，資金不足によって支払不能となることを避けるために，適切に**資金の手当て**（資金を集めること）を行う計画を立て，さらに，資金を有効に活用するよう管理することが求められる。資金の手当てというと，手形の売却や短期の借入れなどを想像するであろう。もちろん，こうした手法は資金の手当ての代表的なものである。しかし，製品や商品などの棚卸資産の回転率を上げる，売掛金を早期に回収する，買掛金の支払いを遅くする（売掛金・買掛金とも相手のあることなので，そう簡単ではないが）といった工夫をすることで，資金を調達することもできる。これらを総合して，短期的な

資金の管理を行わなければならないのである。

　また，ビジネスに投下されている資金は，後に示すように棚卸資産や売上債権に拘束されており，使用することができない時間がある。これをできるだけ短くする，すなわち早期に回収して次のサイクルに投下することで，収益の獲得に貢献する。これが資金の効率的利用である。

　他方，**長期資金管理**は，ある事業や設備に対して資金を投下し，これを長期にわたって回収する場合，その投資案は企業価値を高めるのか毀損するのかという判断にかかわるものである。本章では短期の資金管理について，第7章では投資に対する資金管理について考えることにする。

3　資金の概念

　資金という用語には実に様々な意味がある。これが資金管理学習の1つの障害であるといってもよいくらいである。本書では「資金管理」という用語を使用しているが，キャッシュ・マネジメントという用語もあり，ほぼ同様の意味で使用されている。また，財務会計でも，主要財務諸表の1つとして開示されるものに，キャッシュ・フロー計算書があり，そこでも資金ではなくキャッシュという用語を使用している。資金とキャッシュは，同じ意味で使用されているが，その範囲は非常に幅広い。そこで，以下ではいくつかの**資金**（キャッシュ）概念について列挙して説明していくことにする。

(1)　現金としての資金（キャッシュ）

　この概念は，資金をもっとも狭義にとらえたもので，現金そのものおよび**要求払預金**（当座預金や普通預金等）で，即時払いの預金を含めて現金として使用可能なものである。支払能力を確認するために作成される資金繰表で用いられる資金という用語は，現金としての資金を意味している。

(2)　現金＋現金同等物

　現金同等物とは，容易に換金可能であり，かつ，価値の変動について僅少なリスクしか負わない短期投資をいう（『連結キャッシュ・フロー計算書等の作成基準』第2－2）。その短期投資の例として，『同基準注解』（注2）では，取得

日から満期日または償還日までの期間が3か月以内の短期投資である定期預金，譲渡性預金，コマーシャル・ペーパー，売戻し条件付現先，公社債投資信託が含まれるとしている。なお，『同基準』では，現金＋現金同等物をキャッシュ（資金）としている。

近年，日本の企業の多くが**実質無借金経営**（現金・現金同等物－借入金が正の値を取る）であることが報道されることもある。支払能力という観点からは現金は多く保有している方が望ましい。しかし，株主の立場からすれば，利益を生まない，あるいは適切な利益を生まない現金および現金同等物を必要以上に保持することは，企業の収益性を阻害し，企業価値を毀損する可能性が大きくなる。ただし，必要である現金の金額がどのくらいになるのかは判断が難しいところである。どのくらいの現金を保有して，どのくらいの現金を事業に投資するのかは，それぞれの企業の判断にしたがうことになる。

（3）現金＋現金同等物＋容易に換金可能な有価証券

容易に換金可能である有価証券には，上場している企業の株式等が含まれていると考えられる。現金・現金同等物に加え，容易に換金可能な有価証券を加えることで，現金への距離がきわめて近いものの集合体を示したものである。

（4）正味運転資本

上記(1)から(3)までの資金概念は，1年よりも短い単位（たとえば1か月あるいは四半期）に適用される場合が多い。他方で，**正味運転資本**は，学問的には年次の流動資産と流動負債の差額として認識される。

　　　正味運転資本＝流動資産－流動負債

一般的には，流動資産は現金，現金同等物および1年以内に現金化される資産であり，流動負債は1年以内に現金で支払うものを示している。正味運転資本は，1年というスパンで考えた場合の支払能力を計算するものであり，大きい方が望ましいと考えられる。

(5) 正味運転資金

　研究者が書く出版物にはほとんど用いられないが，実務では**運転資金**という用語が頻繁に登場する。これは営業プロセスの中で生じる資産と負債の流れが現金の流れと一致しないことで生じる現金の過不足を認識するものであり，次のように計算する場合が多い。

　　　運転資金＝売上債権＋棚卸資産－仕入債務

　たとえば，4月1日に販売目的で商品を100,000円仕入れ（掛け買い：5月10日支払い），この半分を10日に70,000円で掛け売りしたとする（5月15日回収）。このとき，4月末日では売掛金が70,000円，商品（棚卸資産）が50,000円，そして買掛金が100,000円となる。この場合，運転資金は20,000円（70,000円＋50,000円－100,000円）と計算される。

　ここでは，資金が売掛金に70,000円，商品に50,000円拘束されている（つまり，入金できない状況にある）。他方で買掛金100,000円は支払いを猶予してもらっている状態にある。このため，このビジネスを維持するには20,000円の資金が必要であるということになる。

(6) キャッシュ・コンバージョン・サイクル

　キャッシュ・コンバージョン・サイクル（cash conversion cycle: CCC）は，資金の概念ではないが，資金を考察する場合にしばしば使用されるため，ここで簡単に説明しておく。

　商品販売業を例として考えよう。商品販売業では，商品を仕入れ，これを販売して利益を得る。仕入れたときにすべてが掛仕入，販売のときにはすべてが掛売上であるとする。このとき，商品の仕入れと販売という観点，資金の出金と入金という観点の2つを1つの時間軸に書いてみれば，**図表5-1**のようになる。商品の購入から売掛金の回収までを，オペレーション・サイクルという。

　一般的に，買掛金の支払いは売掛金の回収よりも時間的には前に行われる。このため，売掛金回収までの期間，資金は商品あるいは売掛金として投下されたままになっている。買掛金支払いから売掛金回収までの期間をキャッシュ・

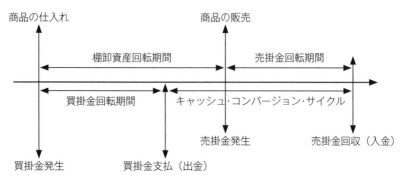

[図表5-1] キャッシュ・コンバージョン・サイクル

コンバージョン・サイクルという。

キャッシュ・コンバージョン・サイクルは棚卸資産回転期間＋売掛金回収期間－買掛金回転期間で計算される。

例題5-1 以下の［資料］からキャッシュ・コンバージョン・サイクルを計算しなさい。ただし、売上はすべて掛売上、仕入はすべて掛仕入とする。買掛金および棚卸資産の回転日数を計算する際には、売上原価を使用すること。

［資料］

棚卸資産の平均残高	10,000千円	売上高	150,000千円
売掛金の平均残高	15,000千円	売上原価	102,000千円
買掛金の平均残高	9,000千円		

【解答】

棚卸資産回転率 = $\dfrac{102,000千円}{10,000千円}$ = 10.2回

棚卸資産回転期間 = $\dfrac{365日}{10.2回}$ ≒ 35.78日

売掛金回転率 = $\dfrac{150,000千円}{15,000千円}$ = 10回

売掛金回転期間 = $\dfrac{365日}{10回}$ = 36.5日

$$買掛金回転率 = \frac{102{,}000千円}{9{,}000千円} ≒ 11.33回$$

$$買掛金回転期間 = \frac{365日}{11.33回} ≒ 32.22日$$

キャッシュ・コンバージョン・サイクル＝35.78日＋36.5日－32.22日＝40.06日

　キャッシュ・コンバージョン・サイクルは短いほどよいことは理解できるだろう。これを短縮するためには，棚卸資産回転期間を短縮する，売掛金回転期間を短縮する，あるいは買掛金回転期間を伸ばすという方策をとればよい。しかし，売掛金回転期間と買掛金回転期間は，取引相手との取引条件にかかわる問題であり，簡単に変えることはできない。

　また，棚卸資産回転期間や売掛金回転期間を短くするということは，資産回転率を向上させ，総資本利益率（ROI）の向上に寄与することになる。これが資金の有効利用という点になるのである。

第2節◆資金繰表の作成

1　資金繰表の意味

　企業は日々の活動の中で，資金の受け払いを行っている。ここで，常に現金（要求払預金を含む）だけを使用して営業活動を行っていれば，資金管理は容易である。なぜなら，商品を仕入れようとするときに現金がなければ，保有している手形を売却したり銀行から借入れを行わなければならないことが明白にわかるからである。他方，商品を販売した時に現金を受け入れれば，ただちに次の仕入れや営業費の支払いに利用できる。つまり，現金のみを使用して取引をしていれば，営業活動における収益・費用の発生と現金の収入・支出は一致することになる[1]。

　しかし，企業の多くは掛取引を利用するし，手形による売買も行われる。これらの取引は，収益・費用の発生と現金の入金・出金のタイミングを大きくず

1　ここでいう営業活動は，純粋に商品の仕入れと販売活動に関連する日常の活動だけを示している。営業用施設の減価償却費や売上債権の貸倒償却などについては考慮していない。

らしてしまうことになる。ここで注意しなければならないのは、小切手や手形を活用する場合、それらの支払いが期日どおりきちんと行われることである。小切手や手形の支払いが行われない、すなわち**不渡り**が生じると、企業にとっては経営活動を行うことが著しく困難になり、最悪の場合には倒産に至ることさえある[2]。こうしたことを避けるためには、企業は資金繰表を作成して、向こう1年程度の入出金のタイミングを予測しながら、支払い時に十分な現金があることを確実にしなければならないのである。

2　資金繰表の作成

(1)　予定資金繰表

予定資金繰表は、将来の期間にわたる資金の出入りを予測するものである。予測に関しては、基本的には直近の1～2年の状況を参考にしながら、次の1年の行動計画を加味して作成する。なお、資金繰表でいうところの資金は、現金および要求払預金である。

準備すべき情報は、第1に次年度の予算である。予算は、次年度の売上げや仕入れ、さらには営業費（販売費および一般管理費）に関する、詳細に計画された金銭的な計画である。ここから、収入や支出の基礎となる資料を入手する。次に、前年度の実績資金繰表を確認する。ここからは、売上高のうちどのくらいが掛売りあるいは手形売りか、その**サイト**[3]はどのくらいか、同様に仕入高のうちどのくらいが掛仕入れあるいは手形仕入れか、そのサイトはどのくらいかを確認する。また、営業費について、固定的に発生している費目（たとえば賃金、支払家賃および保険料など）の支払日と金額を推定する。さらに、借入金などがある場合にはその支払いに関しても記録して支払いに備えるようにする。

---

[2] 一般的に、銀行口座の残高不足による不渡りは、1回目に関してはすべての金融機関に不渡りの事実が通知されるため、手形売却や新規の借入れがきわめて困難になる。さらに、一度目の不渡りから6か月以内に二度目の不渡りを出すと、銀行取引（当座預金取引や借入れ）が停止される。

[3] サイトとは、手形を振り出した日から額面に記載のある満期日までの期間を指す。たとえば、7月15日に振り出した手形の満期日が10月15日であれば、「サイトは3か月」という。

(2) 資金繰表のフォーマット

資金繰表には定まったフォーマットがあるわけではなく，企業が必要に応じて必要な事項を設定すればよいのであるが，共通的かつ最低限必要な項目をあげておけば，以下の項目が考えられる。

① 前月繰越額
② 営業収入（現金売上高，売掛金回収額，手形入金額，その他）
③ 営業支出（現金仕入高，買掛金支払額，手形支払額，営業費支払額，その他）
④ 営業収支尻（①＋②－③）
⑤ 財務収支（借入金の受入れ・返済，手形売却額など）
⑥ 次月繰越高（④±⑤）

これらの項目を示した資金繰表は**図表5-2**のようになる。なお，注意しておかなければならないのは，売掛金回収額，手形入金額，買掛金支払額および手形支払額については，発生時期と受払いの時期が異なるため，予測データだけではなく現状のデータも必要となる。たとえば，4月からの予定資金繰表を作成する場合，4月の売掛金回収額は，すでに3月に確定しているはずであるから，3月末の売掛金元帳の残額を確認することになる。手形入金額および支出額も手形のサイトが3か月であれば3か月前の手形の記録に基づいて入金を計算することになる。

[図表5-2] 資金繰表

		＊月	＊月	＊月
①前月繰越高				
②営業収入	現金売上高			
	売掛金回収額			
	手形入金額			
	その他			
③営業支出	現金仕入高			
	買掛金支払額			
	手形支払額			
	営業費支払額			
④営業収支尻(①+②-③)				
⑤財務収支				
⑥次月繰越高(④±⑤)				

3 予定資金繰表の作成

たとえば、4月に始まる新年度の資金繰りに関し、向こう6か月の状況について**図表5-3**にあるような情報を収集したとする。

[図表5-3] 次年度の予算

(単位:千円)

	4月	5月	6月	7月	8月	9月
売上高予算	60,000	70,000	70,000	75,000	50,000	65,000
仕入予算	40,000	46,000	52,000	49,000	32,000	46,000
営業費予算	12,000	12,000	20,000	12,000	12,000	12,000

〈その他の資料〉

・売上高のうち5割が掛売り、3割が手形売り、2割が現金売りである。売掛金は月末締めで翌月20日の入金となる。手形のサイトは3か月であり、計算上3か月後の月末(4月発生分は7月末)に入金するものとする。
・仕入高のうち7割が掛仕入れ、3割が現金仕入れである。買掛金は月末締めで翌月15日に支払う。
・4月中の売掛金の入金額は32,000千円、買掛金の支払額は30,000千円である。
・受取手形の入金額は4月が24,000千円、5月が13,500千円、6月が20,000千円である。
・借入金の毎月の返済額は8,000千円である。
・3月末の資金額は5,000千円であった。
・資金が不足する場合は、短期の借入れ(6か月後に一括返済)で6,000千円を調達する。

以上の情報に基づいて作成された4月から9月までの予定資金繰表は**図表5-4**のようになる。

[図表5-4] 予定資金繰表

(単位:千円)

		4月	5月	6月	7月	8月	9月
前月繰越高		5,000	11,000	6,700	5,900	2,800	7,400
営業収入	現金売上高	①12,000	14,000	14,000	15,000	10,000	13,000
	売掛金回収額	32,000	②30,000	35,000	35,000	37,500	25,000
	手形入金額	24,000	13,500	20,000	③18,000	21,000	21,000
	その他						
営業支出	現金仕入高	④12,000	13,800	15,600	14,700	9,600	13,800
	買掛金支払額	30,000	⑤28,000	32,200	36,400	34,300	22,400
	営業費支払額	12,000	12,000	20,000	12,000	12,000	12,000
営業収支尻		19,000	14,700	7,900	10,800	15,400	18,200
財務収支		−8,000	−8,000	⑥−8,000 +6,000	−8,000	−8,000	−8,000
次月繰越高		11,000	6,700	5,900	2,800	7,400	10,200

・4月の売上高予算から,以下の数値を計算する。

① 4月の現金売上高=4月の売上予算×0.2=60,000千円×0.2=12,000千円

② 5月の売掛金回収=4月の売上予算×0.5=60,000千円×0.5=30,000千円

③ 7月の受取手形回収額=4月の売上予算×0.3=60,000千円×0.3=18,000千円

4月の売掛金回収額および4,5,6月の手形回収額は,すでに過去の取引で確定しているため,その情報を記載すればよい。

・4月の仕入予算から以下の数値を計算する。

④ 4月の現金仕入高=4月の仕入予算×0.3=40,000千円×0.3=12,000千円

⑤ 5月の買掛金支払=4月の仕入予算×0.7=40,000千円×0.7=28,000千円

以上の要領で他の欄も計算していけばよいのであるが,1点注意しなければならないのが⑥の財務収支である。6月の状況をみると,借入金の返済に毎月8,000千円の支出が必要であるにもかかわらず,営業収支尻が7,900千円しかないため,返済をすることができない。そこで,短期の借入れを行うか保有する手形の売却を行うかして,資金を調達しなければならないことになる。このケースでは,6,000千円を短期の借入れで調達している。もちろん,新規に借入れ(期間6か月)を行えば6か月後に返済をしなければならないし,手形の売

却を行えば,将来の手形収入額が減少する。これらを含めて予定資金繰表を作成することが必要となるのである。

なお,予定資金繰表は,より短いスパンで作成することも必要である。このケースの場合,買掛金の支払いが15日,売掛金の入金が20日であるので,月間では資金が回っていくとしても,きわめて短期の間に資金が足りなくなる(これを資金がショートするという)ことがある。このため,実務ではより短い期間(たとえば1週間単位,5日単位,1日単位)で予定資金繰表が作成される。

第3節◆資金運用表の作成

1 資金運用表の意味

予算が決まった後に,年間の**運転資本**(流動資産－流動負債)の計画を立てることが必要になる。流動資産は原則として現金または1年以内に現金収入となるもの,あるいは費用化するものを,流動負債は原則として1年以内に現金支出となるものを意味している。したがって,1年という期間の中で,運転資本がどのように増減するかを考えることが求められる。

[図表5-5] 運転資本の計算

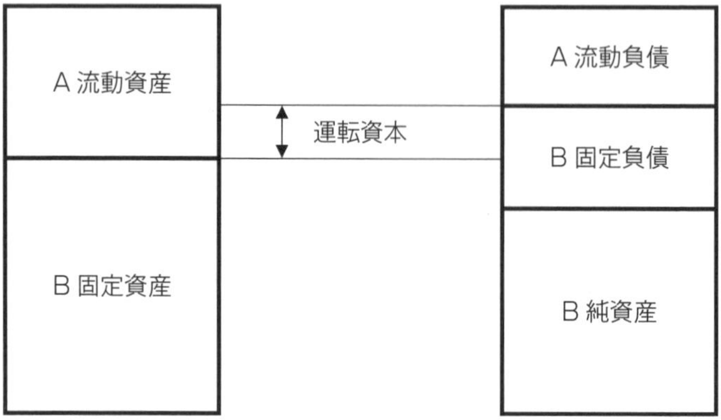

A 流動資産	↕ 運転資本	A 流動負債
		B 固定負債
B 固定資産		B 純資産

予算が編成されると，見積損益計算書と見積貸借対照表が作成できる。現在の損益計算書・貸借対照表と，見積損益計算書・貸借対照表を利用して，運転資本がどのように増減するかを予測する。

資金運用表は運転資本の計画をするものであるから，まずは運転資本を計算することが必要になる。すでに説明したように，運転資本は以下のように計算できる（**図表5-5**参照）。

　　運転資本＝流動資産－流動負債

他方で，貸借対照表の構造から言えば，次のように計算することもできる。

　　運転資本＝固定負債＋純資産－固定資産

したがって，運転資本の増減は，次のような要素から成り立っていることがわかる。

[図表5-6] 貸借対照表と運転資本の増減の関係

A　流動資産と流動負債に着目	運転資本の増減
流動資産の増加	運転資本の増加（の原因）
流動負債の減少	
流動資産の減少	運転資本の減少（の原因）
流動負債の増加	
B　固定資産・固定負債・純資産に着目	運転資本の増減
固定負債の増加	運転資本の増加（運転資本の源泉）
純資産の増加	
固定資産の減少	
固定負債の減少	運転資本の減少（運転資本の使途）
純資産の減少	
固定資産の増加	

図表5-6のAの欄は，運転資本を直接計算する式から導いたものであり，

運転資本の増減がなぜ生じたかを説明している。これらは**運転資本の増減の原因**とされる。他方，Bの欄は，運転資本が何によって調達され，何に投下されていったかを示すものであり，これらは**運転資本の源泉と使途**と考えられている。つまり，運転資本が固定負債や純資産によって調達される，あるいは固定資産の減少（資産の売却）によって調達されると考え，固定負債の減少（借入金の返済），純資産の減少（自己株式の償却），あるいは固定資産の増加（資産の購入）によって使用されると考えるのである。

2　資金運用表の作成

(1) 資金運用表のフォーマット

　以上の説明から明らかになったように，資金運用表には運転資本をどのように調達してどこに投下したかという側面と，流動資産や流動負債の増減という

[図表5-7]　資金運用表

1. 資金の源泉		
固定負債の増加	＊＊＊	
純資産の増加	＊＊＊	
固定資産の減少	＊＊＊	＊＊＊
2. 資金の使途		
固定負債の減少	＊＊＊	
純資産の減少	＊＊＊	
固定資産の増加	＊＊＊	＊＊＊
運転資本の増減		＊＊＊
3. 運転資本の増減の原因		
運転資本の増加		
流動資産の増加	＊＊＊	
流動負債の減少	＊＊＊	＊＊＊
運転資本の減少		
流動資産の減少	＊＊＊	
流動負債の増加	＊＊＊	＊＊＊
運転資本の増減		＊＊＊

側面がある。これを一覧したのが資金運用表である。**図表5-7**は資金運用表の一般的なフォーマットとなっている。当期の貸借対照表と見積貸借対照表を使用して各項目の増減を計算し、**図表5-7**の各項目の金額を計算すればよい。

（2） 非資金的取引

ここで注意すべき点がある。いわゆる**非資金的取引**について修正しておかなければならないという点である。

非資金的取引の一例をあげれば、減価償却費がある。減価償却費は、固定資産を、その使用にともなって費用化する手続きである。この手続きによって、固定資産は減少し、純資産は減少（利益の減少）するが、運転資本が調達されるわけではない。**図表5-7**にある固定資産の減少は、資産の売却によって運転資本が増加する（流動資産が増加する）ことを意味しているが、減価償却費によって固定資産の簿価が減少しても、それは運転資本とは何の関係もない。これは、固定資産の評価損あるいは減損においても同様である。また、各種引当金を計上（または戻入れ）した場合にも、純資産は増減するが、これらも運転資本の増減には関係がない。さらに、利益処分を行う際、配当金や役員賞与金の支払いを決定する場合も、決定段階では運転資本に増減がないことになる。

資金運用表の作成に当たって、これらの取引については以下のように処理を行い、貸借対照表に修正を加える必要がある。

① 減価償却費の調整

　　直接法：（借方）　建　　　　物　＊＊＊　　（貸方）　減価償却費（純資産）　＊＊＊
　　間接法：（借方）　減価償却累計額　＊＊＊　　（貸方）　減価償却費（純資産）　＊＊＊

減価償却費は費用であり当期純利益を減少させる（その結果、純資産を減少させる）。しかし、これは運転資本の増減に関係がない。たとえば、期首の簿価100の建物があり、当期に5の減価償却を行うと、建物の簿価は95となる。運転資本の考え方によれば、固定資産の減少は運転資本の源泉となるが、ここで示される減価償却費の5が資金の源泉とならないことは明らかである。このため、減価償却費を取り消して（その結果、当期純利益が増加して、純資産が増加する）、建物の簿価を減価償却費前に戻すのである。

② 引当金の調整

　　（借方）　引　　当　　金　＊＊＊　　（貸方）　引当金繰入額(純資産)　＊＊＊
　　（借方）　引当金戻入額(純資産)　＊＊＊　　（貸方）　引　　当　　金　＊＊＊

　引当金の議論も減価償却費と同様である。引当金を計上すれば引当金繰入額という費用が発生し，利益が減少する（その結果，純資産が減少する）。他方で，引当金戻入が生ずると，利益が増加する（その結果，純資産が増加する）。流動負債の増加（または減少）は，運転資本の減少（増加）の原因になるが，引当金の増減は，資金が増加したり減少したりするものではないから，引当金戻入額や繰入額を取り消して（その結果，当期純利益が減少・増加し，純資産が減少・増加する）おくのである。

③ 利益処分の調整

　　（借方）　繰越利益(純資産)　＊＊＊　　（貸方）　未　払　配　当　金　＊＊＊

　利益処分は，当期の決算に基づいて，次期に実施される株主総会で決定される。このため，次期において予定される配当金を未払の形で計上する。株主総会で承認されれば，現金で支払われるため，次の仕訳が行われる。

　　（借方）　未　払　配　当　金　＊＊＊　　（貸方）　現　　　　　　　金　＊＊＊

(3) 資金運用表の作成

　資金運用表は実績に対しても作成することができるが，主として予算を編成後，見積貸借対照表が作成できた段階で，次期1年間で運転資本がどの程度増減するのかを確認するために用いられる。仮に運転資本が大きく減少するようであれば，資金調達を考えなければならない。

> **例題5-2**　当期の実績貸借対照表と，翌年度末の見積貸借対照表が**図表5-8**のとおりであったとする。次期に予定される減価償却費は95万円，次期における配当金の予定額は10万円であり，次期の見積貸借対照表には反映されていない。

[図表5-8] 比較貸借対照表

(単位:万円)

	当期	次期	差額		当期	次期	差額
現金預金	100	120		支払手形	700	720	
受取手形	850	900		買掛金	380	400	
売掛金	400	450		短期借入金	300	280	
棚卸資産	380	400		未払金	80	100	
貸倒引当金	-25	-27		その他流動負債	80	90	
その他流動資産	100	90		流動負債計	1,540	1,590	
流動資産計	1,805	1,933		長期借入金	1,000	1,100	
有形固定資産	1,500	1,600		純資産	1,355	1,493	
投資その他の資産	590	650		固定負債・純資産計	2,355	2,593	
固定資産計	2,090	2,250					
合　　計	3,895	4,183		合　　計	3,895	4,183	

【解答】

　まず，非資金的取引について処理を行う。貸倒引当金は，売掛金および受取手形のマイナス勘定であり，将来，回収不能となる額を予測して計上されている。しかし，貸倒引当金繰入額は，キャッシュが支払われたわけではなく，費用として計上されていてもキャッシュの支出はないものである。つまり，損益計算を資金計算に直すために調整が必要となる。

　貸倒引当金については，次期の期末に，

　　（借方）　貸倒引当金　25　　（貸方）　貸倒引当金戻入　25
　　（借方）　貸倒引当金繰入　27　　（貸方）　貸倒引当金　27

という仕訳をすることになる。貸倒引当金戻入は当期純利益を増加させ，貸倒引当金繰入は当期純利益を減少させる。しかし，これらは非資金的取引であるから，当期純利益から貸倒引当金戻入分25を引き，繰入分27を加算して，当期純利益を非資金的取引前の状態に直す必要がある。なお，当期純利益は貸借対照表では純資産の内訳となるため，ここでは，差分の2を純資産に加算することになる。

> **修正仕訳**
>
> （借方）　貸倒引当金　2　　（貸方）　純　資　産　2

　次に減価償却費について考えよう。図表5-8では，有形固定資産は直接法によって処理されている[4]。次期に減価償却費が95万円計上予定であり，その結果，次期の期末の有形固定資産が1,600になっているということは，減価償却前の有形固定資産は1,695であったということになる。減価償却費は費用であり，当期純利益を減少させる（その結果純資産を減少させる）が，キャッシュが支出されていない非資金取引であるから，当期純利益を非資金的取引前の状態に直しておく。

> **修正仕訳**
>
> （借方）　有形固定資産　95　　（貸方）　純　資　産　95

　最後に決算取引である配当金の支払いについてである。配当金として10万円が予定されている。この企業が3月決算の企業であれば，3月末にいったん配当金10万円を予定し，6月に行われる株主総会で承認を受ければ，これを支払うことになる。したがって，これらの取引は当期末から次期にかけて2回行われることになる。ちなみに，この取引は10万円の現金が実際に支払われるので，非資金取引ではない[5]。

　　（借方）　繰越利益（純資産）　10　　（貸方）　未払配当金　10
　　（借方）　未　払　配　当　金　10　　（貸方）　現　　　　金　10

　図表5-9では，これらの修正仕訳を修正欄に入れ，加減して計算した修正後差額が計算できる。

4　減価償却費を直接法で記帳すれば，
　（借方）減価償却費　×××　（貸方）有形固定資産　×××
　となる。間接法で記帳すれば，
　（借方）減価償却費　×××　（貸方）減価償却累計額　×××
　となる。

5　期末に未払いの処理が行われていれば，当期・次期の見積貸借対照表には未払配当金が計上されていることになるから，2つ目の仕訳のみを行えばよいことになる。

[図表5-9] 資金運用表作成のためのワークシート

(単位:万円)

	当期	次期	差額	修正	修正後		当期	次期	差額	修正	修正後
現金預金	100	120	20	-10	10	支払手形	700	720	20		20
受取手形	850	900	50		50	買掛金	380	400	20		20
売掛金	400	450	50		50	短期借入金	300	280	-20		-20
棚卸資産	380	400	20		20	未払金	80	100	20		20
貸倒引当金	-25	-27	-2	2	0	その他流動負債	80	90	10		10
その他流動資産	100	90	-10		-10	流動負債計	1,540	1,590	50		50
流動資産計	1,805	1,933	128		120	長期借入金	1,000	1,100	100		100
有形固定資産	1,500	1,600	100	95	195	純資産	1,355	1,493	138	2+95-10	225
投資その他の資産	590	650	60		60	固定負債・純資産計	2,355	2,593	238		325
固定資産計	2,090	2,250	160		255						
合計	3,895	4,183	288		375	合計	3,895	4,183	288		375

以上より,**図表5-10**のように資金運用表を作成することができる。

[図表5-10] 資金運用表

(単位:万円)

1.資金の源泉		
固定負債の増加	100	
純資産の増加	<u>225</u>	325
2.資金の使途		
固定資産の増加	<u>255</u>	255
運転資本の増加		<u>70</u>
3.運転資本増減の原因		
運転資本の増加		
流動資産の増加	120	120
運転資本の減少		
流動負債の増加	50	<u>50</u>
運転資本の増加		<u>70</u>

第4節◆キャッシュ・フロー計算書の作成

1 キャッシュ・フロー計算書の意味

　年度の資金計画を考える場合，かつては資金運用表を作成していた。しかし，資金運用表は運転資本に対する影響の原因を示すことはできるが，それが営業活動によるものか，投資活動によるものか，あるいは財務活動によるものかを知ることはできない。これを区分して詳細に分析するために作成されるのが**キャッシュ・フロー計算書**である。

　わが国においては，1998年に企業会計審議会が『連結キャッシュ・フロー計算書等の作成基準』を発表しており，これに基づいてキャッシュ・フロー計算書が作成される。以下，その詳細をみていこう。

（1） 資金の範囲

　『連結キャッシュ・フロー計算書などの作成基準』（以下，『作成基準』と略称する）第二，一では，資金（キャッシュ）の範囲を「現金及び現金同等物」とすることになっている。ここで，現金は手許現金および要求払預金，現金同等物は，容易に換金可能であり，かつ，価値の変動について僅少なリスクしか追わない短期投資を言う。したがって，キャッシュ・フロー計算書で示される資金の増減は，現金のみならず，現金同等物も含めることになる。

（2） 表示の区分

　『作成基準』は，連結キャッシュ・フロー計算書には，営業活動によるキャッシュ・フロー，投資活動によるキャッシュ・フロー，財務活動によるキャッシュ・フローの区分を設けることを示している（同二，1）。

　① 営業活動によるキャッシュ・フロー

　基本的には，**営業活動によるキャッシュ・フロー**の区分には，営業損益計算にかかわる取引（および投資活動・財務活動以外の取引によるキャッシュ・フロー）が記載される（『作成基準』第二，二，1(1)）。より具体的には，商品および

役務の販売・購入による収入・支出，従業員への給料・役員報酬，災害による保険金収入ならびに損害賠償金の支払があげられている（同注３）[6]。

② 投資活動によるキャッシュ・フロー

投資活動によるキャッシュ・フローの区分には，固定資産の取得・売却，現金同等物に含まれない短期投資の取得・売却等による支出・収入あるいは貸付けによる支出やその回収による収入が記載される（『作成基準』第二，二，1(2)および注４）。

③ 財務活動によるキャッシュ・フロー

財務活動によるキャッシュ・フローの区分には，資金の調達および返済による収入・支出が記載される（『作成基準』第二，二，1(3)）。具体的には，株式の発行による収入，自己株式の取得による支出，配当金の支払，社債の発行または借入による収入，社債の償還または借入金の返済による支出が含まれる（『作成基準』注５）。

以上のように，営業活動によるキャッシュ・フローの区分は，基本的には流動資産や流動負債に関連する項目が多く，運転資本と深く関連している。しかし，運転資本の短期的側面（流動資産－流動負債）には，短期的な財務活動による資金が混入しているため，純粋に営業活動からどの程度の資金が得られたかはわからない。同様に，運転資本の長期的側面（固定負債＋純資産－固定資産）には，長期的な投資活動と財務活動の合計を記している。これを分解して確認することが重要である。

（3） 直接法と間接法

キャッシュ・フロー計算書の表示方法には，直接法と間接法がある。どちらも投資活動によるキャッシュ・フローと財務活動によるキャッシュ・フローの

---

[6] 法人税等に関連するキャッシュ・フローは，この区分に記載される（第二，二，2）。配当金の支払いは，常に財務活動によるキャッシュ・フローの区分に記載されるが，受取利息，受取配当金および支払利息については２つの方法が認められている（第二，二，3）。①受取利息，受取配当金および支払利息を営業活動によるキャッシュ・フローの区分に記載するか，②受取利息および受取配当金は投資活動によるキャッシュ・フローの区分に，支払利息は財務活動によるキャッシュ・フローの区分に記載する（第二，二，3）。

表示は同じであるが，営業活動によるキャッシュ・フローについては，主要な取引ごとにキャッシュ・フローを総額表示する方法が直接法であり，税金等調整前当期純利益に非資金損益項目，営業活動に係る資産および負債の増減，投資活動によるキャッシュ・フローおよび財務活動によるキャッシュ・フローの区分に含まれる損益項目を加減して計算する方法が間接法である（『作成基準』第三，一，1および2）。

　直接法はダイレクトに資金の流れを追うことができるものの，現金，要求払預金，および現金同等物が営業活動，投資活動あるいは財務活動のいずれによって増減したのかを把握する必要がある。これはきわめて煩雑であるため，多くの企業は間接法によってキャッシュ・フロー計算書を作成している。このため，本書では間接法によるキャッシュ・フロー計算書の作成方法を説明する。

2　間接法によるキャッシュ・フロー計算書

（1）　間接法によるキャッシュ・フロー計算書の様式

　1で説明した主要な項目について示した**間接法によるキャッシュ・フロー計算書の様式**は，**図表5-11**に示したとおりである。投資活動によるキャッシュ・フローおよび財務活動によるキャッシュ・フローの区分は，示されている項目について金額を記入するのみであるから，以下では営業活動によるキャッシュ・フローの計算方法についてのみ詳しく説明する。

（2）　営業活動によるキャッシュ・フロー

　間接法によるキャッシュ・フロー計算書は，税引前当期純利益を起点に記入され，会計上の利益をキャッシュ・フローに変換するために，以下の調整を行うことになる。

①　減価償却費および貸倒引当金増加額

　すでに説明したように，減価償却費および貸倒引当金繰入額は費用として収益から減額する。しかしこれらはいずれも支払いが生じる費用ではないから，資金として支出されているわけではない。このため，減価償却費および貸倒引当金の増加額は利益に加算される（貸倒引当金の減少額は利益から控除する）。

第5章 年次のキャッシュ・フローを考える：短期資金管理

[図表5-11] 間接法によるキャッシュ・フロー計算書

Ⅰ 営業活動によるキャッシュ・フロー	
税引前当期純利益	＊＊＊円
減価償却費	＋
貸倒引当金の増加(減少)	＋(－)
売上債権の増加(減少)	－(＋)
棚卸資産の増加(減少)	－(＋)
仕入債務の増加(減少)	＋(－)
小　　　計	＊＊＊円
法人税等の支払額	－
営業活動によるキャッシュ・フロー	＊＊＊円(A)
Ⅱ 投資活動によるキャッシュ・フロー	
有価証券の取得による支出	－
有価証券の売却による収入	＋
有形固定資産の取得による支出	－
有形固定資産の売却による収入	＋
貸付けによる支出	－
貸付金の回収による収入	＋
投資活動によるキャッシュ・フロー	＊＊＊円(B)
Ⅲ 財務活動によるキャッシュ・フロー	
借入(短期・長期)・社債発行による収入	＋
借入(短期・長期)の返済・社債償還による支出	－
株式の発行による収入	＋
自己株式の取得による支出	－
配当金の支払	－
財務活動によるキャッシュ・フロー	＊＊＊円(C)
Ⅳ 現金および現金同等物の増加額	D=A+B+C
Ⅴ 現金および現金同等物期首残高	E
Ⅵ 現金および現金同等物期末残高	D+E

② 売上債権の増加(減少)

売上がすべて現金販売によるものであれば，売上の金額だけ資金は増加するはずである。しかし，掛売りや手形による販売を行った場合には，売上は立つが資金は増加しない。たとえば，商品を50万円で掛け売りすれば，次のような仕訳になる。

（借方）　売　掛　金　500,000　　（貸方）　売　　　　上　500,000

売上が500,000円計上されることによって，この段階では利益も500,000円増加しているが，掛売りであるから資金は入ってこない。このため，売掛金や受取手形といった売上債権が増加するということは，利益と比較すれば資金は少ないことになるから，売上債権の増加は利益から控除する項目となる（反対に売上債権が減少すれば，それは利益よりも資金が増加していることになる）。

③ 棚卸資産の増加(減少)

棚卸資産の購入には資金が投入されている。棚卸資産が販売されて資金が回収されるまでは，資金が棚卸資産に投下されていることはすでに述べたとおりである。このため，直感的に言えば，棚卸資産が増加すれば，それだけ資金が拘束されている，すなわち資金が減少していることになる。

この現象を会計学的に考えてみよう。いわゆる三分法の下では，期末に売上原価を計算するために，次の決算整理仕訳が行われる。

（借方）　仕　　　　　入　＊＊＊　　（貸方）　繰越商品(期首分)　＊＊＊
（借方）　繰越商品(期末分)　＊＊＊　　（貸方）　仕　　　　　入　＊＊＊

次のケースで上記の仕訳について考えてみよう。ある企業では，期首繰越商品が50万円，当期仕入高が2,000万円（すべて現金仕入であるとする），当期売上高が2,300万円（すべて現金売上であるとする），期末繰越商品が70万円であったとする。

このとき，当期の売上原価は1,980万円（期首繰越商品50万円＋当期仕入高2,000万円－期末繰越商品70万円）であり，当期の売上総利益は320万円となる。このとき，資金はいくらあるだろうか。期首の資金が0であったとすると，売上高は現金収入であり2,300万円であるのに対して，支出は仕入高の2,000万円であり期末の資金は300万円となり，利益と資金残高は一致しない。

その理由は，期末の繰越商品が20万円増加したため，この金額が当期仕入高

より控除されたことにより，利益が20万円分増加したことによる。売上原価の公式から考えると，期末の繰越商品が期首分より増加すると，その分は仕入高から控除され，同額の利益が増加する。しかし，資金は繰越商品の増減に関係なく仕入れた分だけ減少する。したがって，商品を含む棚卸資産が増加している場合は，その増加額を利益から控除して資金に引き直すのである（棚卸資産が減少している場合は，その減少額を利益に加算して資金に引き直す）。

④ 仕入債務の増加（減少）

商品を仕入れるとき，③ではすべて現金で購入したことにしたが，実際には掛け買いや手形買いがある。たとえば，商品30万円を掛けで仕入れたとすると，次のような仕訳になる。

　（借方）　仕　　　　入　300,000　　（貸方）　買　　掛　　金　300,000

仕入は費用であるから利益を減少させる。しかし，買掛金は支払い期日が来るまでは現金で支出することはない。このため，利益と資金に差が生じる。したがって，売上債権の場合とは反対に，仕入債務が増加すれば，利益に増加分を加算することによって資金に引き直すことができるのである（仕入債務が減少すれば，利益から減少分を控除することによって資金に引き直す）。

（3）投資活動および財務活動によるキャッシュ・フロー

営業活動によるキャッシュ・フローの計算は複雑であったが，投資活動および財務活動によるキャッシュ・フローは，それぞれをいくつかの区分に分類して，収入および支出の総額を記入すればよい。

投資活動によるキャッシュ・フローでは，有価証券の取得による支出／売却による収入，有形固定資産の取得による支出／売却による収入，貸付けによる支出／その回収による収入がある。

財務活動によるキャッシュ・フローでは，借入れ（短期・長期）・社債発行による収入／借入れ（短期・長期）の返済・社債償還による支出，株式の発行による収入／自己株式の取得による支出，配当金の支払いがある。

3　キャッシュ・フロー計算書の作成

例題5-3　以下の資料からキャッシュ・フロー計算書を作成してみよう。

[資料]

① 昨年度と当年度の比較貸借対照表

(単位:万円)

	前年度	当年度		前年度	当年度
現金預金	500	580	買掛金	400	410
売掛金	600	700	支払手形	500	520
受取手形	400	420	長期借入金	2,300	2,603
(貸倒引当金)	−20	−22	資本金	500	500
棚卸資産	500	550	利益剰余金	780	805
その他の流動資産	300	310			
建物	1,200	1,300			
土地	1,000	1,000			
資産合計	4,480	4,838	負債・純資産合計	4,480	4,838

② その他の情報
- 当期税引前純利益：250万円
- 配当金：125万円
- 税金の支払い：100万円
- 建物減価償却費：115万円

【解答】

Ⅰ　営業活動によるキャッシュ・フロー	
税引前当期純利益	250
減価償却費	+115
貸倒引当金の増加	+2
売上債権の増加	−120
棚卸資産の増加	−50
仕入債務の増加	+30
その他の流動資産の増加	−10
法人税等の支払額	−100

営業活動によるキャッシュ・フロー	117
Ⅱ 投資活動によるキャッシュ・フロー	
有形固定資産の取得による支出	−215
投資活動によるキャッシュ・フロー	−215
Ⅲ 財務活動によるキャッシュ・フロー	
借入金の増減	+303
配当金の支払	−125
財務活動によるキャッシュ・フロー	178
Ⅳ 現金および現金同等物の増加額	80
Ⅴ 現金および現金同等物期首残高	500
Ⅵ 現金および現金同等物期末残高	580

なお，有形固定資産取得については，前年度の2,200万円（建物1,200万円と土地1,000万円）が，当年度は2,300万円（建物1,300万円と土地1,000万円）となっていて，見かけ上は100万円増加している。しかし，建物について減価償却費が115万円計上されているため，当年度の減価償却前の建物の帳簿価額は1,415万円であったことがわかる。このため，有形固定資産（建物）の増加額は215万円となる。

第5章　章末問題

第1問　資金にはいくつかの概念がある。①現金としての資金，②現金＋現金同等物，③現金＋現金同等物＋容易に換金可能な有価証券，④正味運転資本および⑤正味運転資金について簡単に説明しなさい。

第2問　A社とB社は，同じ産業に属する売上高と売上原価が同じ企業である。両社のキャッシュ・コンバージョン・サイクルを計算し，どちらの企業の方が資金の流れが良いかを理由を付して説明しなさい。

[資料]

(単位:円)

	A 社	B 社
売上高	12,000,000	
売上原価	8,000,000	
棚卸資産の平均残高	900,000	2,000,000
売掛金の平均残高	1,050,000	1,000,000
買掛金の平均残高	1,400,000	1,500,000

第3問 C社は商品販売を行う企業である。以下の資料に基づいて，4月から6月までの資金繰表を作成しなさい。

[資料]

① C社の4月から6月までの売上高予算，仕入予算，営業費予算は以下のとおりである。

(単位:円)

	4月	5月	6月
売上高予算	1,200,000	1,500,000	1,000,000
仕入予算	800,000	1,000,000	820,000
営業費予算	180,000	200,000	400,000

② その他の資料
- 売上高のうち8割が掛売り，2割が現金売りである。売掛金は月末締めで翌月20日の入金となる。
- 仕入高は全額が掛仕入れである。買掛金は月末締めで翌月15日に支払う。
- 4月中の売掛金の入金額は1,020,000円，買掛金の支払額は900,000円である。
- 借入金の毎月の返済額は200,000円である。
- 3月末の資金額は150,000円であった。
- 資金が不足する場合は，マイナスとなる金額の5倍の金額を短期の借入れ（6か月後に一括返済）で賄うことにしている。

(解答欄)

(単位:円)

		4月	5月	6月
前月繰越高				
営業収入	現金売上高			
	売掛金回収額			
	その他			
営業支出	現金仕入高			
	買掛金支払額			
	営業費支払額			
営業収支尻				
財務収支				
次月繰越高				

第4問 D社は現在翌年度の予測を行っている。以下の資料から、資金運用表を作成しなさい。

[資料]

① 比較貸借対照表

(単位:万円)

	当期	次期		当期	次期
現金預金	2,000	1,800	買掛金	2,900	3,000
売掛金	3,600	3,800	短期借入金	5,000	5,500
棚卸資産	2,800	2,900	その他流動負債	500	500
貸倒引当金	－144	－152	流動負債計	8,400	9,000
その他流動資産	500	550	長期借入金	6,000	6,000
流動資産計	8,756	8,898	純資産	2,856	3,098
有形固定資産	7,500	8,000	固定負債・純資産計	8,856	9,098
投資その他の資産	1,000	1,200			
固定資産計	8,500	9,200			
合　　　計	17,256	18,098	合　　　計	17,256	18,098

② その他
　・当期の有形固定資産の減価償却費は500万円であった。
　・次期に予定している配当金は125万円である。この処理は次期の貸借対照表にはまったく反映されていない。

(解答欄)
(すべての欄を使用するわけではない。問題文より，必要なもののみ金額を記入すること)

(単位:万円)

1．資金の源泉		
固定負債の増加		
純資産の増加		
固定資産の減少		
2．資金の使途		
固定負債の減少		
純資産の減少		
固定資産の増加		
運転資本の増加		
3．運転資本増減の原因		
運転資本の増加		
流動資産の増加		
流動負債の減少		
運転資本の減少		
流動資産の減少		
流動負債の増加		
運転資本の増加		

第6章

オペレーションの意思決定をする
：差額利益分析

第1節◆差額利益分析の基礎概念

1 意思決定の種類

　管理会計には，意思決定のための情報提供機能が含まれることは第1章で述べた。さらに，意思決定には長期的意思決定と短期的意思決定があることも示した。長期と短期はどのような意味を持つのか。意思決定には企業が行っているビジネスやマネジメントを長期的かつ構造的に変化させる**戦略的意思決定**と，構造的な変化なしに，日々の業務などの実施に関する短期的な意思決定，すなわち**業務的意思決定**がある。

　わが国の『原価計算基準』（大蔵省企業会計審議会，1962年中間答申）には，この戦略的意思決定について「製品，経営立地，生産設備等経営構造に関する基本的事項について」（『基準』一㈤）行う意思決定であると記述されている。これに対して，**業務的意思決定**は，上述のような基本的事項について変更することはせず，日々の業務について生じる問題点を解決するために行われる意思決定をいう。

　戦略的意思決定では，新しい製品の開発投資を行うか否か，工場の立地をどこにするのか，あるいは生産設備の投資をいかに行うのかといった問題について決定する。近年では，生産拠点の立地を国内のみならず海外にも展開する企業が多くなり，意思決定はきわめて複雑になっている。さらには，販路として

の市場を海外に求めることも多く,市場展開をどこで行うのか,あるいはその流通経路をどのように構築していくのかといった点も戦略的意思決定に含まれる。

他方,**業務的意思決定**はこうした意思決定は伴わない。投資を行うことなく既存の工場,既存の生産設備・販売経路および既存の製品群を前提として行われる意思決定となる。

2 業務的意思決定の種類

業務的意思決定にも,いくつかの種類がある。典型的な例を示してみよう。

(1) 受注の可否の意思決定

顧客から既存製品あるいは既存製品に若干の変更を加えた特注品の注文が入るが,大量注文についてはしばしば値引き要求を受けることがある。多くのメーカーにとって,工場の操業度を有効活用する大量注文は,多少の値引きがあったとしてもありがたいものである。しかし,利益を度外視して値引きができるかといえば,それは必ずしも正しい行動とはいえない。もちろん,資金繰りに余裕のない企業では,収益性度外視で多額の値引きを許容して注文を得ることもあるだろう。こうした行動は実務では日常的にみられるものであるが,収益性を度外視した取引は,一時的な資金不足を解消させることはあっても,長期的にみれば好ましくないことは明らかである。

企業が存続し,成長するための原資は,基本的には利益にある。そこで,収益性,すなわち利益をきちんと確保できる受注であるかどうかの判断によって,受注をするか否かの意思決定を行わなければならない。

(2) 追加加工の可否の意思決定

第2のケースは,現在販売している製品に追加加工を行い,上級品として販売するような機会があった場合の意思決定である。化学製品などではしばしば行われる意思決定である。既存製品に対して,追加加工,たとえば他の原料を混入して加熱することで耐久性が増したり性能を上げたりできる場合がある。それには追加の原価がかかることになるが,市場で許容される予想価格の下で,

追加加工を行うべきかどうかという判断をしなければならないということである。上級品の価格は普及品よりも高くなることは間違いないが，原価上昇分が価格上昇分を上回っては意味がないのである。

（3） 内製か外注かの意思決定

第3のケースは，現在内製している部品を外部のサプライヤーに外注するかどうか（あるいはその逆）という意思決定である。こうした意思決定が行われる時にはいくつかの状況が考えられる。まず，工場で製品と部品の両方を生産しかつ工場がフル操業しており，部品を内製するよりも，外注して空いた作業時間を製品の生産に充てることが必要であるような状況が考えられる。

この場合は，内製する場合の部品の原価と外注する場合にサプライヤーが提示する価格との比較で意思決定が行われる。他方，主として部品を生産している工場の生産効率が悪い，あるいはその工場の操業度が落ちている場合，生産をサプライヤーに移管して工場そのもののあり方を変えるようなこともあるだろう。これには工場の売却あるいは部品工場から完成品工場への転換などの意思決定が必要になるが，この場合は業務的意思決定ではなく戦略的意思決定の範囲の問題となる。

（4） セールス・ミックス（製品組み合わせ）の意思決定

第4のケースは，複数の製品を生産・販売している場合，製品の生産割合をどのようにするかというセールス・ミックスあるいは製品組み合わせの意思決定である。市場に一定の需要があったとしても，工場の操業能力（人や機械が足りない）や原材料の不足などによって，生産数量には限界がある場合も多い。このような制約がある中で，どのようなセールス・ミックスを行うことが企業の利益を最大にするのかを考えるのである。

ただし，この意思決定は実際にはきわめて難しい。というのも，インプットである原料，労働，あるいは機械時間の他，市場で販売できる製品の数量を計算の要素として考慮することはできるが，実際には競合他社の動向や原料価格の騰落など，自社ではコントロールできない要素もこの意思決定には数多く存在するからである。

本書で説明するケースは，きわめて単純な条件を想定しており，この結果だけによって意思決定をすることは現実にはできないことを断っておく。とはいえ，意思決定を行うためには何らかの根拠を持たなければならない。計算結果は意思決定の最終段階で用いるというよりは，最初の段階で提示され，検討のきっかけ程度に考えておいた方がよいだろう。

3　業務的意思決定のための原価・利益情報

　ここまで業務的意思決定にはどのようなものがあるのかを説明してきた。業務的意思決定を行うための主たるツールは，本章のタイトルにある**差額利益分析**である。差額利益分析とは，ある意思決定を行った場合（たとえば新規の受注をする），当然ながら収益（売上高）や原価が影響を受けて増減する。このように収益や原価がある意思決定によって変化した差分を**差額収益**および**差額原価**[1]と呼ぶ。さらに，差額収益から差額原価を差し引いたものを**差額利益**という。最終的に，業務意思決定においては，差額利益が生じる案を採択する必要がある。つまり，ある意思決定を行うと，収益は増加するが，原価も増加する。しかし，収益の増加分（差額収益）から原価の増加分（差額原価）を差し引くとプラスの値が残る（差額利益）のであれば，その案は採用に値するということを意味している。

　しかし，すべての意思決定において差額収益および差額原価が発生するわけではない。たとえば，内製部品を外注しても収益に影響を及ぼさない。原価に関しては少し話が複雑である。差額原価にはどのようなものがあるだろうか。前述の場合に準じて説明してみよう。

　値引きを要求された大量受注を受けるかどうかという意思決定においては，その製品を生産するための原料費は差額原価である。労務費はどうであろうか。工員に支払われる賃金が時間給，すなわち変動費であれば，作業時間が増加すれば当然に賃金も増加するから，この意思決定に関して労務費は差額原価となる。他方，工員に支払われる賃金が固定給（すなわち固定費）であれば，そしてこの注文の生産が残業を生まないのであれば，追加労務費は発生しないので差

1　関連原価ということもある。

額原価ではない[2]。また，生産機械の減価償却費も1か月間で定額発生するから，既存の機械を使用する限り増加しないので差額原価ではない。このように，ある意思決定が行われても原価が増減しない場合，これを**埋没原価**[3]と呼ぶ。

汎用製品に追加加工を行って上級製品とする意思決定ではどうだろうか。追加加工する際に投入されれば原料費は増加するから，原料費は差額原価である。労務費や減価償却費については受注するか否かのケースとまったく同じであり，埋没原価となる。上級製品にするための加工には，特殊な機械が必要である。これを購入すると新たに減価償却費が発生する。この減価償却費は差額原価である。なぜなら，上級製品とするという意思決定を行ったために発生した原価だからである。

変動費は差額原価で固定費は埋没原価であるという理解をしている人が多い。この考え方は基本的に間違っていて，正しくはその意思決定によって増減する原価であるかどうかが差額原価の判断基準である（**図表6-1**）。確かに，多くの固定費はある業務的意思決定によって増減しないから埋没原価であるが，上述のように意思決定によって機械を購入して新たに発生する減価償却費や，賃

[図表6-1] 差額原価と埋没原価の判断基準

	差額原価	埋没原価
原料費・材料費	○	
直接労務費(基本給)	時間給の場合，ある意思決定によって新規雇用が発生した時の追加固定給	固定給の場合(ただし，ある意思決定によって新規雇用が発生しない場合)
直接労務費(加給金)	ある意思決定によって残業や休日出勤が生じる場合	ある意思決定とは関係なく発生する加給金
減価償却費	ある意思決定によって機械や設備を追加する場合の追加分	ある意思決定によって機械や設備に変化がない場合

2 少々複雑になるが，この注文が残業や休日出勤を発生させれば，残業手当や休日出勤手当を支払わなければならず，これらは差額原価となる。
3 無関連原価と呼ぶこともある。

金が固定給であってもある意思決定によって新たな工具を雇用する場合に発生する賃金は差額原価となることに注意していただきたい。

第2節 ◆ 受注を受けるべきか否か

1 新規注文の条件

それでは，具体的な計算例をみていくことにしよう。前述のように，新規に大量の注文が入る時には，値引きを要求されることがある。A社はセンサーを生産・販売している企業であるが，その汎用製品PについてX社から新規注文があった。X社の意向は，向こう2年間，製品Pを継続して価格@4,000円で毎月300個購入するということである。製品Pの原価構造は以下のとおりとなっている。なお，300個という数量は，A社にとっては大量な注文であるとする。製品Pの原価構造は**図表6-2**に示したとおりである。

製品Pの原価合計額は5,150円となっている。このため，一見すると4,000円の価格は原価割れを起こしているから，注文は受けられないという結論を下す

[図表6-2] 製品Pの原価構造

直接材料費	5つの部品からなる。右の金額はこれらの予定価格の合計である。	2,000円
直接労務費	直接労務費は予定賃率@900円に予定作業時間1.5時間を乗じて計算する。賃率計算に際しては基本給と加給金を合計して就業時間で割って計算する[4]が，現在，A社では加給金の支払いはない。また，基本給は固定額を支払っている。	1,350円
製造間接費	製造間接費は機械時間を配賦基準としており，予定配賦率@1,200円に予定機械作業時間1.5時間を乗じて計算する。予定配賦率は製造間接費年間予算(変動費10,800,000円・固定費18,000,000)を工場の年間基準操業度(24,000時間)で割って計算する[5]。	1,800円
合計		5,150円
工場の状況	現在，A社の工場には人的作業も機械作業も月間500時間ほどの余剰操業度がある。製品Pの通常価格は6,000円である。	

ように思える。しかし，受注しないという意思決定は常に正しいわけではない。なぜだろうか。

2　差額利益の計算

第1節の3では，差額原価という概念について学習した。つまり，ある意思決定によって増加する原価を差額原価というのである。「注文を受ける」という意思決定によって，どれほどの原価が増加するかを考えてみる。まず，直接材料費は，新たに製品を生産する以上，必ず増加する。したがって，**直接材料費（＠2,000円）は差額原価**である。

次に直接労務費を考えよう。A社の基本給は，**図表6－2**にあるように固定費である。また，現状では人的作業について月間500時間ほどの余剰操業度がある。つまり，工具が遊んでいる状況である。今，1個当たり1.5時間の作業を要する製品Pを300個生産すると，450時間がかかる。つまり，現有生産能力の中でおさまるから，残業や休日出勤は生じないはずである。すなわち，この注文を受けても直接労務費は増加しない。つまり，このケースでは，**直接労務費は埋没原価**なのである。

注意していただきたいのは，この注文を受けることによって生産能力がいっぱいとなり，残業が発生したり追加の期間工などを雇用すれば，賃金は増加するから，その分は差額原価になる。考える際のポイントは，意思決定によって原価が増えるかどうかである。

最後に製造間接費について考えよう。変動製造間接費は，差額原価となる。操業度が増加するにつれ，つまり**機械作業が増加するにつれて発生するからで**

4　加給金は，残業手当や休日出勤手当などの，作業に基づいて基本給に加算して支払われる賃金である。また，就業時間とは，製品の生産にあたっている加工時間，生産作業はしていないが整理整頓や機械の微調整などをする間接作業時間，そして何らかの原因で作業をせずに待っている手待時間の合計を言う。一般的には，賃率は**（基本給＋加給金）÷就業時間**で計算すると多くのテキストには記されているが，実務では必ずしもそうではないことも多い。詳細は（清水，2017）を参照のこと。

5　製造間接費の予定配賦を行うには予定配賦率の計算が必要となる。予定配賦率は，工場における年間の活動計画に基づいた**基準操業度**（直接作業時間や機械時間で設定）と基準操業度における**製造間接費予算**を用いて計算する。詳細は（清水，2017）を参照のこと。

ある。しかし，固定製造間接費は，基本的には操業度とは関係なく一定額であるから，基本的には埋没原価となる。もちろん，前述のように，注文を受けたがために発生する固定費は差額原価となるが，問題にはそのような記述がないため，ここでは，**製品P1個当たりの変動費675円**（年間変動費予算10,800,000円÷年間基準操業度24,000時間×製品P1個当たりの加工時間1.5時間）が差額原価となる。

この結果，注文を受けることによって増加する製品P1個当たりの原価（差額原価）は，2,675円（直接材料費2,000円＋変動製造間接費675円）になる。他方，差額収益は製品Pの価格4,000円であるから，結果としてA社は**製品P1個当たり1,325円**（差額収益4,000円－差額原価2,675円）の**差額利益**を得ることになるため，この注文は受けるべきなのである。

3　意思決定の注意点

上述の意思決定に関する若干の問題点について述べておこう。まず，差額利益1,325円についてである。この金額は，注文を受けたことによって生じるA社全体の追加利益であって，この注文単独で生じる利益ではないということである。

若干細かい話にはなるが，固定費は操業度の増減に対して変動しない費用である。したがって，生産数量が増加することによって，A社がこれまでに生産している製品1単位が負担する固定費は減少する。つまり，「操業度が上昇する──▶すべての製品の固定費負担額が減少する──▶利益が増加する」ということになる。本来は，このような全製品における固定費の減少の計算をすべきところ，直接原価計算方式で面倒な計算を省いてみれば，前項のようなことになるのである。

次に，分析の結果をみれば，差額原価2,675円を上回る価格であれば受注してよいという形になってはいるが，それは少し早計である。というのも，製品Pは通常6,000円で販売されているので，これを4,000円で販売するとなると，既存の顧客から不満が生じる可能性がある。仮に多数の既存顧客から値引き要請が出れば，製品Pの収益性は一気に悪化しかねない。このため，こうした低価格での販売については，問題にあるように，他の顧客ができないような大

量注文などでなければ他の顧客に説明がつかない。

とはいえ，X社が著名企業であったり，今後取引数量の増加が見込まれるような場合には，取引条件が他社に漏れないようにした上で是非とも受注すべきである。

なお，こうした分析は，既存の製品をベースに特注品を生産するような場合でも適用できる。特注品を生産することによって生ずる差額原価とこの注文から生じる差額収益を計算し，そこから差額利益を計算すればよい。

第3節◆追加加工をして高く売るべきか否か

1　追加加工の条件

B社は化学製品を販売する企業である。現在Q製品を製造・販売しているが，近年では需要の低下によって，工場の操業度が十分に利用されていないという問題点が生じている。そこで，Q製品に追加加工を行い，その機能を高めて上級品Qα製品として価格にプレミアムを付けて販売することを考えている。図表6-3は両製品の原価構造を示している。

現状では，Q製品を10,000kg製造・販売しているが，追加加工の案は，このうち4,000kgに対して1,000kgの追加原料を投入し，Qα製品を5,000kg生産・販売する。Q製品の販売量は減少し，6,000kgとなる。この意思決定によって，工場が保有している操業度内で追加加工を行うことができ，操業度は改善される。

[図表6-3] Q製品とQα製品の原価構造

	Q製品	Qα製品
直接材料費	原料費が6,000円/kg生じている。	Q製品1kg当たり@1,500円追加原料費がかかる予定である。
直接労務費	製品1kg当たりの直接労務費は予定賃率@1,000円に予定作業時間0.5時間を乗じて計算する。基本給は固定額を支払っている。	直接工に関する作業は追加で生じない。
製造間接費	製造間接費は機械時間を配賦基準としており，製品1kg当たりの配賦額は予定配賦率@2,500円に予定機械作業時間2時間を乗じて計算する。予定配賦率は製造間接費年間予算(変動費288,000,000円・固定費432,000,000円)を工場の年間基準操業度(288,000時間)で割って計算する6。	Q製品として完成したものを，さらに新たな精器にかけてQα製品とする。この精器はリースによって調達し，Qα製品専用のものとなる。そのリース料は年間24,000,000円の予定である。また，この精器を管理するために経費が月間3,000,000円(固定費)生ずる。
需要他	Q製品の価格は12,000円である。月間の予定販売数量は10,000kgである。	Qα製品の価格は14,000円と予定されている。また，月間の予定販売数量は5,000kgである。Qα製品の販売によって，Q製品の販売数量は6,000kgとなる。

2 差額利益の計算

かなり条件が複雑になっているので，整理しながら考えてみよう。計算の単位は1か月とする。

(1) 差額収益の計算

Qα製品を生産すると，Q製品の生産量は減少する。これを踏まえて考える。

Qα製品に関する売上高増加額：14,000円×5,000kg＝70,000,000円

Q製品に関する売上高減少額：12,000円×4,000kg＝48,000,000円

Qα製品販売による差額収益：70,000,000円−48,000,000円＝22,000,000円

---

6 p.133の注5を参照のこと。

（2） 差額原価の計算

Qa製品の生産は、いったんQ製品として完成したものに追加加工する。これによって追加で必要となる原価は以下のとおりである。

　直接材料費：投入されるQ製品4,000kg×追加原料費@1,500円＝6,000,000円
　直接労務費：追加はない。
　製造間接費
　　① 精製器の月間リース料：2,000,000円
　　② 精製器管理経費：3,000,000円
　差額原価合計：6,000,000円＋2,000,000円＋3,000,000円＝11,000,000円

（3） 差額利益の計算

以上から、この意思決定による差額収益から差額原価を控除して差額利益を計算すれば、次のようになる。

　差額利益＝22,000,000円－11,000,000円＝11,000,000円

ここまでの説明で理解されているだろうが、**図表6－3**で示した製造間接費率2,500円は埋没原価であるため、考慮する必要はなく、その結果差額利益が生じていることになる。

第4節◆単純なセールス・ミックスの意思決定

1　状況の整理と問題点

次に考えるのは複数の製品を生産している場合、どの製品をどのくらい生産・販売すれば利益が最大になるのかを判断するケースである。ただし、条件が複雑になることを避けるため、生産・販売している製品は2種類であると考えることにする[7]。

たとえば、ある工場で2種類の製品を生産しているとしよう。製品Aの価格は1,000円で原価は600円、製品Bの価格は800円で原価は500円である。こ

れだけの条件をみれば，製品Aの方が利益400円（製品Bは300円）でより多く生産・販売すべきだと思われる。

しかし，現実はそれほど単純ではない。生産や販売には様々な制約条件が存在する。たとえば販売に関しては市場の状況である。確かに製品Aは利益が多いが，だからといって製品Aを無限に販売できるわけではない。市場の需要には限界があるし，競合他社もいる。また，原料の入手も無限ではないし，生産設備の稼働時間にも上限がある。このように，様々な制約条件がある場合には，どのようにセールス・ミックス（生産・販売する製品の組み合わせ）を考えるのだろうか。

基本的には，**制約条件1単位当たりの貢献利益が大きい製品から生産・販売することが企業利益の最大化につながる**。ここで，**貢献利益は売上高から変動費を控除した差益**を指していることは，第3章で説明した。以下で詳しくみていくことにする。

2　作業時間に制約がある場合

ある工場ではA製品とB製品を生産している。両製品の需要は旺盛であり，生産しただけ販売することができるが，生産のための作業は熟練した従業員でなければならない。作業員は10名おり，残業を含めても月間の作業時間は最大で2,400時間となっている。

両製品の生産データは**図表6-4**に示した。

以上の情報からわかることは，A製品の貢献利益が18,000円，売上総利益が8,000円，B製品の貢献利益が20,000円，売上総利益が8,000円であるということである。全部原価計算方式で計算した場合では売上総利益は一致するので，どちらを生産・販売しても同じであるという判断をしてもよいだろうか。実は，そうではない。

前節までに説明したように，製造固定費は多くの場合無関連原価となる。こ

7　現実には2種類のみしか生産・販売していない企業はほとんどないであろうから，こうした計算にはあまり意味がないように思えるかもしれない。しかし，いくつかの類似製品を製品群として考えると，実務に応用できる場合はないわけではない。

[図表6-4] A製品とB製品の情報

	A製品	B製品
販売価格	50,000円	40,000円
製造変動費	32,000円	20,000円
製造固定費	10,000円	12,000円
作業時間	2.5時間	3時間

・製造変動費は直接材料費および変動製造間接費の合計である。
・製造固定費は月間の9,600,000円を最大作業時間の2,400時間で割って計算している。

こでは，A製品を作ろうがB製品を作ろうが9,600,000円かかってしまい，どちらをどれだけ作るかという意思決定には関係がない。他方，変動費は，製品を生産すればそれだけ比例して増加するので，関連原価となる。さて，A製品の貢献利益は18,000円，B製品の貢献利益は20,000円である。これは何を意味するのか。

第3章で説明したように，企業には操業度にかかわらず発生する固定費が存在している。貢献利益は，固定費を回収する源泉となる。貢献利益合計が固定費と等しくなれば損益は0となり，固定費を上回れば利益が生じるのである。この観点からすればB製品を生産した方がよいようにみえる。しかし，この判断も正しくない。なぜなら，A製品は生産するのに2.5時間を要するが，B製品には3時間の作業が必要だからである。仮に作業時間に制約がなければ，時間を気にせずにB製品を多く生産することで企業の利益は最大化するであろう。しかし，作業時間は月間2,400時間しか取れないため，仮にすべてA製品を生産すれば960個生産でき，その時の貢献利益は17,280,000円，すべてB製品を生産した場合は800個生産でき，貢献利益は16,000,000円となる。すなわち，生産すべきはA製品ということになる。

このようなケースは，上記のように生産数量を算定して貢献利益の総額を計算することによって判定することもできるが，一般的には，**制約条件1単位当たりの貢献利益を計算し，値の高い方を選択する**ことで判定することができる。

A製品の作業時間1時間当たりの貢献利益＝18,000円÷2.5時間＝7,200円
B製品の作業時間1時間当たりの貢献利益＝20,000円÷3時間≒6,667円

これは，希少資源である作業時間1時間を各製品に投入することによって得られる貢献利益を示しており，当然のことながらその値の高い方に希少資源を投入すべきであるということになる。

なお，A製品の作業時間1時間当たりの貢献利益7,200円に総作業時間2,400時間を掛ければ，17,280,000円，B製品のそれに掛ければ16,000,000円となる。

3 原材料に制約がある場合

次に，購入する原材料に制限がある場合を考える。原材料の市場では，競合他社も同じような原材料を購入していたり，原材料の生産に限界があるなどして，買いたいだけ買うことができない場合もある。たとえば，先のA製品とB製品については次のような条件があったとする（**図表6-5**）。なお，今回は作業時間の制約はないものとする。

[図表6-5] A製品とB製品の情報

	A製品	B製品
販売価格	50,000円	40,000円
製造変動費	32,000円	20,000円
原料	4kg	4.5kg

・原料の供給には限界があり，月間の最大調達量は10,000kgである。

制約条件1単位当たりの貢献利益の高い方を選択する，という原則から考える。

A製品の原料1kg当たりの貢献利益＝18,000円÷4kg＝4,500円
B製品の原料1kg当たりの貢献利益＝20,000円÷4.5kg≒4,444円

したがって，希少資源である原料1kg当たりの貢献利益の大きいA製品を生産すべきであり，その時の貢献利益の合計は45,000,000円ということになる。

4　投入資源と販売数量に制約がある場合

2と3では，投入資源に制約がある状態を考察したが，作れば作っただけ売れる状況もそう多くはない。このため，投入資源ひとつと製品市場で販売できる製品に制約がある場合について，2で使用した例に条件を加えて考えてみよう（図表6-6）。

[図表6-6]　A製品およびB製品に関する情報

	A製品	B製品
販売価格	50,000円	40,000円
製造変動費	32,000円	20,000円
製造固定費	10,000円	12,000円
作業時間	2.5時間	3時間
販売量の上限	600個	500個

・製造変動費は直接材料費および変動製造間接費の合計である。
・製造固定費は月間の9,600,000円を最大作業時間の2,400時間で割って計算している。

2で説明したように，制約条件である作業時間1時間当たりの貢献利益を計算すると，A製品は7,200円，B製品は約6,666.66……円であるため，A製品を生産することが利益を最大化するために必要である。

ところが，A製品を生産すると，最大作業時間をすべて使えば960個作れるが，市場に出しても600個までしか販売できない。それ以上生産しても，市場で販売することのできない不良在庫となるだけである。このため，A製品を

600個作り，残りの作業時間でB製品を生産することになる。

　　A製品を600個生産する時の作業時間：2.5時間×600個＝1,500時間
　　B製品の生産量：(2,400時間－1,500時間)÷3時間＝300個

A製品を600個，B製品を300個生産した時の貢献利益および売上総利益は，

　　貢献利益：7,200円×1,500時間＋6,666.66…円×900時間＝16,800,000円
　　売上総利益：16,800,000円－9,600,000円＝7,200,000円

第5節◆セールス・ミックスの意思決定

1　状況の整理と問題点

　ここでは，投入面に関する制約条件が複数ある場合の最適セールス・ミックスを検討する。第4節4では，投入要素である作業時間と産出要素である製品市場での需要上限に制約条件がある場合を考察した。しかし，実際には作業時間や投入できる材料の数量など，投入要素において複数の制約条件があることが多い。投入要素に複数の制約条件がある場合には，第4節で示したような情報では意思決定ができない場合がある。
　なぜなら，材料についてはA製品が有利であるが，作業時間についてはB製品が有利である（ここで有利である，という意味は，制約条件1単位当たりの貢献利益が大きいということである）というような場合があり，第4節4のケースのように単純にどちらを生産するかを意思決定することができないからである。
　こうした問題を解決するためには，制約条件を不等式にして考える必要が出てくる。以下では，あまり複雑ではない状況について最適なセールス・ミックスを計算する。

2　ケースの分析

　ある工場ではA製品とB製品を生産している。生産に関しては共通の人員

および材料を使用しているが，作業時間および材料には上限がある。両製品の生産・販売に関する条件は**図表6-7**のとおりである。

[図表6-7] A製品およびB製品に関する情報

	A製品	B製品
販売価格	50,000円	40,000円
製造変動費	32,000円	20,000円
作業時間	2.5時間	3時間
材料	3kg	2kg

・製造固定費は月間9,600,000円, 月間最大作業時間は2,400時間である。
・原料の供給には限界があり, 月間の最大調達量は2,000kgである。

この条件から，制約条件1単位当たりの貢献利益を計算すれば次のようになり，単純にどちらを生産するかを判断することはできなくなる。

	A製品	B製品
作業時間1時間当たり貢献利益	7,200円	6,667円
材料1kg当たり貢献利益	6,000円	10,000円

このような問題を解決するために，貢献利益を最大にするためのA製品とB製品の組み合わせを計算しなければならない。これには，次のような関数を用いて考えることになる。まず，目的は貢献利益を最大化する点にあるので，これを目的関数とする。なお，A製品の生産・販売量はA，B製品のそれをBとする。

目的関数：$\mathrm{Max}(f) = 18{,}000A + 20{,}000B$

次に，目的関数を最大化する際に存在する制約条件を不等式を使用して定式化する。

作業時間の制約　2.5A＋3B≦2,400
材料の制約　　　3A＋2B≦2,000

　この2つの不等式の示す解の範囲は，**図表6-8**のOPQRの内側（線上を含む）となる。目的関数である18,000A＋20,000Bを最大化する点は，点P，点Q，あるいは点R（点Oを含めた点を端点という）となる。なぜなら，目的関数はB＝－0.9A＋aと変形すれば，切片であるBを最大化する点はマイナスの傾きを持つ以上，これら3点のいずれかになるからである。

　ここで，点P（0，800），点Q（300，550），点R（666.66…，0）を目的関数に代入すれば，それぞれ16,000,000円，16,400,000円，12,000,000円となり，点Qが目的関数を最大化することがわかる。

　したがって，A製品300個，B製品550個を生産・販売する時，貢献利益は16,400,000円で最大となり，この時の売上総利益は6,800,000円となる。

［図表6-8］　最適セールス・ミックスの決定

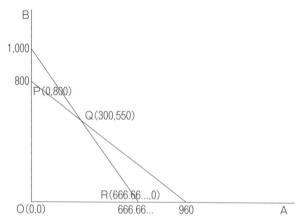

《参考文献》
・清水孝（2017）『原価計算（改訂版）』税務経理協会。

第6章　章末問題

第1問　差額原価と埋没原価について簡単に説明し，ある追加注文を受けようとする場合，直接労務費，機械の減価償却費，電気・ガス代が差額原価となる場合と埋没原価となる場合について説明しなさい。

第2問　非上場の中規模企業であるA社は，電機大手メーカーのX社（上場企業）から新規にS部品の生産に関する引き合いを受けた。A社にとって，上場企業との取引はこれまでなく，受注数量も通常よりも大きいため，是非受注したいと考えている。以下の資料に基づいて，この受注の可否について判断しなさい。

［資料］

① X社は，S部品を毎月1,000個，1年にわたり注文する。希望価格は14,000円である。
② S部品の通常価格は20,000円である。
③ S部品の製造原価については次のとおりである。

原　料　費		9,000円
直接労務費	予定賃率1,000円×予定作業時間2時間＝2,000円 予定賃率は，固定賃金の月間予定額40,000,000円を予定作業時間40,000時間で割って求めている。なお，加給金はない。	
製造間接費	予定配賦率4,000円×予定作業時間2時間＝8,000円 予定配賦率は製造間接費月間予算（変動費48,000,000円，固定費112,000,000円）を予定作業時間40,000時間で割って求めている。	
合　　　計		19,000円

④ A社では，既存の工具が残業せずに新規受注のS部品を生産することができる。また，予定賃率も残業などは発生しないという前提で算定されている。

第3問　第2問において，現在A社は直接作業時間に余剰操業度がなく，X社向けS部品はすべて残業などで対応することになる。残業手当として，1時間当たり2,000円を支払うとする。この場合，この注文を受けるべきか否か，判断しなさい。

第4問　B社のある工程ではP製品とQ製品を生産している。この工程を含めて，工場全体でも余剰作業員はおらず，現状ではこの工程にいる工具だけでP製品とQ製品を生産しなければならない。工具の総作業時間は月間3,500時間が上限となっている。また，P製品とQ製品の生産に必要な原料は，購入数量

に限りがあり，現状では月間5,000kgまでしか入手できない。
　以下の資料に基づいて，P製品とQ製品の最適セールス・ミックスを求め，その時の売上総利益を計算しなさい。なお，P製品とQ製品の販売数量に制限はなく，生産したものはすべて販売できる状況である。

[資料]

	P製品	Q製品
販売価格	30,000円	28,000円
製造変動費	15,000円	10,000円
製造固定費	50,000,000円	
作業時間	0.8時間	0.6時間
原料消費量	1kg	1.5kg

第7章

設備投資を行うべきか行わざるべきか
：設備投資の経済性計算

第1節◆設備投資の経済性計算の基礎概念

1 設備投資の意思決定

　第6章では，業務的意思決定，すなわち，投資を伴わずに行われる意思決定について述べてきた。しかし，企業経営を行う上で，投資をするかしないかという意思決定を行うことは多い。投資には様々な種類のものがある。生産設備や建物に対する投資もあれば，研究開発活動に行われる投資，人的資源に対して行われる投資，多角化企業が行う新たな事業に対する投資などがある。

　本章では，主として生産設備に対する投資，すなわち設備投資に関する意思決定を取り上げる。設備投資には次のようなパターンがある。

・売上高の増加を伴う設備投資……新製品生産のための設備投資
　　　　　　　　　　　　　　　　従来製品増産のための設備投資
・売上高の増加を伴わない設備投資……合理化のための設備投資

　売上高の増加を伴う設備投資は，基本的には現状よりも生産量を増加させるためのものであり，新製品の生産のための設備投資と，既存製品を増産するための設備投資がある。いずれも売上高も原価も増加するが，現状よりも利益を増加させることに目標がある。

　他方，売上高の増加を伴わない設備投資は，合理化，すなわちコストを削減

するための投資であり，既存の設備の老朽化に伴い行われることもあれば，純粋にランニング・コストが既存設備よりも相当低い設備に取り換える場合もある。

2　設備投資決定の判断基準：キャッシュ・フロー

（1）　設備投資の判断

上述のように，設備投資にはいくつかのパターンがあるが，設備投資を行うか否かの判断は，基本的には設備投資を行う場合に生じるインプットと，その結果生じるアウトプットの差額の大小で行うことになる。インプットとは，設備に投じられる資金であり，アウトプットは設備を稼働して得られる資金である。

新製品生産のための設備投資を**図表7-1**を例にとってもう少し具体的に考えてみよう。企業は設備を購入する際，資金Xを投入する。この設備が稼働して製品を生産・販売することによって，売上収入が増大し，生産に関連する支払費用との差額としてアウトプットが生じる。設備は何年か稼働することになるから，稼働年数にわたり，アウトプットの合計Yが資産購入額（インプットX）を上回ると予想されるのであれば，設備投資を行うべきであるし，下回ると予想されればその設備投資は見送られるべきである。

［図表7-1］　設備投資の意思決定原則

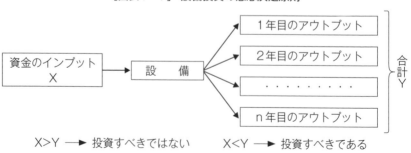

第7章 設備投資を行うべきか行わざるべきか：設備投資の経済性計算　149

（2） キャッシュ・フローと資本コストの存在

　ここで注目すべきは，インプットとアウトプットが**キャッシュ・フロー**で示されるという点である。一般的には，利益計画や予算などは会計的利益で作成され，それに基づいて様々な判断が行われる。しかし，設備投資については若干事情が異なる。その理由は，設備投資の効果が多期間にわたるからである。

　設備投資のタイムラインについて考えてみる。設備に対する投資は現在時点で行うのに対して，投資を回収するのは未来のことになる。つまり，利益計画，予算管理，あるいは業務的意思決定は基本的に単年度の意思決定であるのに対し，設備投資の意思決定は多期間にわたるものとなり，期間全体の状況を考えることが必要になる。

　多期間の意思決定を複雑にする要素は**資本コスト**の問題である。資本コストの詳細な説明は後述する。簡単に説明すれば，企業は現在時点で資金を調達しそれを設備に投資する。資金調達には借入金の利息や株式の配当などのコストがかかるため，将来の資金の回収（利益ではない）には，投資額のみならずコストも含めなければならない。もう少し直感的に考えるための例をみてみよう。設備投資をするために資金を借りて，その資金で設備を購入する。この設備を稼働して得られたキャッシュ（利益ではない）で借入金を返済することになるが，当然に返済する場合は元金の他に利息（資本コスト）も支払わなければならないということである。**図表7-2**でその状況を確認してみる。

　投資額はキャッシュ・アウトフローである。キャッシュ（資金）を利用すれば，銀行から借りてきても，株式発行で調達しても，自己資金であってもコストがかかる[1]。これらが資本コストである。支払われたキャッシュ（X）は，将来のキャッシュ・インフロー（Y）で回収しなければならない。ただし，資本コストがかかっている分，単純に設備に投下された資金を回収すればよいわけではない。つまり，将来に設備を稼働して得られるキャッシュ・インフローの合計は，投下したキャッシュ＋資本コストより大きくならなければならない。

　仮にYの合計よりもXが大きければ，資本コストを支払った後には当初の

---

[1] 他の投資案に投資した場合に得られるはずの最大のリターンを機会費用として考える。

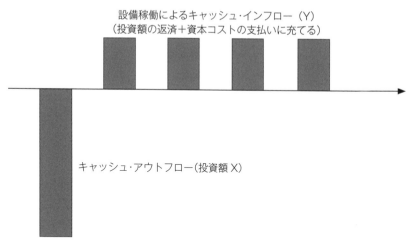

[図表7-2] 設備投資におけるキャッシュの流れ

投資額を下回る金額しか回収できていないことになり、それは望ましいことではない。

(3) キャッシュ・フローの計算

　キャッシュ・フローの計算はどのように行うのか。第5章で説明したように、キャッシュ・フローは基本的には現金の収入および支出であり、収益および費用とは異なる。たとえば、収益の代表である売上は、現金で回収できればキャッシュ・インフローとなるが、掛け売りをすれば収益として計上されてもその時点ではキャッシュ・インフローとはならず、売掛金の回収をしてはじめてキャッシュ・インフローとなる。費用についても、現金の支出が行われれば、費用かつキャッシュ・アウトフローとなるものの、減価償却費などは費用ではあるが現金支出を伴わないためキャッシュ・アウトフローにはならない。

　(2)で説明したように、設備投資の経済性計算は、すべて現在時点でのキャッシュ・アウトフローを将来時点でのキャッシュ・インフローで回収しようと考える。このため、会計上の収益と費用ではなく、キャッシュの流れで考えるのである。

① 現在時点のキャッシュ・アウトフロー

現在時点のキャッシュ・アウトフローは，設備に支払った金額だけではなく，設備の据え付けに要した金額や試運転などに要した金額，すなわち，設備を購入して稼働するまでに支払った金額すべてとなる。

② 将来時点のキャッシュ・インフロー（正味キャッシュ・フロー）

将来時点のキャッシュ・インフローは，もう少し複雑であり，正確には将来時点のキャッシュ・インフローとキャッシュ・アウトフローの差額となる**正味キャッシュ・フロー**と言うべきである。設備を稼働させることによって得られる正味キャッシュ・フローには2種類ある。

1つは，新製品生産のための設備や拡張投資のように，売上高が増加するもの（キャッシュ・インフロー）と，いま1つは，合理化のための投資のように，費用が減少するもの（費用節約によるキャッシュ・アウトフローの減少としてのキャッシュ・インフロー）である。

売上高が増加する場合の設備投資における正味キャッシュ・フロー
　　＝売上高の増加（キャッシュ・インフロー）－現金支出費用（キャッシュ・アウトフロー）

費用が減少する場合の設備投資における正味キャッシュ・フロー
　　＝現金支出費用（キャッシュ・アウトフロー）の節約額

売上高が増加する場合の設備投資では，当然に売上というキャッシュ・インフローと原材料費や設備を稼働するために生じる現金支出費用というキャッシュ・アウトフローが生ずるので，両者の差額が（正の値を取ることを前提として）正味キャッシュ・フローとなる。他方，売上高は変化せず費用が減少する場合は，節約分が正味キャッシュ・フローとなる。

一般的に，キャッシュ・フローの測定をする場合には，キャッシュ・フローそのものを測定するのではなく，営業利益から出発して，これに修正を加えることになる。営業利益は，製造業であれば売上高から売上原価（主として製造原価）と販売費および一般管理費を控除して計算する。売上高は，前述のように掛け売りの場合にはその時点ではキャッシュにはならないが，通常は短い期間（1か月程度）で現金化されていくので，とりあえずすべてキャッシュ・イ

ンフローとなると仮定する。

　他方，費用については，材料費や賃金・給料のようにキャッシュ・アウトフローとなるものもあれば，減価償却費のようにキャッシュ・アウトフローを伴わない費用もある。減価償却費は，設備の取得原価を利用可能な会計期間に配分し，期間損益計算の平準化を図る財務会計上の用具である。しかし，設備投資の経済性計算では，設備の取得原価は取得時点でキャッシュ・アウトフローとして認識するため，期間配分する必要はない。

例題7-1　A社では，需要の増加に応えるために，設備投資を考えている。投資額は5,000万円である。機械が経済的に稼働する期間は5年間であり，残存価額0として減価償却費を計算する。

　1年目から5年目までの状況を推定したところ，売上高は毎年5,000万円，現金支出費用は3,500万円，減価償却費は前述の条件をもとに計算すれば年間1,000万円となる。

【解答】
　この場合，毎年の正味キャッシュ・フローは1,500万円になる（売上高5,000万円－現金支出費用3,500万円）。

---

③　税金の効果

　設備投資の経済性計算を厄介にする要素の1つが，**税金の効果**である。この問題は，設備投資の経済性計算が会計上の収益・費用ではなく，キャッシュ・フローに依存することから生じる。

　税金はキャッシュ・アウトフローである。このため，②で述べたように売上高から現金支出費用を控除した金額から，税金（利益に対して，たとえば40％等）を差し引いたものが正味キャッシュ・フローとなる。

　ここで問題となるのは税金が会計上の利益に対して40％かかるという点である。正味キャッシュ・フローの3,500万円の40％ではない。ここで，設例7-2を用いて税金がどのように生じるかを計算してみよう。

第7章 設備投資を行うべきか行わざるべきか：設備投資の経済性計算　153

例題7-2　A社では，需要の増加に応えるために，設備投資を考えている。投資額は5,000万円である。機械が経済的に稼働する期間は5年間であり，残存価額0として減価償却費を計算する。実効税率は40％であるとする。

1年目から5年目までの状況を推定したところ，売上高は毎年5,000万円，現金支出費用は3,500万円，減価償却費は前述の条件をもとに計算すれば年間1,000万円となる。

【解答】

例題7-1で説明したように，売上高と現金支出費用の差額は1,500万円である。次に，税金の計算をする。税金は会計上の利益500万円（売上高5,000万円－現金支出費用3,500万円－減価償却費1,000万円）であるから，税金は200万円（500万円×0.4）となり，その結果，正味キャッシュ・フローは1,300万円（1,500万円－200万円）となる。**図表7-3**の網掛けの部分が正味キャッシュ・フローとなることを確認しておこう。

　　毎年の正味キャッシュ・フロー
　　　＝売上高－現金支出費用－会計上の利益に対する税金（（売上高－現金支出費用－減価償却費）×税率）

［図表7-3］　毎年の正味キャッシュ・フローの計算(1)

他方，毎年の正味キャッシュ・フローは次のような計算式で求めることもできる。

毎年の正味キャッシュ・フロー
= (売上高 − 現金支出費用) × (1 − 税率) + 減価償却費 × 税率

この方法では，キャッシュ・インフローである売上高とキャッシュ・アウトフローとなる現金支出費用の差額に，第二のキャッシュ・アウトフローとなる税金の分を控除した900万円を求める（(5,000万円−3,500万円)×(1−0.4)，**図表7-4**のPの部分）。しかし，減価償却費×税率0.4（400万円）の部分（Q）は税金とはならないので，加え戻す。その結果，正味キャッシュ・フローは900万円＋400万円で1,300万円となる[2]。

[図表7-4] 毎年の正味キャッシュ・フローの計算（2）

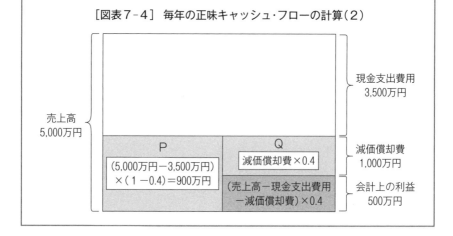

④ その他の条件

取替投資が行われる場合には，既存設備の売却がなされ，そこでキャッシュ・フローが生じたり，売却損益による税金の影響が生じることもある。この点は，各種の資格試験ではしばしば問われる問題であるが，本書では触れない。

設備投資の経済性計算を行う場合には，いくつかの前提が置かれる。たとえば，税金の追加支払いあるいは還付は，本来は申告を終えた後，4月以降に生じる（申告は3月に行うが，還付や追加納税は4月に行われる）。しかし，その効

---

2 このように，減価償却率が発生すると利益が減少し，その結果，その利益に対する税金の支払いを減少させる効果がある。これは，**タックス・シールド効果**と呼ばれている。

果は年度末に生じていると考える。

また，計算期間において債権や棚卸資産には変動がないとされる。これらに変動があると，それによるキャッシュ・フローの計算をしなければならないため，基本的には捨象される。

3 単純回収期間法

(1) 単純回収期間法の計算式

それでは，ここまで学んだ内容を使用して，代表的な設備投資の経済性計算方法である，単純回収期間法について説明していこう。**単純回収期間法**は，投資した金額を，毎年の正味キャッシュ・フローで回収すると何年かかるのか，という考え方である。単純回収期間法では，回収期間（年）を計算するが，経営環境は不確実であるので，回収期間は早ければ早いほどよいことになる。

　　　回収期間＝設備投資額÷毎年の平均正味キャッシュ・フロー

ここで，毎年の平均正味キャッシュ・フローは，回収期間にわたる正味キャッシュ・フローの年間平均額を意味している。テキストに示されている問題の多くは例題7－2のように，毎年の正味キャッシュ・フローが一定であると仮定されているが，これは現実的ではない。5年間の状況の平均値が示されていると考えるのが現実的である。

例題7－2の数値を使用すれば，設備投資額が5,000万円，毎年の正味キャッシュ・フローは1,300万円なので，回収期間は次のように計算できる[3]。

　　　回収期間＝5,000万円÷1,300万円≒3.85年

なお，後述するように回収期間法には，将来のキャッシュ・フローを現在価値に割り引いた割引回収期間法もある。本書では特段のことわりがない限り，「回収期間法」と表記した場合は単純回収期間法を指すこととする。

　3　毎年の正味キャッシュ・フローが異なる場合には，全体の平均値をこの式で計算するか，予測される各年の正味キャッシュ・フローの累計が投資額を超える時点を計算することになる。

(2) 回収期間法の判断基準

回収期間は短ければ短いほどよいことは，すでに説明した。ただ，設備投資として適切であるかどうかを判断する場合には，個々の企業で基準値（閾値）を持つことになる。変化の速い環境下では短い基準値を持つことが望ましい。

なお，様々な調査によると，回収期間法は，設備投資の経済性計算においてもっとも頻繁に使用される手法であるとされている。その理由は，計算自体が簡単であること，理解が容易であること，そして，何よりも投資額は早く回収すべきだという経営者の考えにマッチしているからであると考えられる。回収期間法の計算例を考えてみよう。

例題7-3 X社は，新規設備の投資（10,000万円）について検討している。以下の資料に基づいて，この投資を行うべきか否かを考えなさい。X社では原則として回収に3年以上かかる投資は実行しないことにしている。

[資料]
① 設備投資をすることで生じる売上高は10,000万円と予測される。この時に生じる現金支出費用は6,000万円である。なお，この売上高と現金支出費用は5年間継続できるものと考えている。
② 減価償却は残存価額0，耐用年数5年で行う。
③ 実効税率は40％である。

問1 毎年の正味キャッシュ・フローを計算しなさい。
問2 この設備の回収期間は何年か。また，回収期間から設備投資をすべきかせざるべきかを判断するとすれば，どのようになるか。

【解答】
問1
　まずは，キャッシュ・インフローである売上高とキャッシュ・アウトフローである現金支出費用の差額を計算し，そこから追加的なキャッシュ・アウトフローとなる税金を控除する。

　税金：（10,000万円－6,000万円－減価償却費2,000万円）×0.4＝800万円
　正味キャッシュ・フロー：10,000万円－6,000万円－800万円＝3,200万円

問2
　回収期間＝設備投資額÷毎年の正味キャッシュ・フロー

= 10,000万円 ÷ 3,200万円 = 3.125年

　この企業では，原則として回収期間3年を超える投資はしないことにしているため，この原則を厳密に適用すれば，本投資案は棄却すべきであるということになる。

　しかし，現実の世界では，このように経済性計算の結果だけをもって投資が決定されることはまずない。設備投資は，経済環境，競合他社の状況，顧客の動向，自社の生産設備の現状などを踏まえて，きわめて戦略的に決定されるからである。本問のように投資基準を満たさない結果が生じた場合，実務では，回収期間が3年を下回るようにならないかどうか，調査を始める。もちろん，安易に売上高の予測を増加させるようなことをしてはいけない。より投資金額が低い設備はないか，あるいはよりランニング・コストが低い設備はないかを調査するのである。そのような観点からすると，設備投資の経済性計算は，設備投資の意思決定の入り口であると考えられる。

第2節◆資本コストの計算

1　資本コストを考慮する意味

　回収期間法では，設備投資のために要したキャッシュを，毎年獲得する正味キャッシュ・フローで回収する期間を計算する。しかし，第1節2(2)で説明したように，設備投資のために要するキャッシュを調達したコスト（資本コスト）もキャッシュ・アウトとして考える必要がある。本節では，この資本コストについて説明する。

　資本コストは，資金（キャッシュ）を調達するために必要なコストである。資金調達の方法には，大きく分けて負債で調達（借入金あるいは社債）するか，新株の発行で調達するかの2種類がある。負債で調達すれば，利息の支払が生ずる。株式の発行で調達すれば，配当金の支払も生ずるし，株価を一定以上の水準に保つ努力も行う必要がある。内部留保による投資も考えられるが，内部留保は具体的な資金の形で存在するわけではなく，手持ちのキャッシュがなければ当然に企業外部から調達する必要がある。

[図表7-5] 資本コストの回収

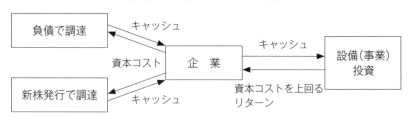

　キャッシュの調達にコストがかかる以上，得られる毎年の正味キャッシュ・フローは，投資額のみならずこれらの資本コストを支払う能力がなければならない。これが**図表7-5**にある**資本コストを上回るリターン**である。

　簡単な数値例を考えてみよう。今，銀行から利子率1％，2年後に元金一括返済，利息は年1回支払いという契約で6,000万円を借入れたとする。また，毎年の正味キャッシュ・フローは税金考慮後で3,000万円であったとする。この場合，2年間で6,000万円のキャッシュ・フローがあり，一見すると設備投資額は回収できるようにみえる。しかし，借入利息の支払が1年目に60万円，2年目にも60万円生じるため，この投資についてすべてを回収するには6,120万円の正味キャッシュ・フローが必要である。契約が2年後に元利一括返済であれば，支払額は6,120.6万円（6,000万円×1.01×1.01）となる。

　設備投資の経済性計算を行う時には，こうした資本コストを考慮して考えることが必要になる。

2　複利計算と割引計算

　1の最後に示したように，設備投資の経済性計算で資本コストを考慮する場合には，基本的には，将来の価値を資本コストで現在の価値，すなわち**現在価値**へと割引くことになる。これについて説明しよう。

　まず，通常の複利計算をしてみよう。利子率5％の下では，今の1万円は1年後には10,500円，2年後には11,025円，3年後には11,576.25円になる。これは，現在の価値を将来の価値に引き直すものである。

　この逆を行うのが割引計算である。利子率5％の下で，1年後に得られる1

[図表7-6] 複利計算と割引計算

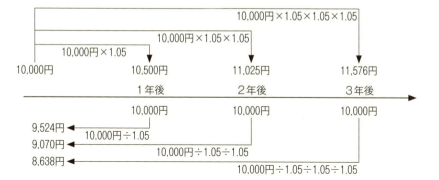

万円，2年後に得られる1万円，3年後に得られる1万円は，現在の価値ではいくらだろうか。

図表7-6にあるように，1年後に得られる10,000円を利子率5％の下で現在価値にすると約9,524円，2年後の10,000円は約9,070円，3年後の10,000円は約8,638円にしかならない。これらの数字を直感的に説明すれば，1年後に得られる10,000円で借金を返済する場合，元金の返済に9,524円，利息の支払いに476円を充てるということである。期間が長くなればなるほど元金の返済に回せる金額は減少し，3年後の1万円を返済に充てると元金の返済には8,638円しか回せないということになる。

このような計算をするのは，キャッシュの調達と返済のタイミングが異なるからに他ならない。支払いをする（資金を調達する）のは現在であるが，その返済は将来に得られる正味キャッシュ・フローでまかなうことになる。このため，その期間に生じる利息の支払いの分まで含めた計算をしなければならない。すなわち，この事例で言えば，30,000円を今借りて，将来得られる毎年の10,000円で返済しようとすると，元金は27,232円（9,524円＋9,070円＋8,638円）しか減らず，完済できないことになる。

回収期間法は，資本コストを一切考慮に含めていないので，とりわけ利子率の高い世界では不十分であるということになる。

なお，将来のキャッシュ・フローを現在価値に引き直す時に使用している係

数を**現価係数**といい，次のように計算する。

1年後の正味キャッシュ・フローの現価係数	$1 \div 1.05 ≒ 0.9524$
2年後の正味キャッシュ・フローの現価係数	$1 \div 1.05^2 ≒ 0.9070$
3年後の正味キャッシュ・フローの現価係数	$1 \div 1.05^3 ≒ 0.8638$

（いずれも小数第5位を四捨五入）

例題7-4 100,000円を今借入れ，1年後，2年後，3年後にそれぞれ入る40,000円で返済しようと考えている。利子率が4％の場合と10％の場合それぞれについて，完済できるかどうか計算しなさい。

【解答】

〈現価係数の計算〉

	利子率4％	利子率10％
1年後の正味キャッシュ・フローの現価係数	$1 \div 1.04 ≒ 0.9615$	$1 \div 1.1 ≒ 0.9091$
2年後の正味キャッシュ・フローの現価係数	$1 \div 1.04^2 ≒ 0.9246$	$1 \div 1.1^2 ≒ 0.8264$
3年後の正味キャッシュ・フローの現価係数	$1 \div 1.04^3 ≒ 0.8890$	$1 \div 1.1^3 ≒ 0.7513$

〈現在価値の計算〉

	利子率4％	利子率10％
1年後の40,000円の現在価値	40,000円×0.9615＝38,460円	40,000円×0.9091＝36,364円
2年後の40,000円の現在価値	40,000円×0.9246＝36,984円	40,000円×0.8264＝33,056円
3年後の40,000円の現在価値	40,000円×0.8890＝35,560円	40,000円×0.7513＝30,052円
現在価値の合計	111,004円	99,472円

この結果，利子率4％の下では完済できるが，利子率が10％になると完済できないことがわかる。

3　資本コストの計算

　資本コストは資金を調達するためのコストである。資金調達方法には借入金や社債などの負債と新株発行の2種類が存在する。借入金や社債の資本コストは，借入金であれば直近の借入れに関する利子率に市場金利を加味して決定するし，社債であれば「発行済み社債で取引価格がついている場合なら，その社債の最終利回りがその社債の負債コスト」であるということになる（小林，2017，p.295）。

　他方，株式に関する資本コストを算定するのは難しい場合も多い。かつては，株式の資本コストは配当金を発行総額で除して計算することもあったが（西澤，1996，p.88），現在ではこうした株式の資本コストの計算方法は使用されない。株式，すなわち自己資本（純資産）の資本コストは，**株主の期待収益率**を取るのが普通である。一般的には，株主の期待収益率は CAPM（**資本資産価格モデル**）を用いる。

　詳細な計算の方法やデータの入手方法は，『スタンダード管理会計［第2版］』（小林他，2017）やファイナンスのテキストで勉強していただきたい。

4　加重平均資本コストの計算

（1）　加重平均資本コストの意味

　設備投資のために資金を調達する場合には，設備投資に用途を定めて借入れを行ったり新株を発行することがある。この場合には，その借入れや株式発行に関して資本コストを計算することはできる。しかし，設備投資の経済性計算においては，こうした個別の資金調達のための資本コストを使用することはない。

　企業は，経営活動を行うために資金を調達する。他人資本による調達にするか自己資本による調達にするかは，財務戦略の重要な課題の1つである。一般的に，自己資本の資本コストは高いと考えられている。なぜなら，債権者にとって貸し付けた資金は，貸し倒れのリスク（デフォルト・リスク）は存在するが，貸し倒れない限り貸付金の金額が増減することはない。

しかし，株主にとって，株式を購入した場合，企業が倒産あるいは上場を維持することが不能となり，回収できなくなる可能性に加えて，株価の増減により投資額が変動する価格変動リスクを抱えることになる。このため，株主は高いリスクに見合うリスク・プレミアムを要求することになる。

企業は，自らの置かれている経営環境の中で，他人資本と自己資本をどのような割合で保有するのかを決定しなければならない。戦略的に他人資本を増加させれば，一時的に全社的な資本コストは下がるし，新株を大量に発行すれば，全社的な資本コストは上がる。ここで，全社的な資本コストとは，企業の意思決定に基づいて調達した資金の構成に基づいて，企業が設備投資によって得なければならない最低のリターンを示すともいえる。

（2） 加重平均資本コスト（Weighted Average Cost of Capital:WACC）の計算

全社的な資本コストは，他人資本の資本コストと自己資本の資本コストの加重平均として決定される。注意すべき点がひとつある。それは，加重平均資本コストの計算前の段階で，他人資本の資本コストは税引き前の数値であり，自己資本の資本コストは税引き後の数値となっているという点である。キャッシュ・フローにおける税金の効果で説明したように，費用は税金を減少させるという効果を有する。よって，他人資本の資本コストを税引き後の数値にする必要がある。

たとえば，実効税率が40％の下で，借入金に対する支払利息が100万円生じたとする。これによって利益が100万円減少するので，支払利息がなければ生じる40万円の法人税を節約したことになる。したがって，100万円の支払利息から法人税節約額40万円を控除した60万円が税引き後の借入金における資本コストということになる。例題の数値を使用して具体的な計算について考えていこう。

第7章 設備投資を行うべきか行わざるべきか：設備投資の経済性計算　163

例題7-5　ある企業の貸借対照表のうち，無利子負債（買掛金・支払手形）は2,500万円，有利子負債（長期借入金）は4,500万円，自己資本は3,000万円であった。有利子負債の資本コストは2.5％（税引き前），自己資本の資本コストは6％であるとして，この企業の現時点における加重平均資本コストを求めなさい。実効税率は40％とする。

【解答】

	資本構成	資本コスト	加重平均資本コストの計算
無利子負債	資本コストなしのため計算しない		
有利子負債	4,500／7,500	2.5％×（1－0.4）＝1.5％	1.5％×4,500／7,500＝0.9％
自己資本	3,000／7,500	6％	6％×3,000／7,500＝2.4％
合計			0.9％＋2.4％＝3.3％

　無利子負債は資本コストが生じないため計算に含めない。有利子負債（固定負債）は税金の効果を考慮して，税引き後の値である1.5％にしておく。自己資本の資本コストはもともと税引き後の値となっているからそのまま使用する。次に，それぞれの税引き後資本コストに資本構成割合を乗じて，その結果を合計すれば加重平均資本コストが計算できる。

例題7-6　ある企業の現在の状況は例題7-5の通りであるが，今，新たに借入れを行うことを検討している。借入金総額は1,500万円，利率は2％である。借入れを実行した時の加重平均資本コストはいくらになるか。

【解答】

	資本構成	資本コスト	加重平均資本コストの計算
有利子負債(1)	4,500／9,000	2.5％×（1－0.4）＝1.5％	1.5％×4,500／9,000＝0.75％
有利子負債(2)	1,500／9,000	2％×（1－0.4）＝1.2％	1.2％×1,500／9,000＝0.2％
自己資本	3,000／9,000	6％	6％×3,000／9,000＝2％
合計			0.75％＋0.2％＋2％＝2.95％

第3節◆正味現在価値法の意義とその計算

1 正味現在価値法の意義

　今一度設備投資の経済性計算について整理してみよう。設備投資の経済性計算は，現在時点での投資額（キャッシュ・アウトフロー）を将来における正味キャッシュ・フロー（毎年の売上高－現金支出費用－法人税の支払い）で回収すると考える。回収期間法は，キャッシュ・アウトフローと毎年の正味キャッシュ・フローを比較して，回収年数を計算するものであった。

　しかし，より理論的に考えれば，企業が資金を調達する際に生じる資本コストを考慮しなければならない。資本コストとしては，他人資本の資本コストと自己資本の資本コストを加重平均したものを使用する。そして，将来生ずる正味キャッシュ・フローを資本コストを用いて現在価値に割引き，その合計を現在生じる投資額と比較する。将来の正味キャッシュ・フローの現在価値の合計が投資額を上回れば，資本コストを支払った後に得られるリターンがあることになるから，その投資は企業にとって望ましく，反対の場合は資本コストを全額賄えない状況になるので，望ましくない，ということになる。

　資本コストを測定し，資本コストで将来の正味キャッシュ・フローを割引いて現在価値を算定し，その現在価値の合計と投資額を比較して設備投資の経済性を判断する手法が，**正味現在価値法**（Net Present Value Method:NPV法）である。

2 正味現在価値法の計算

　正味現在価値法に関する計算原理を，**例題7-7**を用いて説明していこう。

> **例題7-7**　ある企業では製品を増産するための設備投資を考えている。設備投資額は3,000万円である。この設備を稼働させることにより，向こう3年間，毎年この設備を1年後，2年後および3年後に生じる売上高と現金支出費用はそれぞれ5,000万円，3,900万円である。資本コストは税引き後で5％である。ま

た，減価償却は定額法を使用し，残存価額は０，耐用年数は３年とする。法人税の実効税率は40％である。

【解答】

正味現在価値法では，投資の正味現在価値（将来の正味キャッシュ・フローの現在価値の合計－設備投資額）を計算し，この値がプラスであれば設備投資に値する計画であり，マイナスであれば設備投資について慎重になる。

以下，図表７－７を確認しながらこの投資案の正味現在価値を計算していく。

① 設備投資額等の決定
② 毎年の正味キャッシュ・フローの計算
③ 現価係数の計算
④ 毎年の正味キャッシュ・フローの現在価値への割引
⑤ 正味現在価値の計算（毎年の正味キャッシュ・フローの現在価値合計と設備投資額との比較）

[図表７-７] 正味現在価値の考え方

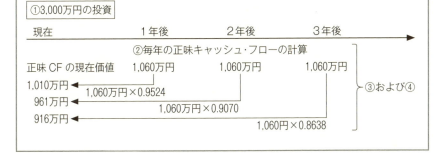

① 投資額等の確定（現在時点）

まず，設備投資額を決定しなければならない。この時，並行して設備を利用する期間も推定する[4]。ここでは３年間使用することを考えている。設備投資額は3,000万円である。

---

4 税法上の法定耐用年数を使用することもあるが，それよりも短い経済的に稼働することが可能である期間を選定することもある。意思決定のためには，実際に合理的な範囲で使用可能な期間を定める方がよい。

② 毎年の正味キャッシュ・フローの計算

この設備を稼働することで，毎年いくらの正味キャッシュ・フローがあるかを計算する。この計算に関しては，第1節で詳しく説明しているので，ここでは計算過程のみ記す。

　　毎年の正味キャッシュ・フロー
　　　＝売上高－現金支出費用－税金
　　　＝5,000万円－3,900万円－40万円＝1,060万円

　　税金＝（売上高－現金支出費用－減価償却費）×税率

③ 現価係数の計算

与えられている資本コストは税引き後で5％となっているので，これを用いて現価係数を計算する。なお，小数第5位を四捨五入する。

　　1年目の現価係数：$1 \div 1.05 \fallingdotseq 0.9524$
　　2年目の現価係数：$1 \div 1.05^2 \fallingdotseq 0.9070$
　　3年目の現価係数：$1 \div 1.05^3 \fallingdotseq 0.8638$

④ 現在価値の計算（1万円未満を四捨五入する）

　　1年目の正味CFの現在価値：1,060万円×0.9524≒1,010万円
　　2年目の正味CFの現在価値：1,060万円×0.9070≒961万円
　　3年目の正味CFの現在価値：1,060万円×0.8638≒916万円
　　　　　　　合　計：1,010万円＋961万円＋916万円＝2,887万円

⑤ 正味現在価値の計算（毎年の正味キャッシュ・フローの現在価値合計と設備投資額との比較）

　　正味現在価値＝2,887万円－3,000万円＝（－）113万円

正味現在価値は，将来回収する正味キャッシュ・フローの現在価値の合計から投資額を控除したものである。この値がマイナスになるということは，予定されている資本コストの下では，投資金額を回収しきれないということになる。このため，この案はこのままでは採用することはできない，という判断が下されることになる。

もちろん，正味現在価値がマイナスになる，という理由だけでこの意思決定が棄却されることはない。設備投資は戦略的に行われるからである。計算結果は，現状の仮定に基づけば，投資の回収は難しいということを示しているだけである。投資を行わないことによって被る不利益などを考えれば（競合他社との競争に負ける，増産できないことの売り逃しが多額生じるなど），単に投資しないという意思決定を行うのではなく，ここから正味現在価値をプラスにするための可能性のある方策を考えなければならない。

　ただし，前述のように，安易に将来の正味キャッシュ・フローを増額することは避けるべきである。なぜなら，実際に設備が稼働を始めたのちに獲得できるキャッシュ・フローが予定されている金額を大きく下回り，収益性がないとみなされると，財務会計上減損処理をしなければならないからである。いかにコストを落としていけるか（それも現実的に）を考えていく必要がある。

　なお，この問題は，一般には**図表7-8**のようなワークシートを作ると考えやすい。

[図表7-8] 正味現在価値計算のワークシート

(単位：万円)

	現在	1年目	2年目	3年目	正味現在価値
①投資額	△3,000				
②毎年の正味CF		1,060	1,060	1,060	
③現価係数		0.9524	0.9070	0.8638	
④正味CFの現在価値	△3,000	1,010	961	916	△113

例題7-8　以下の［資料］にもとづいて，この投資案の正味現在価値を計算し，現時点における投資を行うべきかどうかに関するあなたの意見を示しなさい。

[資料]
① 本投資案は，新製品生産設備に関するものである。新設備は4年間稼働することを想定している。
② 設備の取得原価は5,000万円である。

③ 4年間にわたり，毎年の新製品の売上高は6,000万円，現金支出費用は4,000万円を見込んでいる。
④ 減価償却費は，耐用年数4年，残存価額0で計算する。
⑤ 法人税の実効税率は40%とする。
⑥ 有利子負債の額は1億円（資本コスト：2%），自己資本の額は1億5千万円（資本コスト：8%）である。なお，資本コストはいずれも税引き後の値である。

【解答】

	現在	1年目	2年目	3年目	4年目	正味現在価値
①投資額	△5,000					
②毎年の正味CF		1,700*	1,700	1,700	1,700	
③現価係数		0.9470**	0.8968	0.8492	0.8042	
④正味CFの現在価値	△5,000	1,610	1,525	1,444	1,367	946

この結果，本投資案の正味現在価値はプラスの値を取るので，この投資案は採用に値すると考える。

＊毎年の正味CFの計算

売上高－現金支出費用－利益にかかる法人税
　＝6,000万円－4,000万円－300万円＝1,700万円

＊＊加重平均資本コストの計算

有利子負債の構成比率×有利子負債の資本コスト
　　＋自己資本の構成比率×自己資本の資本コスト
　＝1/(1+1.5) ×2％＋1.5/(1+1.5)×8％＝5.6％

1年目の現価係数：1÷1.056＝0.9470

第4節◆その他の設備投資の経済性計算

1　設備投資の経済性計算の手法

設備投資の経済性計算として，回収期間法と正味現在価値法の説明を行ってきた。この2つの手法のみに限定したのは，回収期間法がわが国でもっとも利

用されているという理由と，正味現在価値法が財務会計（減損処理）と結びついてますます重要になってきているという理由からである。

しかし，設備投資の経済性計算には，それ以外にもいくつかの方法があるので，**図表7-9**で概観しておく。

[図表7-9] 設備投資の経済性計算の手法

キャッシュ・フローを利用		会計上の利益を利用
割引計算なし	割引計算あり	
単純回収期間法	割引回収期間法	投資利益率法
	正味現在価値法	
	内部利益率法	

まず，経済性計算にキャッシュ・フローを利用する場合と会計上の利益を使用する場合に大別することができる。一般的には，設備投資の経済性計算ではキャッシュ・フローを使用するが，わかりやすいあるいは使用するのに慣れているということで，会計的な利益をそのまま使用することもある。

次に，キャッシュ・フローを使用する場合にも，将来のキャッシュ・フローを現在価値に割引く計算をするものとしないものがある。割引計算をしない方法として回収期間法があるが，回収期間法は将来のキャッシュ・フローを現在価値に割引いた形でも利用でき，これを**割引回収期間法**という。さらに，正味現在価値法の他にも，**内部利益率法**がある。

ただし，本書は管理会計の基礎を学ぶものであるので，回収期間法と正味現在価値法に限定して説明した。

2　投資利益率法

投資利益率法は，会計上の利益と投資額を比較して，いわゆる投資利益率（ROI）を計算し，一定基準以上の投資利益率であれば，その投資案に対して投資を行うという意思決定方法である。

この方法によれば，キャッシュ・フローという概念ではなく，経営者が計算に慣れており，理解しやすい投資利益率によって判断を下すことができるため，

実務でも使用されるケースがみられる。ただし、この方法は、割引計算を行わないため、多年度にわたって設備を使用する場合に生ずる資本コストの概念をまったく含んでおらず、適切であるとは言えない。また、投資利益率法は、会計的利益、すなわち収益からすべての費用を控除した利益の利益率を計算する。しかし、利益は減価償却費を控除した後の金額になっているので、投資から得た純粋なリターンとなってはいない。

また、近年では、財務会計において減損会計が導入されており、財務会計上も将来キャッシュ・フローの現在価値を計算することが求められる場合がある[5]。このため、企業は設備投資の段階から将来キャッシュ・フローの予測および正味現在価値を算定し、そのデータが実現しているかどうかなどの検証を行いながら経営を行うことが不可欠なのである。

《参考文献》
・小林啓孝（2017）「投資プロジェクトの経済計算」小林啓孝・伊藤嘉博・清水孝・長谷川惠一（2017）『スタンダード管理会計　第2版』第8章所収、東洋経済新報社。
・西澤脩（1996）『経営管理会計』中央経済社。

第7章　章末問題

第1問　設備投資の経済性計算では、資本コストを考慮に入れることが必要である。資本コストとは何かを明らかにしたうえで、なぜ設備投資の経済性計算について資本コストを考慮しなければならないのか説明しなさい。

第2問　A社は現在新製品を生産するための新設備への投資を考えている。新設備への投資額は30,000千円、新設備が生産する製品の毎年の売上高は20,000千円であり、稼働のために必要な現金支出原価は8,000千円であると予想されている。経済的に稼働する期間は3年、減価償却費は残存価額0で計算している。3年後の設備の市場価額は0である。法人税の実効税率は40％とする。

5　「固定資産の減損に係る会計基準」によれば、減損の兆候がある場合に減損損失の認識の判定を行い、その後、減損損失の測定を行うことになっている。この時、帳簿価額を回収可能価額まで減額する。回収可能額は、資産の正味売却価額と使用価値のいずれか高い方をいうが、ここでいう「使用価値」は資産が利用・売却されることによって生ずる将来キャッシュ・フローの現在価値のこととなる。

第7章 設備投資を行うべきか行わざるべきか：設備投資の経済性計算　171

問1　以上の条件に基づき，この企業の毎年の正味キャッシュ・フローを計算しなさい。

問2　単純回収期間は何年か。小数第3位を四捨五入して計算しなさい。

第3問　第2問におけるA社の貸借対照表を確認したところ，以下のような状況がわかった。

　　　無利子負債：20,000千円，長期借入金：40,000千円，自己資本40,000千円
　　　長期借入金の利子率：2％（税引き前），自己資本の資本コスト5％

　　以上の条件に基づき，A社の加重平均資本コストはいくらか。法人税の実効税率は40％である。

第4問　第2問と第3問の条件に基づき，A社が考えている設備投資の正味現在価値はいくらになるか。最終回答段階で千円未満を四捨五入して計算しなさい。

第8章

活動に焦点を当てた原価計算と原価管理
： ABC と ABM

第1節◆ABC の基礎概念

1 ABC 提唱の背景：伝統的な原価計算の問題点

　活動基準原価計算（Activity-based Costing：ABC）は製造間接費の配賦に関する一技法である。ABC は伝統的な部門別個別原価計算がもつ製造間接費の配賦の問題点を克服するべく，1988年に米国の会計学者 Cooper と Kaplan によって提唱された。

　部門別個別原価計算では製造部門と補助部門という資源が消費された場所別に原価を集計し，補助部門費を製造部門に配賦した後に，製造部門費を原価計算対象に操業度を基準として配賦する。伝統的原価計算における配賦の考え方は，製造活動で消費される資源は，製造部門の操業度に比例して発生するという前提のもとに成り立っている。ところが，実際の製造活動では製造部門の操業度とは関連性が低い資源の消費も少なくない。たとえば，製品の設計を担当する部門の活動は製造部門との直接的な関わりを見出すことができない。部門別個別原価計算に基づけば，設計部門で発生した資源の消費も製造部門を経由して原価計算対象に集計されなければならないことになる。

　さらに製造ロット数との関連でいえば，部門別個別原価計算を用いると製品を生産するために必要な操業度1単位当たりの製造間接費はすべての製品に対して同一となる。多品種少量生産の製品の中には手間暇がかかるにもかかわら

ず小ロットでの生産を行っているため，操業度だけでは資源の消費を正確に捉えることが難しいものもある。つまり，部門別個別原価計算は，少品種大量生産時にはさほど原価への影響も大きくないが，多品種少量生産時には大きく原価を歪める可能性がある。このような原価の歪みを抑制するために，活動を基準として製品に原価を割り当てるというのがABCの基本的な考え方である。

製造間接費の配賦を操業度基準の場合と活動基準の場合とに区別して考えてみよう。

例題8-1 製品Xと製品Yを生産し，段取コストが10,000円発生しているとする。単純化するために，製品Xと製品Yはいずれも1個生産するのに必要な作業時間が同一（作業能率が同一）とする。製品Xは100個を1,000時間，製品Yは300個を3,000時間で製造している。なお，製品Xは1ロット10個，製品Yは1ロット30個で生産しており，段取活動は各製品1ロットにつき1回行っているものとする。操業度基準および活動基準で段取りに関する原価を製品Xと製品Yに配賦してみよう。

【解答】
操業度（作業時間）を基準に段取コストを配賦すると，配賦率2.5円/時間（＝10,000円÷4,000時間）に各製品の配賦基準数値（各作業時間）を乗じればよい。結果として，製品Xは2,500円，製品Yは7,500円の配賦となる。それに対して，活動（段取回数）を基準に段取コストを配賦すると，配賦率500円/回（＝10,000円÷20回）に各製品の配賦基準数値（各段取回数）を乗じる。その結果，製品Xと製品Yはともに5,000円となる（図表8-1を参照）。

操業度基準と活動基準の相違点は，操業度を基準に配賦すると作業時間が多く必要な製品により多額の原価を集計してしまうのに対して，活動を基準に配賦することで資源の消費と配賦をより直接的に関連づける，すなわち，生産の実態により近い形で原価を集計することが可能となるのである。例題8-1では，段取コストは段取りを行うたびに発生すると考えることが合理的である。よって，作業時間という操業度を基準とするよりも段取回数という活動を基準とすることで，個々の製品が消費した資源を適切に計算することが可能となるのである。

[図表8-1] 操業度基準と活動基準による製造間接費の配賦

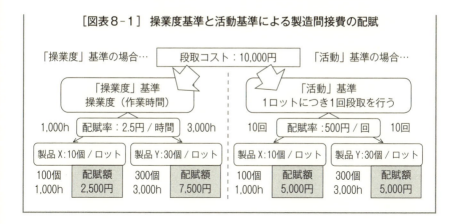

2 ABCの基本的な考え方

　以上，伝統的な配賦基準である部門別個別原価計算の限界とそれに対するABCの優位性について概観した。つづいて，ABCの基本的な考え方をみていこう。部門別個別原価計算とABCにおける製造間接費の配賦フローを比較したものが**図表8-2**である。部門別個別原価計算（補助部門費の配賦は階梯式配賦法による）では，原価を製品に配賦する単位は部門であった。ABCでは，原価は資源の消費（犠牲）であり，製品が活動を通して資源を消費すると考える。すなわち，資源の消費と製品を「活動」がつなぐ構図となる。

　両者の違う点は，部門別個別原価計算では部門とされていたものが，ABCでは細分化されて活動になっている点，部門別個別原価計算で補助部門から製造部門への配賦（直接配賦法，階梯式配賦法，相互配賦法など）が行われていたのに対しABCでは活動間の配賦はなく活動から直接に製品に配賦される点がある。このように，製品の原価と資源の消費とを活動を媒介にして論理的に結びつけるのである。

[図表8-2] 部門別個別原価計算とABCの製造間接費の配賦フロー比較

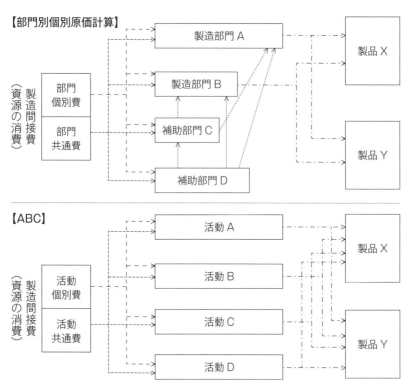

3 ABMの意義

ABCが実際の活動に基づいた製造間接費の配賦に主眼があったのに対し，**活動基準管理**（Activity-based Management:ABM）は活動間の価値連鎖の管理（業務プロセスの改善）にフォーカスしている。**図表8-3**は，ABCとABMの対応関係を示している（Raffish and Turney,1991）。

ABCは資源を活動を媒介として原価計算対象に割り当てるという原価の流れを写像することを主目的としているため，**図表8-3**でも縦に「資源⟹活動⟹原価計算対象」という関係が示されている。それに対して，ABMは図

[図表8-3] ABCとABMの関係

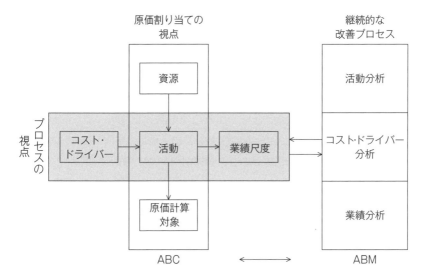

[出所] Raffish and Turney, 1991, p54.

表上で示されている縦の関係と横の関係の有機的連携を理解することが重要である。

まず，活動分析を行うことで，どの活動が顧客に対して付加価値を生んでいるのか否かを判断し，とくに非付加価値活動に関してはかかる活動のコスト・ドライバーを分析して問題の所在を特定する（右側にある縦の関係）。コスト・ドライバーは原価作用因を意味し，コスト・ドライバー分析はなぜその活動が生じているのかと読み替えると理解しやすい。活動分析とコスト・ドライバー分析をワンセットで行うことで，どの活動が価値を生んでいるのか（いないのか），そしてその活動はなぜ生じているのか，より具体的かつ詳細な原因分析が可能となるのである（横の視点）。個別の活動のみで分析を行うのではなく，個々の活動のつながりが，まさに価値連鎖となっていることを意識すべきである。業務プロセスの改善は部分的な視点ではなく，まさに全体的な視点で行われなければならないのである。

ABCによって正確な原価情報が入手可能になったとしても，その原価情報が業務改善，ひいては利益向上に寄与しなければ経営管理に有用な情報とはいえない。ABCは製造間接費配賦の一技法に過ぎず，それだけで付加価値活動あるいは非付加価値活動を発見できるわけではない。それに対してABMはまさに利益の向上は顧客への付加価値提供から生まれると捉え，付加価値を生む活動とそうでない活動とを峻別し，無駄な活動の排除と業務プロセス全体の改善を志向し，最終的に原価の低減を図るのである。したがって，ABCによって正確な原価情報を提供し，その情報をもとにABMで業務プロセスの改善が実施されるという関係で理解することが適切である。なお，ABMに関するより詳細な説明は第4節で改めて述べる。

第2節◆ABCの計算方法

1　ABCの2段階計算プロセス

前述したように，ABCの計算の基本は活動を媒介にして製造間接費を原価計算対象に配賦することである。計算の概略からみてみよう。図表8-4で示したように，製造間接費（間接材料費，間接労務費，間接経費）は最終的に原価計算対象である製品X，Y，Zに割り当てられていく。配賦は大きく2段階に分けて行う（図表8-4内の①と②）。

2　ABCの第1段階

第1段階では，製造間接費を各活動に個別に関連づけることができる場合は活動個別費として各活動に直課し，いずれの活動にも関連づけることができない場合は活動共通費として各活動に配賦する[1]。活動個別費と活動共通費という区分は，部門別個別原価計算の部門個別費と部門共通費という区分と同様の考え方とみてよい。むろん，部門の作業を構成する要素として活動が存在するため，活動の数は部門の数に比べて圧倒的に多数となる。活動共通費の配賦で

1　活動は原価を集計する第1の単位であるため，コストプールと呼ばれることもある。

[図表8-4] ABCの計算構造

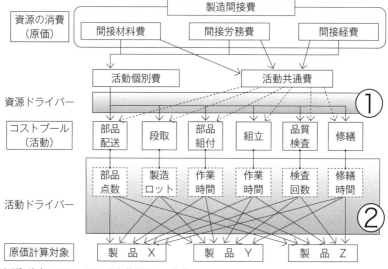

[出所] 清水, 2011, p.176一部加筆修正して作成。

用いられる配賦基準を**資源ドライバー**という。

3 ABCの第2段階

　第2段階では，各活動に集計された費用を原価計算対象に配賦する。ここで用いられる配賦基準はコスト・ドライバーと呼ばれるが，活動から原価計算対象に配賦されることから**活動ドライバー**とも称される。

　以上みてきたように，ABCでは製造間接費の配賦を2段階によって行う。簡略化して示せば，①資源⇒活動，②活動⇒原価計算対象という手続きを踏むことになる。

　ところで，ABCによって計算される原価割当を適切に写像するという点は，計算構造だけでなく活動の定義そのものからも影響を受ける。活動を定義するにあたり，企業は自社の活動を分析する必要がある。ただし，活動をどの程度細分化すべきかについて最適解は存在しない。活動を細分化すればするほど良

いということではなく，活動を細分化すればするほど，それだけ測定や管理に労力やコストが生じる。また，いったん活動を定義づけても，その後の生産プロセスの変更があれば，活動の定義をその都度改訂するという手間も考慮しなければならない。この点はABCの普及を阻む要因ともいえ，本章の最後に改めて論じる。

4 ABCにおける活動の分類と活動原価

活動はその性質によってレベル分けすることができる。主に4つの区分で示される。

① 製品単位レベルの活動
② バッチレベルの活動
③ 製品支援レベルの活動
④ 工場支援レベルの活動

それぞれの活動に割り当てられた原価が製品単位レベルの原価，バッチレベルの原価，製品支援レベルの原価，そして工場支援レベルの原価となる。

①**製品単位レベルの原価**とは，製品1単位を生産するのに必要な活動によって生じる資源の消費を指す。部品組付けや組立が該当する。②**バッチレベルの原価**とは，個々の製品ではなく，一定数量（ロットあるいはバッチ）の製品を生産するのに必要な活動によって生じる資源の消費を意味する。一例をあげれば，段取活動が該当する。③**製品支援レベルの原価**とは，各製品をサポートするのに必要な活動によって生じる資源の消費を意味する。たとえば製作や試作があげられる。最後に④**工場支援レベルの原価**とは，特定の製品との関わりを見出すことは困難であるが，工場の生産活動を維持するには必要な活動から発生する資源の消費である。例として，工場における一般管理活動があげられる。

5 コスト・ドライバー

上記の①～③の原価のコスト・ドライバーは，製品と活動との関わり（どの製品に対してどういった活動が資源を消費させたのか）に基づき，何らかの合理的な根拠を見出すことが比較的可能である。それに対して，④工場支援レベル

の原価のコスト・ドライバーは合理的な根拠に基づく推定が困難である。その場合は各製品の売上高や生産数量をコスト・ドライバーとする措置を取らざるを得ない。製造間接費配賦の精緻化という観点では，ABC は従来の部門別個別原価計算よりも優れているが，この点については限界といわざるをえない。

最後に，コスト・ドライバーの中でも**活動ドライバー**にはいくつかのタイプがある。業務処理ドライバー（transaction driver：原価計算対象に対してなされた活動の回数），時間ドライバー（duration driver：原価計算対象に対してなされた活動の時間）およびインテンシティ・ドライバー（intensity driver：ある活動による資源の消費を原価計算対象に配賦ではなく直課する）がある（Kaplan and Cooper,1998）。

3種類の活動ドライバーについては，業務処理ドライバー，時間ドライバー，インテンシティ・ドライバーの順を追って，原価写像の適切性は高くなる。最後のインテンシティ・ドライバーは現実的に適用が困難であるとしても，他の2つのドライバーは実用的であるが，中でも時間ドライバーは理論的根拠もあり，すべての活動ドライバーを時間ドライバーで測定するという発想も生じた。これが**時間主導型活動基準原価計算（Time-Driven Activity Based Costing：TDABC）**である（Kaplan and Anderson,2003,2004,2007）。TDABC はまさに時間ドライバーという単一のドライバーを用いて ABC の計算手続を変容させようとする試みである。TDABC が提唱された理由は他にもあるが，ABC を理解したうえでさらに発展的に学習したい場合は TDABC をみることも推奨する[2]。

---

2 庵谷（2015）では TDABC に関する国内外の研究動向が整理されているだけでなく，ABC と TDABC の比較考察も詳細になされているので，関心のある方は参照されたい。

第3節 ◆ ABC の計算例：実際配賦

1　部門別個別原価計算の事例

ABC の計算方法を理解するために，例題を用いて一連の手続きを学習していく。ABC が部門別個別原価計算の限界を克服するべく台頭したことはすでに述べたとおりであるが，ABC と部門別個別原価計算との相違を理解するために双方の計算方法と結果を対比する形で示していく。

> **例題8-2**　S工場では，量産品である製品Xと特注品である製品Yを組立・加工している。当月の生産量は製品Xが10,000個であり，製品Yは1,000個である。当工場では製造部門として組立部門および加工部門があり，補助部門として部品配送部門，動力部門，修繕部門，試作部門および事務部門がある。なお，組立部門および加工部門では各製品の生産にあたり段取作業を行っている。
> 　部門別個別原価計算は，伝統的部門別原価計算の手続きによって，製造間接費を第1次集計（部門への直課と配賦），第2次集計（補助部門から製造部門へ配賦），第3次集計（製造部門から製品へ配賦）という手続きによって最終的に製品へ負担させていく。なお，第2次集計では直接配賦法を用いる。
>
> [資料]
> ① 製造間接費の情報
> (単位：円)
>
> | | 組立 | 加工 | 部品配送 | 動力 | 修繕 | 試作 | 事務 |
> |---|---|---|---|---|---|---|---|
> | 部門個別費 | 606,700 | 276,400 | 100,000 | 85,000 | 64,000 | 46,900 | 25,000 |
> | 部門共通費 | 工場建物の減価償却費および保険料：420,000　　福利厚生費：350,000 ||||||||
>
> ② 部門共通費の各部門への配賦基準
>
> | | 組立 | 加工 | 部品配送 | 動力 | 修繕 | 試作 | 事務 |
> |---|---|---|---|---|---|---|---|
> | 専有面積 | 1,400㎡ | 850㎡ | 500㎡ | 100㎡ | 60㎡ | 40㎡ | 50㎡ |
> | 人員数 | 30人 | 25人 | 15人 | 10人 | 8人 | 7人 | 5人 |

③ 補助部門の用益提供量

	組立	加工
部品配送点数	18,000個	7,000個
消費電力	4,000kwh	16,000kwh
修繕時間	600時間	200時間

試作部門費と事務部門費は人員数で製造部門へ配賦する。

④ 製造部門の作業時間

組立部門および加工部門では直接工が作業を行っている。そのため、量産品の製品Xおよび特注品の製品Yへの製造間接費配賦基準は直接作業時間を用いる。各製造部門における製品別の直接作業時間は下記のとおりである。

	組立	加工
製品X（量産品）	22,500時間	18,000時間
製品Y（特注品）	7,000時間	2,000時間

【解答】

第1次集計および第2次集計をまとめると、製造間接費配賦表は**図表8-5**のようになる。

[図表8-5] 部門別計算の結果

	組立	加工	部品配送	動力	修繕	試作	事務
部門個別費	606,700	276,400	100,000	85,000	64,000	46,900	25,000
部門共通費							
減価償却費・保険料	196,000	119,000	70,000	14,000	8,400	5,600	7,000
福利厚生費	105,000	87,500	52,500	35,000	28,000	24,500	17,500
補助部門費合計			222,500	134,000	100,400	77,000	49,500
部品配送	160,200	62,300					
動力	26,800	107,200					
修繕	75,300	25,100					
試作	42,000	35,000					
事務	27,000	22,500					
製造部門費合計	1,239,000	735,000					

各製品への製造間接費の配賦（第3次集計）を行うために，まずは部門ごとに直接作業時間に基づき配賦率を計算する。

・組立部門　　1,239,000円÷29,500時間＝42円／時間
・加工部門　　735,000円÷20,000時間＝36.75円／時間
　つづいて，各製品への配賦を計算する。
【製品X（量産品）】
　　42円／時間×22,500時間＝945,000円
　　36.75円／時間×18,000時間＝661,500円
　　（945,000円＋661,500円）÷10,000個＝160.65円／個……単位原価
【製品Y（特注品）】
　　42円／時間×7,000時間＝294,000円
　　36.75円／時間×2,000時間＝73,500円
　　（294,000円＋73,500円）÷1,000個＝367.5円／個……単位原価

　ここで，第3次集計で用いられた配賦基準が操業度基準であることの意味を今一度確認したい。製品Xと製品Yはいずれも直接作業時間を配賦基準として用い，かつ1時間当たりの配賦率はどちらの製品ともに同一（42円／時間および35円／時間）である。これは製品Xが量産品，製品Yが特注品という異なる製造形態を要するにもかかわらず，1時間当たりの配賦率が同一であるためどちらの作業も同質的とみなしていることを意味している。これは，部門別個別原価計算では，製品への製造間接費の配賦が製造部門の操業度を配賦基準としていることに由来する。すなわち，製造間接費の配賦額は操業度の大きさに依存することになり，果たして製造の実態を正確に表しているのか疑問が生じるのである。特注品のような少量生産品にはより「手間」がかかっており，そのような「手間」を正確に把握するために作業を細かく活動レベルで認識し，正確なコスト・ドライバー（原価作用因）でもって製造間接費を配賦するABCの必要性が指摘できる。では，つづいてABCを用いた場合の計算結果をみていこう。

2 ABCの事例

例題8-3 S工場のデータに基づき、組立部門の活動を段取活動と組立活動、加工部門の活動を段取活動と加工活動に識別する。よって、活動の区分は組立、組立段取、加工、加工段取、部品配送、動力、修繕、試作、事務の9つとなる。

[資料]

① 製造間接費の情報 (単位:円)

	組立	組立段取	加工	加工段取	部品配送	動力	修繕	試作	事務
活動個別費	597,000	9,700	266,300	10,100	100,000	85,000	64,000	46,900	25,000
活動共通費	工場建物の減価償却費および保険料:420,000					福利厚生費:350,000			

② 活動共通費の各活動への配賦基準

	組立	加工	部品配送	動力	修繕	試作	事務
専有面積	1,400㎡	850㎡	500㎡	100㎡	60㎡	40㎡	50㎡
人員数	30人	25人	15人	10人	8人	7人	5人

組立段取への配賦額は組立活動にいったん配賦した金額の20%、加工段取への配賦額も同様に加工活動にいったん配賦した金額の20%をそれぞれ割り当てることとする。

③ 活動ドライバー

活動ドライバー	製品X(量産品)	製品Y(特注品)
組立時間	22,500時間	7,000時間
段取回数	8回	4回
加工時間	18,000時間	2,000時間
段取回数	2回	6回
部品配送点数	18,000個	7,000個
消費電力	4,000kwh	16,000kwh
修繕時間	600時間	200時間
試作時間	300時間	400時間
生産数量	10,000個	1,000個

【解答】
(1) 活動個別費と活動共通費

(単位：円)

	組立	組立段取	加工	加工段取	部品配送	動力	修繕	試作	事務
活動個別費	597,000	9,700	266,300	10,100	100,000	85,000	64,000	46,900	25,000
活動共通費									
減価償却費および保険料	196,000		119,000		70,000	14,000	8,400	5,600	7,000
福利厚生費	105,000		87,500		52,500	35,000	28,000	24,500	17,500
活動共通費合計	240,800	60,200	165,200	41,300	122,500	49,000	36,400	30,100	24,500
活動原価	837,800	69,900	431,500	51,400	222,500	134,000	100,400	77,000	49,500

(2) 活動ドライバー・レート

	活動原価	活動ドライバー	活動ドライバー総数	活動ドライバー・レート
組　立	837,800円	組立時間	29,500時間	837,800円÷29,500時間＝28.4円／時間
組立段取	69,900円	段取回数	12回	69,900円÷12回＝5,825円／回
加　工	431,500円	加工時間	20,000時間	431,500円÷20,000時間＝21.575円／時間
加工段取	51,400円	段取回数	8回	51,400円÷8回＝6,425円／回
部品配送	222,500円	部品配送点数	25,000個	222,500円÷25,000個＝8.9円／個
動　力	134,000円	消費電力	20,000kwh	134,000円÷20,000kwh＝6.7円／kwh
修　繕	100,400円	修繕時間	800時間	100,400円÷800時間＝125.5円／時間
試　作	77,000円	試作時間	700時間	77,000円÷700時間＝110円／時間
事　務	49,500円	生産数量	11,000個	49,500円÷11,000個＝4.5円／個

　活動ドライバーのタイプ別にいえば，段取，部品配送，動力および事務が業務処理ドライバーに該当し，組立，加工，修繕および試作が時間ドライバーに相当する。

(3) 製品への活動原価の配賦

	活動ドライバー・レート	製品Ｘ(量産品)	製品Ｙ(特注品)
組　立	@28.4円／時間	@28.4円／時間×22,500時間＝639,000円	@28.4円／時間×7,000時間＝198,800円
組立段取	@5,825円／回	@5,825円／回×8回＝46,600円	@5,825円／回×4回＝23,300円

第8章 活動に焦点を当てた原価計算と原価管理：ABCとABM

加　　工	@21.575円／時間	@21.575円／時間×18,000時間＝388,350円	@21.575円／時間×2,000時間＝43,150円
加工段取	@6,425円／回	@6,425円／回×2回＝12,850円	@6,425円／回×6回＝38,550円
部品配送	@8.9円／個	@8.9円／個×18,000個＝160,200円	@8.9円／個×7,000個＝62,300円
動　　力	@6.7円／kwh	@6.7円／kwh×4,000kwh＝26,800円	@6.7円／kwh×16,000kwh＝107,200円
修　　繕	@125.5円／時間	@125.5円／時間×600時間＝75,300円	@125.5円／時間×200時間＝25,100円
試　　作	@110円／時間	@110円／時間×300時間＝33,000円	@110円／時間×400時間＝44,000円
事　　務	@4.5円／個	@4.5円／個×10,000個＝45,000円	@4.5円／個×1,000個＝4,500円
合　　計		1,427,100円	546,900円
単位原価		1,427,100円÷10,000個＝@142.71円／個	546,900円÷1,000個＝@546.9円／個

　以上，ABCの計算手続きとその結果をみてきた。ここで，部門別個別原価計算の結果とABCの結果を比較検討してみよう。双方の単位原価を比較したものが**図表8-6**である。

[図表8-6] 計算別にみる単位原価

	製品X（量産品）10,000個	製品Y（特注品）1,000個
部門別個別原価計算	@160.65円／個	@367.5円／個
ABC	@142.71円／個	@546.9円／個

3　ABCの利点と問題点

　ABCを用いると，量産品である製品Xの単位原価は減少し，特注品である製品Yの単位原価は上昇していることが一目瞭然である（**図表8-6**）。先に述べたように，製品Yは特注品という性質上，作業には「手間」がかかっており，少量生産ではあるがそれだけ資源を消費している。ABCでは資源の消費を活動ドライバーによって可視化することで，正確な原価を測定しようと試みている。部門別個別原価計算が製品への配賦を操業度という単一のドライバーで行っていたのに対し，ABCは製品への配賦を複数の配賦基準（活動ドライバ

一）を用いている。この相違が計算結果に如実に表れたのである。とりわけ組立段取や加工段取の活動では，製品Yにより多くの製造間接費を負担させていることがわかる。

このようにABCは資源の消費を活動という視点から正確に捉えようとしている点で，従来の製造間接費配賦手法よりも優れているのである。たとえば，製品価格戦略にABCで測定した原価を用いて収益性分析を行うことによって，これまでの価格設定が妥当なのかどうかを再検討することができる。

また，原価計算対象を製品ではなく，顧客に設定することで顧客別収益性分析を実施することも可能である。ABCの適用事例では非製造業（たとえば，銀行など）における顧客別収益性分析が多くみられる[3]。**顧客別収益性分析**とは，各顧客が自社の資源をどの程度消費しているのかを捉えることではあるが，換言すれば，どの顧客にどれほど手間がかかっているのかを可視化することでもある。たとえ売上が高くとも，物流費や販売費などが多額に発生していれば当然のことながら収益性は低くなる。そのような顧客に対しては価格設定や提供しているサービス内容の見直しに着手することが重要である。もちろん，顧客との関係性という観点から全ての顧客に対して同様に見直すことは容易ではないが，ABCを用いることで少なくとも現状の収益性を把握し，今後の価格戦略に役立つ。

ただし，ABCにも限界がある。その最たるものが**コスト・オブ・コスティング**（原価を集計するためにかかるコスト）である。とくに，活動をどこまで細分化するかによって活動ドライバーは多岐にわたるため，それらの測定には多大な時間を要することになる。さらに，製造プロセスの変更が生じた場合，活動の定義も修正を余儀なくされる。ABCは少量生産にも適合する形で提案されたが，その一方で製品が多品種に上る企業では活動ドライバーの管理に多大な労力とコストが求められるのである。

さらに，活動を正確に測定できるかという問題もある。測定の正確性には製品ごとに活動の消費量を明確に特定できるかという問題も含まれている。活動

3　たとえば庵谷（2009）では国内外のサービス業へのABC適用事例ならびに適用可能性について多くの先行研究があることを紹介しており，参考にされたい。

を細分化すればするほど，活動ドライバー数が増加するため1つ1つのドライバーを正確に測定することが困難となる。もちろん，試作の活動に要した時間を製品別に特定するといった容易な例も少なくない。だが，このような活動は製品単位レベル，バッチレベル，製品支援レベルといった活動の一部に限られる。工場支援レベルの活動に関しては，製品別に活動ドライバーを正確に設定することは困難であることに変わりない。

4　未利用キャパシティの測定

　ABCの最大の目的は，資源の消費と原価計算対象（アウトプット）とを活動を媒介にして結びつけることで製品が消費した原価を適切に写像することであった。第2節の計算例でも確認したように，活動ドライバーを認識することによって，資源の消費を正確に捉える仕組みが計算構造に組み込まれている。

　前述のABCの計算例は実際原価をベースに展開されているが，ABCで実際原価を採用する場合に基づくと，2点の問題点を指摘することができる（Kaplan and Cooper,1998）。第1に実際コスト・ドライバー・レートは期末になるまでわからず原価計算の遅延が生じること，第2は，活動で消費される資源のキャパシティが期中にすべて利用されない場合にコスト・ドライバー・レートの正確性が損なわれることである。第1の問題は予定原価を採用することで解決を図ることができる。すなわち予定原価に基づくコスト・ドライバー・レートをあらかじめ設定し，製造間接費の配賦計算を行うのである。第2の問題も同様に予定原価に関連して考えることができるが，未利用キャパシティに関連した問題を以下で説明する。

　第2の問題は予定原価において何を基準操業度とするかという点にある。伝統的な製造間接費の配賦では，期待実際操業度（短期予定操業度）や正常操業度を基準操業度とすることが推奨されている。この方法には，実際操業度と基準操業度との差異（操業度差異）を最小にするという利点がある。それに対して，ABCでは実際的生産能力を基準操業度に採用することを推奨している[4]。

---

[4] ただし，KaplanとCooperはABCの中で期待実際操業度（短期予定操業度）や正常操業度を完全に否定しているわけではない。

たとえ予定原価を採用しても基準操業度に期待実際操業度（短期予定操業度）や正常操業度を用いると，**未利用キャパシティ**の原価が混入してしまうという問題点が残り，未利用キャパシティの管理に役立たないからである。

ただし，「未利用キャパシティ＝無駄」とみなすことは早計である。未利用キャパシティが非効率で無駄とみるか，あるいは一時的な需給バランスの崩れによる維持（保全）キャパシティとみるかは判断が分かれるところである。重要な点は ABC が未利用キャパシティの情報を可視化し，マネジャーは経年的な変化も踏まえながら除去もしくは維持（転用も含む）という意思決定を適時行っていくことである。

未利用キャパシティの原価は，利用可能な資源（投入資源）の原価から実際に利用した資源（利用資源）の原価を差し引くことで求められる。

投入資源の原価＝利用資源の原価＋未利用キャパシティの原価

未利用キャパシティを可視化するためには，基準操業度に実際的生産能力を採用し，それをベースにコスト・ドライバー・レートを採用することが望ましい。たとえば，ある工場では製品 A と B を生産しているが，修繕費が500,000円発生すると予想されている[5]。同工場では業務処理ドライバーとして修繕回数を採用しており，1か月に修繕可能な回数は25回（実際的生産能力）とする。実際的生産能力に基づいてコスト・ドライバー・レートを計算してみると，20,000円／回（＝500,000円÷25回）となる。当月の修繕予測は20回であり，製品 A に15回，製品 B に 5 回が予測されている。そして，実際の修繕活動は製品 A に12回，製品 B に 5 回であった。では予定原価と実際原価の双方の配賦計算について，実際的生産能力に基づくコスト・ドライバー・レートを用いてみていく。

5　Kaplan and Cooper（1998）では顧客注文処理を例に説明を展開しているが，本書ではその他の数値例と関連性をもたせるために工場内での活動の 1 つである修繕活動をあえて例としてあげている。

【予算】
　　製品A：20,000円／回×15回＝300,000円
　　製品B：20,000円／回× 5回＝100,000円
【実際原価】
　　製品A：20,000円／回×12回＝240,000円
　　製品B：20,000円／回× 5回＝100,000円

　未利用キャパシティの原価を算定すると，投入資源の原価500,000円から利用資源の原価（実際原価）340,000円を差し引き，160,000円となる。なお，Kaplan and Cooper（1998）では未利用キャパシティを下記のように展開している。

　　　　未利用キャパシティ＝未利用キャパシティ予算＋未実現のキャパシティ利用

　未利用キャパシティ予算とは予算数値を用いて未利用キャパシティを算出することである。具体的には，投入資源の原価500,000円から利用資源の予算原価400,000円を差し引いた100,000円が未利用キャパシティ予算額である。さらに，未実現のキャパシティ利用とは予算と実際原価との差異であり，20,000円／回に製品Aで未実現の修繕3回を乗じた60,000円となる。したがって，未利用キャパシティ160,000円は未利用キャパシティ予算100,000円と未実現のキャパシティ利用60,000円で構成されていることが理解できるだろう。

　実際的生産能力を基準操業度としてコスト・ドライバー・レートを設定すれば，未利用キャパシティを可視化することが可能となる。繰り返しになるが，未利用キャパシティを即座に無駄とみなすべきではない。マネジャーにとって重要なのは，未利用キャパシティが生じていることを理解した上で，注意深く策を練ることである。一時的な需給ギャップによる発生であれば，未利用キャパシティ相当額をどこに負担させるかも検討の余地がある。

　先の例でいえば，製品Aの修繕にのみキャパシティ利用の変動が認められた場合には，未利用キャパシティの全額を製品Aに負担させるという案にも一理ある。なぜなら未利用キャパシティは製品Aの需要減によって発生したものであるため，製品Bにも増加分を負担させてしまうことには問題がある

からである。

　また，未利用キャパシティ情報を後に説明するABMに展開していくことで，顧客への価値提供に寄与するためにキャパシティをどのように利用するのかという意思決定に役立てることができる。顧客への価値提供に関わる活動に転用することが可能となれば，利用キャパシティとして存続することになる。他方，効果的な転用を断念せざるを得ない場合は，キャパシティの除去も含めた議論をしていく必要がある。

第4節◆ABMの考え方

1　ABMの概念

　ABMの基礎的な考え方は第1節で述べたとおり，顧客への価値提供という観点から業務プロセスの改善を全社的な視点で実施することにある。すなわち，資源を消費する活動も，顧客への価値提供に資するものでなければならない。顧客への価値提供に寄与する活動は付加価値活動（価値付加的活動）であり，逆の活動は非付加価値活動（価値非付加的活動）である。重要となるのは，図表8-3でも示した活動分析，コスト・ドライバー分析および業績分析である。

　活動分析は，活動が顧客への価値提供に貢献しているか否かを判断することである。すなわち，各活動が付加価値活動か非付加価値活動なのかを見極めることである。製造活動を例にあげると，段取時間と加工時間（いわゆる，直接作業時間）に相当する活動は付加価値活動といえる。価値を付加する活動（加工）とそれを滞りなく行うための準備活動（段取）という位置づけである。一方，手待ち時間および間接作業時間は非付加価値活動である。製品の加工との直接的な関わりが低いからである。非付加価値活動は，作業工程を見直して排除することが原則として求められる。ただし，活動分析はあくまでも注意喚起情報である。非付加価値活動を排除することを含めてどのように対応するかは，コスト・ドライバー分析と業績分析の結果も踏まえる必要がある。

　コスト・ドライバー分析とは，非付加価値活動が存在している原因をコス

ト・ドライバーを通じて追及することである。活動分析によって非付加価値活動を発見しても，必ずしも排除できるわけではなく，なぜその活動があるのかを把握しなければ，有効な手を打つことができない。たとえば，手待ち時間を発見した場合，なぜ手待ち時間が生じているのか，作業工程や人員配置等を今一度見直すべきである。現場の作業慣行から必要悪とみなされている場合もあり，原因追及にはさらに踏み込んだ検討が必要といえる。

業績分析は，投入された資源を活動のコスト・ドライバーで除した値とベンチマーク情報とを比較分析することである。すなわち，活動あたりの資源消費額が他と比べて優位性があるのかどうか（効率的かどうか）を見比べ，業績評価を行うことである。また，業績分析の中で目標値を設定し，業務プロセスの改善が達成されたかどうかについて確認することも可能となる。

2 業務的ABMと戦略的ABM

ABMのタイプは2つに大別される（Kaplan and Cooper,1998）。具体的には業務的ABMと戦略的ABMである。**業務的ABM**は，あらかじめ決められている業務プロセスをいかに効率的に行うかに主眼がある。最小の資源（インプット）を投入して，成果を上げることを目指す。たとえば，TQM（総合的品質管理）やBPR（ビジネス・プロセス・リエンジニアリング）を用いて継続的あるいは非継続的な改善を図る。それに対して，**戦略的ABM**は，業務プロセスそのものを見直すことに着眼点がある。たとえば，製品設計・開発，プロダクト・ミックス，価格設定，顧客との関係性，サプライヤーとの関係性などの手法を組み合わせながら戦略の見直しに着手する。

業務的ABMと戦略的ABMは着想が全く異なっている。業務的ABMは現状の業務プロセスを所与とし，その中で効率性を向上させる。他方，戦略的ABMは業務プロセスを成り立たせる諸条件を根本から見直し，自社にとって収益性の高い（あるいは低い）製品や顧客を洗い出す。そして，収益性の高い顧客に対しては長期的な顧客関係性を見越しながら利益のさらなる増大を図り，収益性の低い顧客に対しては取引の見直しや終了も含めた損失を回避する行動がとられる。

《参考文献》

・Kaplan, R. and S. Anderson（2003）Time-Driven Activity-Based Costing, *Harvard Business School Working Paper*, #04-045, pp.1-18.
・Kaplan, R. and S. Anderson（2004）Time - Driven Activity - Based Costing, *Harvard Business Review*, Vol.82, No.1, pp.131-138.（スコフィールド素子訳（2005）「隠れた利益とコストを予測する時間主導型 ABC マネジメント」『Diamond ハーバード・ビジネス・レビュー』第30巻，第6号, pp.135-145）
・Kaplan, R. and S. Anderson（2007）*Time-Driven Activity-Based Costing*, Boston, MA: Harvard Business School Press.（前田貞芳・久保田敬一・海老原崇監訳（2009）『戦略的収益費用マネジメント―新時間主導型 ABC の有効利用―』マグロ―ヒル・エデュケーション）
・Kaplan, R. and R. Cooper（1998）*Cost & Effect: Using Integrated Cost Systems to Drive Profitability and Performance*, Boston, MA: Harvard Business School Press.（櫻井通晴訳（1998）『コスト戦略と業績管理の統合システム』ダイヤモンド社）
・Raffish, N. and P. Turney（1991）Glossary of Activity-Based Management, *Journal of Cost Management*, Vol.5, No.3, pp.53-63.
・庵谷治男（2009）「サービス業におけるコスト・マネジメントの限界と原価企画の適用可能性」『商学研究科紀要』（早稲田大学）No.68, pp.207-218。
・庵谷治男（2015）「TDABC 研究の体系化と方向性―国内研究および海外研究のレビューを中心に―」『メルコ管理会計研究』Vol.8, No.1, pp.17-36。
・清水孝（2011）『上級原価計算〔第3版〕』中央経済社。

第8章　章末問題

第1問　次の問に答えなさい。

問1　部門別個別原価計算の製造間接費の配賦における限界を述べなさい。

問2　活動基準原価計算（ABC）と部門別個別原価計算の違いについて説明しなさい。

問3　ABC と ABM の違いについて説明しなさい。

第2問　N工場では，製品 X，製品 Y，製品 Z の3種類を1つのラインで製造している。製造間接費は活動基準原価計算（ABC）を用いて配賦計算を行っている。下記の資料に基づいて製造間接費の配賦を行い，各製品の単位原価を求めなさい。なお，活動に集計された原価を製品に割り当てる際は，合理的な因果関係がある活動ドライバーを選択すること。

[資料]

① 製造間接費の情報
(単位：円)

	組立	塗装	配送	動力	修繕	試作	設計	段取
活動個別費	587,800	366,000	165,000	139,400	129,250	118,200	123,700	157,800
活動共通費	工場建物の減価償却費および保険料：692,500				福利厚生費：281,600			

② 活動共通費の各活動への配賦基準

	組立	塗装	配送	動力	修繕	試作	設計	段取
専有面積	800㎡	720㎡	580㎡	340㎡	160㎡	120㎡	30㎡	20㎡
人員数	36人	15人	10人	8人	5人	4人	4人	6人

③ 活動ドライバー

活動ドライバー	製品X	製品Y	製品Z
組立時間	5,000時間	3,500時間	2,000時間
塗装時間	650時間	400時間	300時間
部品配送点数	500個	600個	100個
消費電力	7,000kwh	8,500kwh	4,500kwh
修繕時間	300時間	200時間	150時間
試作時間	100時間	50時間	80時間
設計書枚数	8枚	5枚	5枚
段取回数	20回	10回	5回

④ 各製品の生産数量

	製品X	製品Y	製品Z
生産数量	400個	200個	100個

第9章

工場のコストを管理する

：原価管理

第1節◆原価管理の基礎概念

1　原価管理の意義

　製造業において，工場で発生する原価を管理することはきわめて重要である。消費者向け製品を生産する場合であっても，企業向け製品を生産する場合であっても，多くの企業は価格を決定する力を持っていない。また，新製品が量産開始された直後は，それなりに高い価格をつけることができたとしても，時間の経過とともにその新奇性は薄れていくし，競合製品も出てくるから，価格は次第に下落していく。

　このような状況の中で目標利益を達成するためには，売上高を維持あるいは増加させる努力はもちろん，工場においては製造原価を低減させていくことが求められる。このように，利益を獲得するために求められる製造原価の低減活動を原価管理という。

　原価管理とは何かという疑問に対して，適切な定義が存在する。1966年，当時の通産省が『コスト・マネジメント答申書』を出しているが，そこには，原価管理（コスト・マネジメント）は，「利益管理の一環として，企業の安定的発展に必要な原価引き下げの目標を明らかにするとともに，その実施のための計画を設定し，これが実現を図る一切の管理活動」と定義されている。50年以上も前のものではあるが，『コスト・マネジメント答申書』の定義は，今でもそ

の適切性を失ってはいないと考える。

　この定義にはいくつか特徴がある。第1に，原価管理は利益管理の一環として行われるという点である。言い換えれば，原価を削減することは，利益を生み出すために行われるということでもある。工場では日々原価削減あるいは原価低減活動が行われており，もともと厳しい目標が課せられている上に，さらに原価を低減するよう要求される。心理的にも物理的にも，現場の従業員にとって厳しい活動である。しかし，原価を削減することが利益の創出に直接つながるということを十分理解することで，単なる目標達成のための「やらされ感」を脱することが可能になる場合もある[1]。

　また，原価の削減だけを目的とすれば，品質や機能を落とすことで対応してしまうこともできる。しかし，原価管理が利益を増加させる活動であることを十分に理解していれば，こうした行動は生まれないはずである。いずれにしても，原価管理は単なる原価削減ではないということを，組織全体が認識していなければならない。

　第2に，原価管理には**原価計画**と**原価統制**が含まれているという点である（**図表9-1**）。コスト・マネジメント答申書では，まず，原価引き下げの目標を明らかにすることを求めており，その目標を達成するための計画を立て，計画を実施するために行う一切の管理活動を行うこととしている。

[図表9-1] 原価管理の体系

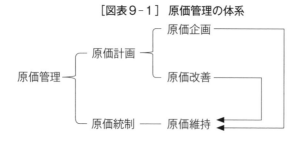

　古くは，原価管理は標準原価計算を用いた原価管理（標準原価管理）である，

1　実際，Cooper（1995）は，「原価を低減しろ」と言うよりも「利益を生み出そう」と言う方が（理由は明らかではないが）従業員のモチベーションがあがることを指摘している。

と考えられていたこともあったが，標準原価管理は，後に述べるように標準原価と実際原価を比較して，原価差異をフィードバック情報として循環させるものであって，原価統制に他ならない[2]。

2 原価企画・原価改善・原価維持

原価管理が原価計画と原価統制に分けられるとして，その具体的な活動となるのが，原価企画・原価改善・原価維持であり，その内容と関係性は**図表9-2**に示したとおりである。

[図表9-2] 原価企画・原価改善・原価維持の関係

	期　　間	内　　容
原価企画	長期（新製品開発期間）	新製品の原価を，目標利益の達成に向けて作りこむ。
原価改善	短期（主として1年）	既存製品の原価を，短期的に削減するよう計画する。特定製品の原価改善と，組織（部門あるいは工場全体）の原価改善がある。
原価維持	短期（1か月）	新製品の場合は原価企画を受け，原価企画で設定された目標原価を原価標準とし，これを超過しないよう実際原価と毎月比較する。 既存製品の場合は原価改善を受け，改善目標として設定された原価を原価標準とし，これを超過しないよう実際原価と毎月比較する。 このほか，前月の実際原価を超過しないよう原価標準が設定されることもある。

2　標準原価管理をもって狭義の原価管理ということもある。

(1) 原価企画

次節で詳しく述べるが、**原価企画**は、新製品に関する原価管理である。新製品の開発中に、その価格と販売数量を予測し、中期経営計画などで目標となっている利益を実現するために目標原価を決定することをいい、中期的な原価目標の設定から始まり、量産開始前に、目標原価をどのように実現するかを考察するものである。

(2) 原価改善

新製品の開発時ではなく、既存製品の生産に関して行われる原価管理が**原価改善**である。原価改善にはさまざまな種類がある。たとえば、原価企画で設定された目標原価が量産段階では実現できていない場合がある。この場合、目標利益を達成するためには、量産開始後に一定額の原価を低減しなければならない。このために改善目標が設定され、それを実現するための施策が考えられる。また、原価企画で設定されている目標原価が実現できているとしても、企業は継続的に原価を低減することを試みる。なぜなら、一般的には製品の価格は競合他社の追随、需要の減少などから、量産開始直後から少しずつ下がっていくからである。そのような環境の中で利益目標を獲得するには、常に原価を削減していくことが必要となる。なお、こうした継続的な原価改善はとくに、**継続的原価改善**と呼ばれることもあり、わが国企業の得意とする分野でもある。

原価改善には、製品そのものの原価を低減しようとする活動と、組織（工場全体や部門など）を対象とした原価低減活動の2つがある。製品そのものの原価低減活動は、生産工程などの組織にかかわるものもあるが、通常、直接費の削減を目指すことが多く、他方、組織を対象とした原価低減活動は、間接費の削減を目指す場合が多い。

(3) 原価維持

原価維持は、標準原価管理を指している。原価企画や原価改善で設定された原価目標や原価引き下げの目標は、量産段階で実現されなければならない。このために**原価標準**が設定される。原価標準に実際生産量を乗じると、（期間）

標準原価を計算することができるが，これと実際原価を比較することで，原価目標が達成できているかどうか，あるいは原価引き下げ目標を達成できたかどうかを知ることができる。もちろん，原価標準を達成するためには，具体的な施策，すなわち，どのように製品を生産するかのレシピが必要である。すなわち，『原価計算基準』四（一）2が言うように，投入される財やサービスの数量が，「科学的・統計的調査に基づいて能率の尺度となるよう」に決定されていなければならない。そのためには，動作研究や工程調査などが行われて，どのようにすれば原価標準を達成できるかを示す必要がある。

（4） 原価企画・原価改善・原価維持の関係性

以上で説明したように，原価管理は量産開始前と開始後に大きく二分されて行われる。これらのタイムラインを示せば，**図表9-3**のようになる。製品の企画から開発，試作を経て量産が開始されるまでのプロセスで原価企画が行われる。量産開始時には，原価企画で設定されている目標原価がいったん原価標準とされ，標準原価計算が行われる。

[図表9-3] 原価企画・原価改善・原価維持のタイムライン

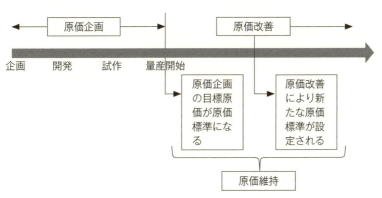

しかし，量産開始後に原価標準（＝目標原価）が達成できない場合には，それを達成すべく原価改善活動が行われる。原価標準が達成された後もさらなる原価改善活動が行われ，それによって新たな原価標準が設定される。原価維持

は，このように製造現場で原価標準を用いて計算した標準原価を実際原価が超過しないようにコントロールする仕組みである。いずれも，最終的な目標は実際原価を低減することである。

第2節◆原価企画

1 原価企画の意義と特徴

　原価企画とは，「原価発生の源流に遡って，VEなどの手法をとりまじえて，設計，開発さらには商品企画の段階で原価を作りこむ活動」（神戸大学管理会計研究会，1992，p.86）と定義されている。きわめて単純に示せば，原価企画の骨子は，新製品の市場での価格を予測し，中期経営計画などで要求される利益を価格から控除した残額の原価（目標原価＝販売価格－目標利益）で新製品を生産できるように開発するというものであり，新製品開発という活動と管理会計的思考が結びついた画期的な手法である。

　原価企画の第1の特徴は，伝統的原価管理とは一線を画した**戦略的な原価管理**であるということである。加登（1993）が指摘しているように，原価企画は単に原価を引き下げるということではなく，目標利益を得るために原価を計画する，あるいは作りこむという思考方法を導入することで，戦略的な視点を原価管理に取り込んだのである。

　原価企画の第2の特徴は，**機能横断的な開発チーム**にある。従来の開発チームは，バトンタッチ型と言われ，それぞれの機能が連続して行われており，企画チームの作業が終われば開発チームに引き継がれ，そこでの作業が終われば設計チームが設計（基本設計→詳細設計など）を行い，試作がなされるというように順番に開発作業が進んでいた。このようなプロセスにおいては，しばしば手戻りが起こる。つまり，詳細設計に落とし込んだ時に，基本設計の意図が実現できず，基本設計に差し戻しが起こるのである。こうした手戻りは，開発期間を長引かせて，その分コストが増加していく。

　しかし，原価企画のチームは，初めから**機能横断的**に集められた人々が1つのチームを組むことで，様々な観点から開発が進められる。これによって無駄

な手戻りがなくなり，迅速かつ効果的な開発が進む。この開発方法は，バトンタッチ型と比較して**ラグビー方式の開発**と呼ばれることもある。機能の異なるメンバーが1つの開発目標に向けて，同じチームとして活動することに由来する言葉である。これは，一見すると管理会計とは関連がないようにみえるが，実はよりよい製品の開発とともに原価削減の重要な部分を担っている[3]。

　第3の特徴は，企業外部の**サプライヤーとの連携**である。もともと原価企画はトヨタ自動車で1960年代に開発され，その後自動車・自動車部品産業，機械，電機産業などの組立型産業では幅広く使用されている。これらの産業は，いわゆる組立型産業に属しており，多くの部品をサプライヤーから購入し，組み立てて製品を生産する。このため，買入部品や原料などの価格をいかに低減していくかが大きな目標となるが，機能向上と価格低減の相反する目標を達成するためには，サプライヤーとの協働を欠かすことができない。社内の機能横断的なチームとともに，外部のサプライヤーとの連携も，原価を削減するために重要な役割を果たすのである。

2　原価企画のプロセス

　原価企画のプロセスは，**図表9-4**に示したようになる。出発点は中期経営計画で設定された目標利益であり，これを達成するような商品の企画が行われる。この時，当然に競争優位をどのように確保するのか，あるいは市場でいかなる評価が得られるのかを予測しなければならない。製品化が決まると，予定販売数量や開発に関する各種の投資などが決定され，これに基づいて**目標原価**が設定される。

　目標原価は，予測される売価から経営計画上の目標利益を達成できるように決定される。目標原価は，機能別，部品別に展開される。自動車であれば，駆動という機能，制動という機能などにまず原価が割りつけられ，次に制動ならばブレーキに関する種々の部品に原価が割りつけられていく。ここまでが終わ

---

[3] トヨタでは，開発チームのあり方も，プリウスの開発の前後で少し変化しているという。著者の調査によれば，プリウス以前は開発チームは開発作業の時にのみチームの会議に出て，平時は元の部署で仕事をしていたが，プリウス開発の際には，チーム専属となったという。

[図表9-4] 原価企画のプロセス

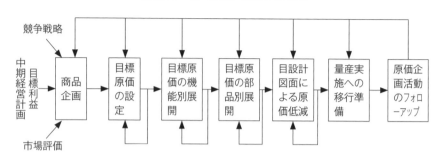

［出所］日本会計研究学会，1996，p.46に加筆修正。

ると，部品別原価は機能別に集約され，最終的には製品原価を算定して目標原価を達成できるかどうか，ひいては目標利益を達成できるかどうかを確認する。

3　目標原価の決定方法

　ここで問題となるのが，**目標原価の決定方法**である。目標原価の決定方法には2種類あると言われている。

　上述のとおり，原則として目標原価は予定販売価格から目標利益を控除して計算する**控除法**で決定されるべきである。しかし，新製品の原価について，現行製品を基準としつつ，新製品で加えられる性能を加味し，新しい生産設備によって削減できるコストなどを控除し，部品別・機能別に原価を積み上げていく**加算法**も知られている。

　現実には，控除法では目標原価は非常に厳しくなり，現実的な加算法による目標原価と乖離するのが普通である。そこで，多くの企業は両者を計算し，加算法で計算された目標原価をできるだけ控除法で計算された目標原価に近づけていく活動を，原価企画のプロセスを通じて実行していくことになる。

　図表9-5は，控除法による目標原価と加算法による目標原価を示している。加算法による目標原価は，部品別・機能別の原価を積み上げていることがわかるであろう。そして，両者の差額をできるだけ小さくすることが，原価企画プロセス中の最大の目標となる。

[図表9-5] 2つの原価目標

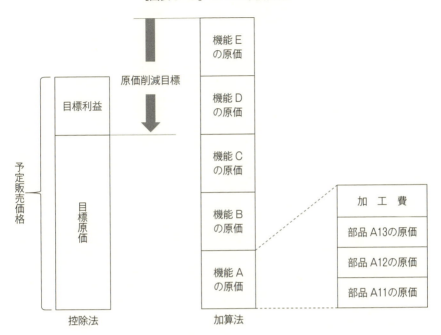

なお，こうした目標原価の設定および実現のプロセスの中で，VE（Value Engineering），**品質機能展開**（QFD），**コストテーブル**などのいくつか特徴的なツールが使用されている。

4　原価企画におけるサプライヤー関係

　原価企画は，多くの組立型企業で採用されているが，組立型企業は部品を大量に購入するため，サプライヤーとの良好な関係を構築することが求められる。部品価格を下げさせるよう要求するだけでは，長期にわたり良好な関係を結ぶことはできないからである。

　部品レベルで目標原価が設定されると，次にはサプライヤーの選定に入る。部品レベルの目標原価は，部品の価格に等しくなる場合が多いから，その達成に対してきわめて大きな影響を与える。この時，サプライヤーは**承認図サプラ**

イヤーと貸与図サプライヤーに分類される[4]。承認図サプライヤーは，要求されている部品について設計図を作成し，組立メーカーの承認を仰ぐ。組立メーカーはその設計図を確認して性能および原価について検討し，承認図サプライヤーはその設計図をもとに部品を生産する。設計図をサプライヤーに作成させるのは，組立メーカーがもともとその部品を生産する能力を持っていなかったり，持っていても特許などの関係で生産できない場合となる（浅沼，1984，p.254）。

他方，貸与図サプライヤーとの関係は，組立メーカーが自ら設計図を作成し，そのとおりにサプライヤーに生産させることになる。実際には，その中間にあるサプライヤー，すなわち，組立メーカーとサプライヤーが共同で開発を行う場合が多数ある（門田，1991，pp.145-146）。

組立メーカーは，サプライヤーとの関係をどのようにみているのだろうか。組立メーカーが交渉力にものを言わせて，サプライヤーから搾取しているという考え方もある（加登，1993，p.112）が，あまり厳しい要求がサプライヤーに対して続けられると，サプライヤーが組立メーカーから離れていくこともありうる。

サプライヤーと組立メーカーの共同開発については，**デザイン・イン**という言葉に表されるように，製品企画の初期の段階からサプライヤーが参加する場合もある。これによって，サプライヤーからの提案に不備があったり，要求と完全にマッチしない場合にサプライヤーに差し戻しをする時間を短縮することができる。自動車メーカーなどでは，サプライヤーが常駐することもあり，早い段階から開発に関与することによって，開発そのもののスピードを上げるとともに，組立メーカーの期待水準を達成するべく努力を払うことになる。これは，原価企画の大きな特徴でもある。

---

4 サプライヤーを承認図メーカーと貸与図メーカーという名で分類したのは浅沼（1984，p.254）である。ここでは，サプライヤーであることを強調するために，承認図サプライヤー，貸与図サプライヤーと言い換えることにする。

第3節◆原価改善

1　原価改善の意義と特徴

　すでに定義したように，新製品の開発時ではなく，既存製品の生産に関して行われる原価管理が**原価改善**である。原価改善には，新製品量産開始後の原価低減と経常的な原価低減があり，後者には製品別の原価低減と工場・部門の原価低減がある。以下でそれぞれについて述べてみよう。

　原価企画はきわめて有用な原価管理の方法であるが，しばしば量産開始時に目標原価が未達の状態にとどまることがある。このため，量産開始後に，目標原価に到達するように，さらには，量産開始時から目標原価到達時までに生じた不利差異を解消するために，目標原価からさらに原価低減を目指す活動を行う必要がある。これは，新製品量産開始後の原価低減である。

［図表9-6］　原価改善のタイムライン

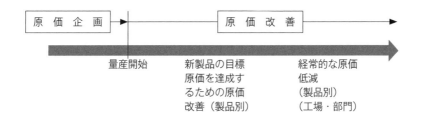

　新製品の原価が目標原価に達し，さらに目標原価に達するまでに生じた不利差異の総額をカバーできるだけの原価低減が行われたとしても，原価改善が終わるわけではない。一般的には，新製品は販売直後の価格が最も高く，その後は徐々に下落していく。このため，これに応じて原価も低減させていかなければ，計画どおりの利益を生むことができない。また，生産の継続によって習熟度が進むに従って，生産効率も高くなることが期待できるため，毎年原価低減目標が設定されて，基本的には対前年比で数％の原価が削減できるような取り

組みを行う。これが経常的な原価低減となる。

2　原価改善のプロセス

いうまでもないことではあるが，利益は収益（価格×数量）から費用（単位原価×数量）を控除して計算する。収益の大小は，製品市場に大きく依存する。とくに，価格は企業にとってはほぼ管理不能であるし，販売数量も予測できない場合が多い。これに対して，原価は管理可能である部分が多い。材料に関して言えば，材料価格は確かに材料市場によって決定されており，それに対して影響を与えることはできないが，大量購入をする，より安価な代替原料あるいは代替サプライヤーを探すといった努力で価格を下げることも不可能ではない。また，生産工程の改良による生産性の向上や仕損・減損の改善によって消費数量を減少させることもできる。消費数量の減少は作業量の減少につながり，労務費を削減することにもつながる。このように，製品別の原価改善は，直接費（直接材料費・直接労務費・直接経費）の削減につながるように実施される。

このような製品別の原価改善を行うためには，工程における作業を改善することが求められる。これを**工程管理**といい，具体的なポイントは，「①工程の簡素化，②作業者の労働時間構成の見直し，そして③動作の改善」があると考えられている（伊藤，2017，p.407）。

他方，製造間接費については，その多くが固定費であることから，作業能率の向上を手段として削減することは難しい場合が多い。固定費は，いわゆる**コミッテッド・コスト**（拘束固定費）と**マネジド・コスト**（管理可能固定費）に分類することができる。

コミッテッド・コストは，過去の意思決定によって発生が決定されている固定費であり，機械設備の減価償却費がその代表である。マネジド・コストは予算によって決定されれば固定費となるが，その額は年間ベースでは変化することができるものであり，補助部門の期間工に支払う賃金などがこれに当たる。

すなわち，予算編成段階で補助部門に対して10名の期間工が必要であると決定すれば，10名分の賃金は契約期間における固定費となるが，能率の向上を目的とした教育・研修をすることで9名分とすることは可能である。この場合，新たに教育コストはかかるが，教育コストが1名分の賃金総額を下回る限り原

価低減には有効である。消耗品や消耗工具器具備品についても同様であり，これらをいかに削減していくかを考えることで固定製造間接費は削減することが可能となる。

これは，製品別の取り組みというよりも，工場あるいは部門においていかに固定費を削減するかを考える取り組みである。作業現場でも意識して固定費を削ることは不可能ではないし，現実に操業度が低下しつつある時などは，固定費を減少させることで，少しでも利益の減少を食い止めようとするのである。

3　原価改善におけるサプライヤー関係

組立型産業においては，サプライヤーから購入する部品の原価が製造原価の相当な割合を占めることは既述のとおりである。このため，原価改善のためには，**サプライヤーとの協働**が必要になる。ここでいうサプライヤーとの協働は，決してサプライヤーに値下げを強要することではない。もちろん，最終的に部品の価格を下げてもらうことにはなるが，それは単に値下げの通告ではなく，原価を下げて生産する余地を協力して探すことである。そして，サプライヤーが原価低減できた場合には，その効果はバイヤーとサプライヤーの双方が享受できるようにしなければならない。そうでなければ（すなわちサプライヤーの努力によって原価引き下げが実施され，その分がすべて納入価格の引き下げに使われてしまえば）サプライヤーは疲弊するだけとなる。

さて，企業間における原価改善は，**バイヤー主体の原価改善**と**サプライヤー主体の原価改善**がある（Cooper and Slagmulder,1999）。バイヤー主体の原価改善には，バイヤーが持っている改善手法をサプライヤーに指導・教育したり，共同調達を行うことで原料の調達価格を下げることなどが考えられている。他方，サプライヤー主体の原価改善は，サプライヤーが原価改善のアイデアを出して，それをバイヤーが受け入れて製品や生産方法の改良をするという方法である。

第4節 ◆ 原価維持：標準原価計算

1　原価維持の意義と特徴

　原価企画および原価改善で原価目標が設定され，それが実現できたとしても，原価管理は終わりではない。実際のところ，原価目標が達成されたとしても，管理の手が緩められると，実際原価はあっという間に増加していってしまうことをよく耳にする。

　いったん達成された原価目標を維持する活動が**原価維持**である。原価企画や原価改善の主たる取り組みが，新製品の開発および生産現場での行動であるのに対して，原価維持はまさに会計上の取り組みとなる。

　以下で説明するように，原価維持は標準原価を利用した標準原価管理のことである。標準原価は，「財貨の消費量を科学的，統計的調査に基づいて能率の尺度となるように予定し，かつ予定価格又は正常価格をもって」計算するとされている（『原価計算基準』四（一）2）。生産された製品および仕掛品に対する標準原価を計算し，実際原価が標準原価を超過せずに生産活動が行われているかどうかを確認することになる。実際原価が標準原価を超過していれば，その原因を探索し，対応策を取ることになる。他方，継続して実際原価が標準原価を下回っている場合には，標準そのものが切り下げられる。

　なお，実務における標準原価は，前述のように科学的・統計的調査に基づいて決定されるものもあるが，たとえば前月実績，前年度実績をベースとして，対前年比○％削減したものを標準原価とするような場合も多い。これは，能率の尺度としての標準原価と言うよりは，継続的改善の一環としての標準原価と考えることが適切であろう。

2　原価標準と標準原価カード

　標準原価計算を行うためには，まずは原価標準を設定することが必要となる。原価標準は，製品単位あたりの標準原価を意味しており，**図表9-7**のような標準原価カードにまとめられる。製品一単位あたりの直接材料費（標準価格×

標準消費数量），直接労務費（標準賃率×標準作業時間），そして製造間接費（標準配賦率×標準操業度）の標準をそれぞれ計算することになる。

[図表9-7] 標準原価カード

	標準価格	標準数量	金額
直接材料費標準	@500円	5kg	2,500円
	標準賃率	標準作業時間	
直接労務費標準	@800円	3時間	2,400円
	標準配賦率	標準操業度	
製造間接費標準	@600円	3時間	1,800円

　直接材料費では，製品1個を生産するために，kg当たり500円の原料を5kg使用するので，直接材料費標準は2,500円となる。この時，標準価格は予定価格（次期の推定価格）あるいは正常価格（中長期の平均値）を使用し，標準数量は先述のように科学的・統計的調査に基づいて能率の尺度となるように決定される。直接労務費では，800円の賃率で3時間の作業を行うことで製品1個を完成しなければならない。

　標準原価計算は，基本的には直接費を管理するために使用される。直接工が作業を行う場合，原材料の消費量と作業時間は直接コントロールすることが可能であるからである。これに対して，製造間接費は，作業を通じて直接コントロールすることができない。なぜなら，製造間接費は製品1単位との結びつきが弱く，製品1単位を生産するためにどのくらいかかっているかが認識できない（あるいは認識するのに著しくコストがかかる）原価であり，その内容も固定費である場合が多いからである。したがって，本来，製造間接費は予算でコントロールする他はないのであるが，すべての原価を製品に割り当てるために，こうした形をとっている[5]。

　工場では，翌年度の操業計画を立てる際，**操業度**と呼ばれる活動量を決定す

5　直接材料費，直接労務費および製造間接費の計算方法については，拙著（清水，2017）を参照されたい。

る。それは,通常作業時間で測定される。利益計画で決定された利益を獲得するために売上高が決定され,その売上高を達成するために必要な製品の生産計画を編成する。この時,工場の操業度(これを**基準操業度**という)が決定される。次に,基準操業度の活動を行うために必要な製造間接費予算が編成される。最後に,年間の製造間接費予算を基準操業度で割って,製造間接費の標準配賦率が決定されることになる[6]。

3　期間標準原価の計算

標準原価カードは,年度開始前に作成されている。年度が始まり,毎月末に製品の生産量が確定した段階で生産量に原価標準を掛けて1か月の期間標準原価を計算する。

たとえば,**図表9－7**の標準原価の下で今月の生産量が完成品1,000個であったとする[7]。この場合,当月の生産量1,000個に対する標準原価は次のように計算できる。

標準直接材料費:2,500円×1,000個=2,500,000円

標準直接労務費:2,400円×1,000個=2,400,000円

標準製造間接費:1,800円×1,000個=1,800,000円

標準原価合計:2,500,000円+2,400,000円+1,800,000円=6,700,000円

4　原価差異の計算と分析

期間標準原価は,上述のように,完成品の数量が確定した段階で,原価標準を掛けることで計算ができる。しかし,標準原価は,あくまでもあるべき原価であって,実際にかかった原価(実際原価)とは異なるし,実際原価は標準原価よりも大きい場合が多い。

---

[6] 製造間接費予算の編成方法には,固定予算,公式法変動予算および実査法変動予算がある。詳しくは(清水,2017)を参照されたい。

[7] 通常は未完成品である仕掛品があるが,ここでは簡単にするために期首,期末ともに仕掛品はなかったとする。

そこで，直接材料費，直接労務費および製造間接費の別に原価差異を計算するとともに，その原因を分析して原価標準を達成するような努力を行うのである。これが原価維持の主たる内容となる。

今月の実際原価が次のようであったとして，原価差異の計算と分析を行ってみよう。

【当月の実際原価】
　　直接材料費：@508円×5,200kg＝2,641,600円
　　直接労務費：@798円×3,060時間＝2,441,880円
　　製造間接費：@615円×3,060時間＝1,881,900円

5　直接材料費の差異分析

（1）　直接材料費原価差異総額の計算

まず行うことは，原価差異総額の計算である。原価差異総額は，次の式で求める。

$$\text{直接材料費原価差異総額＝標準直接材料費－実際直接材料費}$$
$$＝2,500,000円－2,641,600円$$
$$＝（－）141,600円　（不利差異）$$

計算される結果がプラスになる場合（標準原価＞実際原価）は**有利差異**，マイナスになる場合（標準原価＜実際原価）は**不利差異**という。したがって，このケースの直接材料費原価差異総額は141,600円の不利差異と計算される。

（2）　価格差異と数量差異

直接材料費原価差異総額は，標準価格が実際価格と異なることによって発生する価格差異と，標準数量が実際数量と異なることによって発生する数量差異とに分解できる。その意味を**図表9－8**で説明しよう。

縦軸に価格，横軸に数量が示されており，標準が内側，実際が外側になっている。なお，Aは実際，Sは標準，Pは価格，Qは数量の略号である。標準価

格×標準数量が標準原価となり（網掛けの部分の面積），実際価格×実際数量が実際原価（外側の長方形の面積）となる。価格差異と数量差異は，**図表9－8**に示すような式で計算する。

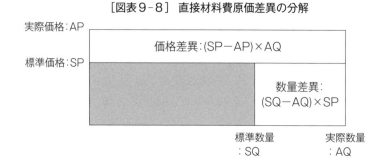

[図表9-8] 直接材料費原価差異の分解

一般的に，価格は企業の外部要因によって決定されるため，これを切り離して，工場の努力で管理できる数量差異をターゲットとして，不利差異を小さくしていく行動を取るのである[8]。その行動は，原価改善で採用されているものとほぼ同様である。このケースでは，価格差異と数量差異の金額は**図表9-9**のようになる。なお，価格差異と数量差異を合計すれば，直接材料費原価差異総額と一致することを確認しておこう。

[図表9-9] 直接材料費原価差異の計算

---

8 工場でも価格差異を無視するわけではなく，材料価格が高騰するような場合は代替材料を探したり，材料の無駄遣いを減らすような努力は行われる。

6 直接労務費の差異分析

(1) 直接労務費原価差異総額の計算

直接労務費の差異分析は，直接材料費の差異分析と同様の手続きをとる。まず，原価差異総額の計算をする。原価差異総額は，次の式で求める。

直接労務費原価差異総額＝標準直接労務費－実際直接労務費
$$= 2,400,000円 - 2,441,880円$$
$$= (-)41,880円 \quad (不利差異)$$

このケースの直接労務費原価差異総額は41,880円の不利差異と計算される。

(2) 賃率差異と作業時間差異

直接労務費原価差異総額は，標準賃率が実際賃率と異なることによって発生する賃率差異と，標準作業時間が実際作業時間と異なることによって発生する作業時間差異とに分解できる（**図表9-10**）。

縦軸に賃率，横軸に作業時間が示されているほかは，直接材料費の場合と同様である。LRは賃率，Hは作業時間の略号である。標準賃率×標準作業時間が標準原価となり（網掛けの部分の面積），実際賃率×実際作業時間が実際原価（外側の長方形の面積）となる。

［図表9-10］ 直接労務費原価差異の分解

賃率差異と作業時間差異は**図表9-10**に示すような式で計算する。直接材料費差異の分析と同様に，賃率は企業の外部要因によって決定されるため[9]，これを切り離して，工場の努力で管理できる作業時間差異をターゲットとして，不利差異を小さくしていく行動を取るのである。このケースを用いた賃率差異と作業時間差異の金額は**図表9-11**のようになる。

[図表9-11] 直接労務費原価差異の計算

7 製造間接費の差異分析

製造間接費の標準原価は，標準原価というよりも予算原価といった方がよい。先述のように，標準原価は，その消費量が能率の尺度となるよう設定されている。つまり，作業能率が直接に原価発生にかかわるものでなければならない。材料の消費量や作業時間は能率よく実行できているか否かを直接測定できるが，製造間接費は一定単位の製品との関連が明確ではない原価であるから，製品生産の能率と関連させて測定することはほぼ不可能である。製造間接費には固定費が多く存在するが，固定費となると操業度にかかわらず，つまり複数の製品

---

9 賃率は，多くのテキストで（基本給＋加給金）÷就業時間で計算するとされている。基本給は固定費であり，加給金は変動費であるが，その割合は絶対的に基本給が多い。就業時間は作業時間と手待時間の合計であるが，これは製品市場の状況に大きく左右されてしまう。製品市場で需要が落ち込めば賃率は高くなるが，これは工場にとって管理不能なものである。ただし，賃率についてすべての要素が管理不能かといえばそうではない。能率の悪化による残業や休日出勤の増加は加給金の増加につながり，これも賃率を高める要素となる。

を大量に生産しても少量しか生産しなくても，これらの製品に対して共通的に一定額発生するのであるから，なおさらである。

製造間接費の原価差異は，細かく分類して分析する5分法（変動費予算差異，固定費予算差異，変動費能率差異，固定費能率差異，操業度差異）から，4分法（予算差異，変動費能率差異，固定費能率差異，操業度差異），3分法[10]（予算差異，能率差異，操業度差異），そして最も簡便な2分法（管理可能差異，管理不能差異）があるが，詳細は原価計算のテキストに譲ることにする。

変動製造間接費に関する不利差異（たとえば変動費予算差異や変動費能率差異）が生じている場合，なぜ予算を超過したのか，また，なぜ能率が悪化したのかを確認し，それに対する是正行動を考察することになる。他方，固定製造間接費に関して不利差異が生じた場合は，対策は変動費よりも難しくなる。変動費は能率がよくなれば材料の投入数量や作業時間が減少し，結果として材料費や労務費を減少させることができるが，固定費は作業能率の良し悪しに関係なく一定額発生してしまうからである。しかし，操業度が落ちてくる状況では，固定費といえども削減しなければならない。設備の売却（減価償却費の減少）などは簡単にできるわけではないが，固定的に発生する消耗品や消耗工具器具備品などの節約をはじめ，可能なことはすべて実行すべきである。

《参考文献》

・Cooper, R.（1995）*When Lean Enterprises Collide: Competing through Confrontation*, Boston: MA, Harvard Business School Press.
・Cooper, R. and R. Slagmulder（1999）*Interorganizational Cost Management: Supply Chain Development for the Lean Enterprise*, Portland: OR, Productivity.（清水孝・長谷川惠一監訳（2000）『企業連携のコスト戦略』ダイヤモンド社）
・浅沼萬里（1984）「日本における部品取引の構造－自動車産業の事例－」『經濟論叢』京都大学，第133巻第3号，pp.241－262。
・伊藤嘉博（2017）「原価管理」小林啓孝・伊藤嘉博・清水孝・長谷川惠一（2017）『スタン

10　3分法には，能率差異を変動費のみから計算する方法と，変動費と固定費の両方から計算する方法がある。

ダード管理会計（第2版）』東洋経済新報社，第11章，pp.382-420。
・加登豊（1993）『原価企画－戦略的コスト・マネジメント』日本経済新聞社。
・神戸大学管理会計研究会（1992）「原価企画の実態調査(1)原価企画の採用状況・目的・遡及・組織を中心に」『企業会計』第44巻第5号，pp.86-91。
・清水孝（2017）『原価計算（改訂版）』税務経理協会。
・日本会計研究学会（1996）『原価企画研究の課題』森山書店。
・門田安弘（1991）『自動車企業のコスト・マネジメント』同文舘。

第9章　章末問題

第1問　原価管理とは何か。原価企画，原価改善および原価維持は原価管理においてどのような位置づけになっているか説明しなさい。

第2問　原価企画が戦略的原価管理であることの理由を示しなさい。

第3問　標準原価による原価維持は，今日のような製造環境では原価管理としては不十分であると言われることがある。それはなぜか。

第10章

事業部をどのように評価するのか
：事業部制会計と業績評価

第1節◆事業部制組織とカンパニー制組織

1 事業部制組織

（1） 事業部制組織の特徴

　組織が単一の事業のみを展開している場合は，製造，販売，経理，総務といった一連の職能を有する**職能別組織**（あるいは**機能別組織**）の形態をとる。それに対して，組織が複数の事業へ多角化する場合，**事業部制組織**の形態をとることが多い。

　事業部制組織は製品（ライン）別，顧客別，地域別といった類型が存在するものの，各事業部内に製造，販売，経理，総務といった一連の職能を有する形態は共通している。図表10－1にあるように，職能別組織から事業の多角化により発展した形態が事業部制組織といえる。

　ただし，近年では各事業部に点在している経理や総務といった「間接部門」を集約し（すなわち，各事業部から分離し），組織を合理化するシェアードサービス[1]（園田，2006）といわれる形態も，一部の大企業を中心にみられる。

　組立加工メーカーの事業多角化を想定してみよう。創業時にパソコンのみを製造・販売していた企業が，冷蔵庫やエアコンといった家電製品の製造・販売も手掛けることになったとする。パソコン事業単独の場合は組織形態も職能別

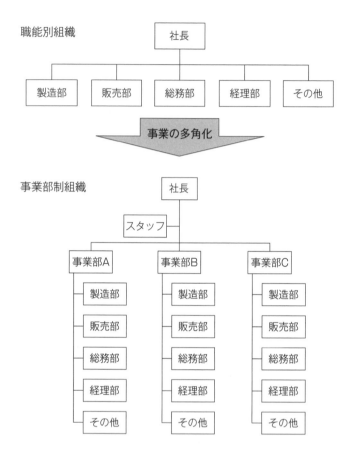

[図表10-1] 職能別組織と事業部制組織

組織である。しかし，冷蔵庫，エアコンと事業を多角化していく中で，企業は製品別の業績を個別に評価するために事業部制組織を採用することになる。端的にいえば，各事業部を会社と捉え，各々の業績を評価することに他ならない。

---

1 シェアードサービスとは間接部門の機能を各事業部間で共有することによって（つまり個別に持たない），組織全体で経営効率を高めることを意味する。具体的な手法として，間接部門のサービスを各事業部が使用する際にある一定の手数料を課す，**社内課金制度**がある（第11章も合わせて参照のこと）。

各事業の業績を正確に評価することができれば，経営者は収益性が高く見込まれる事業に対して投資を行い，また不採算事業からの撤退といった意思決定を下すことが可能となる。

（2） 権限の委譲

事業部制組織では，各事業に幅広い権限と責任が付与される[2]。権限とは，各事業が事業を展開する上で必要となる資源の利用可能性（あるいは利用可能な範囲）を指すが，権限を持つということは，そこに責任が発生するということでもある。責任とは業績に対する説明責任を意味する。経営者は組織全体の権限と責任を有しているが，事業の多角化に伴い組織の末端にまで目を配ることが容易ではなくなる。つまり，管理可能な範囲を意味する**スパン・オブ・コントロール**（span of control：管理の幅）を超えると，組織の下位層へ権限と責任を委譲し，ある一定範囲内で責任者に意思決定を「任せる」必要性が生じるのである。

トップに権限と責任が集中しているような**集権的組織**では，市場の変化に対して現場で柔軟な対応が困難となる場合がある。各事業部がトップの指示を待たずとも，自主的に行動できるように組織を設計することが必要となる。そこで経営者は各事業部に権限と責任を委譲し，各事業部の責任者は与えられた権限と責任の範囲内で各事業部を管理する。各事業部は権限と責任を有することで，自らの判断で意思決定を下すことが可能となり，機動性が向上するといえる。このように，事業部制組織は権限と責任が組織下位層に委譲されていくことから，**分権的組織**として位置づけることができる。

（3） 事業部と責任センター

事業部の業績を評価するには，各事業部の権限と責任の範囲，すなわち責任センターをもとに考えることが望ましい。責任センターは，第4章で述べたように各事業部の権限と責任の範囲に応じて，コスト（原価）・センター，レベ

---

[2] 権限と責任の付与を**エンパワメント**（empowerment）という場合がある。なお，エンパワメントは単なる権限と責任の付与に留まらず，自律的行動を促すことも含んでいる。

ニュー（収益）・センター，プロフィット（利益）・センター，インベストメント（投資）・センターに区分できる。

通常，事業部制組織の多くはプロフィット・センターであるが，中には投資に対する権限と責任を委譲されたインベストメント・センターに区分されるものもある。事業部がプロフィット・センターの場合は利益に対する責任，すなわち事業部別損益計算書の項目が管理の中心となるが，インベストメント・センターの場合は投資を含めた責任，すなわち事業部別損益計算書および事業部の投資額（あるいは事業部別貸借対照表の項目）の管理が必要となる。事業部別貸借対照表では事業部資本を検討する必要があるが，それについては第11章で詳述する。いずれにせよ，事業部制組織では各事業部を独立した会社とみなすため，事業部の責任者に経営者としてのマインドを醸成する役割を果たすといえる。

（4） 事業部制の課題

事業部制組織には課題も存在する。その最たる例が各事業部による部分最適化行動にみられる，縦割り組織の弊害である。各事業部は独立しているために，自部門の利益最大化を最優先するインセンティブが働きやすい。自部門の利益最大化自体が問題なのではなく，目的を達成する過程で部門間の情報共有が滞り，組織全体として非効率化を招くことが問題となる。

たとえば，ある事業部で特殊な技術情報を有しているとする。別の事業部が当該技術情報を活用すれば効率的な製品開発が可能になるにもかかわらず，情報を有する事業部が情報を意図的にオープンにせず利己的行動を起こす場合がある。

他にも事業領域（製品）の重複，部門間での資源の重複があげられる。事業領域の重複は，需要の増加が見込まれる製品を優先するために，事業部間で類似の製品を開発・製造・販売し競合することを指す[3]。部門間での資源の重複は，類似の資源が部門間で重複して存在することで組織全体の効率性を低下さ

---

3 部門間で競合製品を販売しお互いのシェアを奪い合っている状況は，共食いという意味を表す「カニバリゼーション（cannibalization）」といわれる。

せる事態を意味する。

　いずれの課題についてもその発生を未然に防ぐには，事業部間のインタラクション（相互作用）を積極的に促す仕組みが必要である。1つの解決策として次項にあげるカンパニー制組織が存在する。

2　カンパニー制組織

　カンパニー制組織は事業部制組織の発展形態として解されている。カンパニー制組織は1994年にソニーが採用したことに端を発する。事業部よりも上位層にカンパニーという責任単位を置いて権限と責任を大きく委譲し，とりわけある一定の投下資本に対する収益性（資本効率）への責任を負わせるという特徴を有する（**図表10-2**を参照）。

　ここで「ある一定の」と付け加えたのには訳があり，各カンパニーで利用可能な投下資本には上限があり，無限ではないことに注意を要する。すなわち，典型的なカンパニー制組織はインベストメント・センターとしての性格を帯びる。

　ただし，先に述べたように，事業部制組織の中にもインベストメント・センターの形態をとっている組織もあると考えられ，事業部制組織とカンパニー制組織について実務上の明確な区分は困難である。事業部制組織の一形態であるが，カンパニー制組織では事業部よりも資金調達と資金の効率的活用に管理の目を当てていると理解できる。

［図表10-2］　カンパニー制組織

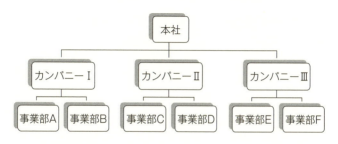

　したがって，企業が事業部制組織よりもカンパニー制組織を選択する意義は，

損益といったフローだけでなく資金調達といったストックの管理を負わせることで，カンパニーの責任者に企業内であっても独立企業のように経営管理させることにある。

分社化という観点からみれば，カンパニー制組織は本社からの直接的なコントロールが残っていることから，完全に独立した子会社ともまた異なる組織形態といえる。ただし，近年では分社化の一形態として**持株会社制度**[4]が解禁されたことに伴い，多くの企業ではカンパニー制よりも持株会社制度が採用されているようである。

カンパニー制組織の一例としてパナソニック株式会社がある。同社は事業部制組織の代表格のような企業であるが，2013年4月よりカンパニー制を組み込んだ事業部制組織に移行している。従来の事業部制組織をベースに，複数の事業部の上にカンパニーを置き，事業部間の調整をカンパニーが行う。カンパニー制組織の主な導入理由について，同社では事業部制組織の有する縦割り組織の弊害が蔓延し，効率的な経営管理が機能していなかった点をあげている。そこで，事業部間のインタラクションを促すためにカンパニーがリードをとり，各事業部の情報を組織横断的に共有するべく働きかけている[5]。

カンパニー制導入にあたっては，各カンパニーをインベストメント・センターとし，個別の損益計算書と貸借対照表を導入することが多い。とくに，貸借対照表を作成するには社内資本金制度の採用が必要となるが，それに関しては第11章で詳しくみていく。

カンパニーや事業部の損益計算書（セグメント別損益計算書）は，全部原価計算方式および直接原価計算方式が存在する。理論上は直接原価計算方式が望ましいが，実務では簡便性から全部原価計算方式を採用する場合もみられる。以

---

4 事業会社の株式を保有し支配する形態を持株会社制度（もしくは純粋持株会社制度）という。カンパニー制度ではカンパニーが独立企業ではないが（つまり，本社がカンパニーに対して一定の権限を有している），持株会社制度では持株会社が独立企業という関係になる。

5 たとえば，2018年11月8日付けの「蹴破れ パナの壁」『日経産業新聞』朝刊によると，パナソニックは組織横断的な製品開発を加速させるために，目下，組織変革を実行中であるという。具体的には，事業部間の壁を取り払い，事業部横断的なイノベーションの創出（「クロスバリュー・イノベーション」）と呼称）をスローガンに掲げている。

下では，直接原価計算の仕組みを理解し，その上でセグメント別損益計算書についてみていく。

第2節◆直接原価計算

1　直接原価計算の意義

『原価計算基準』は，財務諸表の作成目的では製品原価の計算に**全部原価計算**を用いることを示唆している。直接原価計算はあくまでも内部管理目的であり，外部報告目的には認められていない。だが，事業部の業績評価という局面では，直接原価計算を採用することが望ましい。**直接原価計算**では，総費用を変動費と固定費とに分解し，売上高から変動費（直接原価：direct costs）を差し引いて貢献利益（限界利益）を算出し，貢献利益から固定費（期間原価：period costs）を差し引いて営業利益を求める。

固変分解については第3章で学習したため，ここでは直接原価計算の計算構造を中心に説明する。なお，第3章ではCVP分析についても学習したが，その中で貢献利益を示す図表はまさに直接原価計算の計算構造を表しており，本章の学習を通じて改めてその点を確認されたい。

直接原価計算では，その用語の響きとは異なり，直接費と間接費という区分ではなく，変動費と固定費という区分に着目する。なお，直接原価（direct costs）は原価計算の形態別分類にみる直接費（direct costs）と誤解を受けやすいため，米国では変動原価計算（variable costing）と称されることもある。ただし，総費用を正確に変動費と固定費に区分することは実務上困難であるという理由で，変動費を直接原価，固定費を期間原価と便宜的に理解することも少なくない（櫻井，2015, pp.250-252）。

2　全部原価計算と直接原価計算の違い

次に，全部原価計算と直接原価計算の違いについて簡潔に整理しておこう。全部原価計算では，変動費と固定費のすべてを製品原価に含めるため，操業度（たとえば生産数量や直接作業時間）の変動によって製品原価が変化する。それ

に対して，直接原価計算では変動費のみを製品原価とし，固定費は期間原価として全額が当期の負担となる。

このような直接原価計算の考え方の根底には，短期的に固定費は変動しないという前提が存在する。よって，直接原価計算を用いる意義は，短期利益計画を作成する際に固定費の影響（操業度の変動による単位当たり固定費の変動）を回避することで，製品の利益計算を合理的に行うことができる点にある。

以下では，例題に基づき，全部原価計算と直接原価計算との相違についてみていく。

例題10-1 次の数値に基づき，全部原価計算方式と直接原価計算方式で損益計算書を作成してみよう。

　　　製品単価@100円　　製品販売数量100個
　　　売上原価：変動製造原価@20円×100個，固定製造原価3,000円
　　　販売・一般管理費：変動販売費1,000円，固定販売・管理費2,000円

【解答】

はじめに，期首ならびに期末在庫が存在しない（0）と仮定すると，全部原価計算および直接原価計算の営業利益はともに等しく2,000円となる。

全部原価計算

売上高	@100円×100個	10,000円
売上原価	@20円×100個 ＋3,000円	(5,000円)
売上総利益		5,000円
販売費および一般管理費	1,000円＋2,000円	(3,000円)
営業利益		2,000円

直接原価計算

売上高	@100円×100個	10,000円
変動費	@20円×100個 ＋1,000円	(3,000円)
貢献利益		7,000円
固定費	3,000円＋2,000円	(5,000円)
営業利益		2,000円

つづいて，期末在庫（期末製品棚卸）が10個存在する場合（期首在庫は0），すなわち販売数量が90個の場合について全部原価計算および直接原価計算の営業利益に与える影響について確認する。ただし，固定製造原価配賦率は3,000円÷100個＝@30円/個とする。よって，期末製品棚卸は変動製造原価@20円×10個と固定製造原価@30円×10個の合計（@50円×10個）で求める。

第10章 事業部をどのように評価するのか：事業部制会計と業績評価　227

全部原価計算		
売上高	@100円×90個	9,000円
売上原価		
期首製品棚卸	0	
変動製造原価	@20円×100個	
固定製造原価	@30円×100個	
期末製品棚卸	(@50円×10個)	
		(4,500円)
売上総利益		4,500円
販売費および一般管理費		
変動販売費		(1,000円)
固定販売・管理費		(2,000円)
営業利益		1,500円

直接原価計算		
売上高	@100円×90個	9,000円
変動売上原価		
期首製品棚卸	0	
変動製造原価	@20円×100個	
期末製品棚卸	(@20円×10個)	
		(1,800円)
変動販売費		(1,000円)
貢献利益		6,200円
固定費		
固定製造原価		(3,000円)
固定販売・管理費		(2,000円)
営業利益		1,200円

　期末在庫（期末製品棚卸）が10個存在する場合，全部原価計算と直接原価計算の営業利益の差は300円（1,500円 − 1,200円）となる。これは期末製品棚卸に含まれる固定製造原価300円（@30円×10個）によるものである。

　上記の数値例の結果を踏まえると，次のことがいえる。生産量と販売量が等しい（すなわち期末製品棚卸が0）場合，全部原価計算と直接原価計算の営業利益は等しい。反対に，生産量と販売量が異なる（上記の例では期末製品棚卸が存在する）場合，全部原価計算と直接原価計算の営業利益は期末製品棚卸に含まれる固定製造原価の金額だけ営業利益に差が生じる。

　　全部原価計算の営業利益
　　　　＝直接原価計算の営業利益＋期末製品の固定製造原価

　数値例を当てはめると，1,500円＝1,200円＋300円となる。なお例題では期首の在庫がないため存在しないが，期首製品棚卸がある場合は期末製品棚卸の場合と反対に作用する。

全部原価計算の営業利益
　　＝直接原価計算の営業利益－期首製品の固定製造原価

したがって，期首および期末に在庫が存在する場合には，両者の差額は次のように計算される。

全部原価計算の営業利益＝直接原価計算の営業利益＋期末製品の固定製造原価
**　　　　　　　　　　　－期首製品の固定製造原価**

　全部原価計算と直接原価計算の営業利益の差異は固定製造原価をいつ費用化するかというタイミングの問題に帰結することができる（岡本，2000, p.541）。全部原価計算では固定製造原価を製品原価に配賦し，製品が販売された際に売上高と対応させる（発生したタイミングではない）のに対し，直接原価計算では固定製造原価を発生した期間の収益に対応させる（製品の販売のタイミングではない）という特徴の違いに留意する必要がある。

第3節◆セグメント別損益計算書

　直接原価計算の計算原理を事業部の業績評価に適する形で展開したのが，**セグメント別損益計算書**である。セグメントとは，製品，顧客，地域などをまとめたものをいい，事業もそのセグメントの1つであるので，事業部別損益計算書はセグメント別損益計算書でもある。

　セグメント別損益計算書は，責任会計における責任センターおよび管理可能性原則の考え方が基盤にある。そして，各責任センター（事業部）にとって管理可能あるいは管理不能な費用を識別し，管理可能な利益でもって業績評価を行う。それを踏まえると，セグメント別損益計算書の目的は，各セグメント（事業部）が全社的利益にどの程度貢献しているかを可視化することにあるといえる。

　セグメント別損益計算書は，直接原価計算方式と全部原価計算方式の2パターンが存在する[6]。責任会計の考え方に基づけば，直接原価計算方式によるセグメント別損益計算書が事業部の業績評価には望ましい。以下では，清水

(2015, p.129) の直接原価計算方式のセグメント別損益計算書の項目を一部加筆修正しながら，説明に用いる。

[図表10-3] 直接原価計算方式のセグメント別損益計算書

Ⅰ	事業部売上高	10,000円
Ⅱ	事業部変動製造原価	(4,000円)
	差引：事業部変動製造マージン	6,000円
Ⅲ	事業部変動販売費	(1,000円)
	差引：事業部貢献利益	5,000円
Ⅳ	事業部管理可能個別固定費	
	①固定製造原価	(1,500円)
	②固定販売費	(800円)
	③一般管理費	(1,200円)
	差引：事業部管理可能利益	1,500円
Ⅴ	事業部管理不能個別固定費	(1,000円)
	差引：**事業部利益**	500円
Ⅵ	本社費(共通費)配賦額	(200円)
	差引：**本社費配賦後事業部利益**	300円

（Ⅳ〜Ⅴ：個別固定費／Ⅵ：共通固定費）

　直接原価計算方式に基づくセグメント別損益計算書では，図表10-3に明示したように各事業部で発生を特定できる固定費を**個別固定費**，反対に特定できない固定費を**共通固定費**という[7]。さらに個別固定費は，事業部で管理可能な個別固定費（**事業部管理可能個別固定費**）と，事業部で管理不能な個別固定費（**事業部管理不能個別固定費**）とに細分化できる。

6　実務では費用の固変分解が実質的に困難であることから，全部原価計算方式をベースに事業部長の管理可能利益を計算することがあるという（清水，2015, p.129）。しかし，理論的には直接原価計算方式に基づくセグメント別損益計算書が優れているため，本節では直接原価計算方式に焦点を当てて説明する。

7　個別固定費と共通固定費という考え方は，部門別個別原価計算にみられる部門個別費と部門共通費（製造間接費がいずれの部門で発生したか特定可能かどうかで識別）と類似の構図となっている。

補足として，個別固定費をコミッテッド・コスト（committed costs）とマネジド・コスト（managed costs）に区別する方法もある。前者は生産設備（キャパシティ）を維持する上で拘束される費用（たとえば，減価償却費など），後者は原価の発生と効果の関係が不明な費用（たとえば，広告宣伝費や研究開発費など）が主に該当する。コミッテッド・コストは長期的に発生する費用であり，責任者が計画段階で中長期的な視点から意思決定を行うのに対し，マネジド・コストは短期的に発生する費用であり責任者の裁量によってその都度意思決定がなされるという特徴をそれぞれ有する[8]（岡本，2000，pp.553-554）。つまり，コミッテッド・コストは年度で変更することはほとんど不可能であるが，マネジド・コストは，年度の予算編成段階では変更することができる。

各セグメント（事業部）の責任者（人）の評価を行うには「事業部管理可能利益」が適している。事業部管理可能利益は，事業部の売上高から変動費として事業部変動製造原価および事業部変動販売費を差し引き，さらに事業部管理可能個別固定費を控除することによって算出できる。すなわち，事業部変動製造原価，事業部変動販売費および事業部管理可能固定費は，いずれも事業部の責任者にとって管理可能費にあたる。

なお，事業部管理可能利益は一種の貢献利益である（岡本，2000，p.556）。というのも，事業部管理可能利益は，事業部管理不能個別固定費ならびに本社費（共通費）を回収し，全社的利益を獲得するための事業部の貢献を表しているからである。

それに対して，各セグメント（事業部）単位を評価するには「事業部利益」もしくは「本社費配賦後事業部利益」が適している。これらには各セグメント（事業部）にとって管理不能費が含まれているが，事業部利益を使用する場合，これが本社費をどの程度回収しているかをみる指標と考えることができる。

つまり，直接原価計算方式に基づくセグメント別損益計算書を用いると，事業部長（人）の業績評価には事業部管理可能利益が，事業部（組織）の業績評

---

8 マネジド・コストは責任者がその都度決定するということから管理可能個別費にあたるが，コミッテッド・コストは責任者が特定の設備に意思決定の権限を有していれば管理可能個別費，そうでない場合は管理不能個別費となる（岡本，2000，p.556）。

価には事業部利益あるいは本社費配賦後事業部利益がそれぞれ適している。ただし，管理可能費と管理不能費の明確な識別は困難な場合もあり，かつ純粋に管理可能利益が算定可能かどうかにも議論の余地がある。というのも，事業を行う上で事業部間の相互作用（インタラクション）が生じる場合も想定されるからである。そのような相互作用が上記で掲げた各種の利益に影響を与えることは不可避であり，責任会計に基づく業績評価の限界ともいえる。

第4節◆事業部 ROI，残余利益，EVA®

　事業部の業績評価では，前節でみてきたように事業部管理可能利益，事業部利益，本社費配賦後事業部利益といった各種の利益指標を対象とする。しかし，これらの利益指標には事業部に投下された資本に対してどれだけ利益を獲得できたのかといった要素が反映されていない。投下資本には利息や配当などのコスト（資本コスト）を伴うのが通常であり，資本コストを利益がどれだけ上回ったのかという観点からの評価指標も望まれる。そこで，上記の点をそれぞれ考慮した**事業部投下資本利益率**（事業部 ROI），**残余利益**（Residual Income），**経済的付加価値**（Economic Value Added：EVA®）が代表的な業績評価指標として用いられている。本節では，はじめに事業部 ROI と残余利益との比較から業績評価指標の特徴を探る。つづいて，近年一部の企業で採用されている EVA® について説明を加える。

1　事業部 ROI と残余利益

　事業部 ROI は，第2章の収益性分析で示した資本利益率（Return on Investment：ROI）であり，事業部に投下された資本と事業部で獲得した利益との比率で表した指標である。

$$事業部投下資本利益率（事業部 ROI）=\frac{事業部利益}{事業部投下資本}\times 100（\%）$$

　事業部 ROI は事業部投下資本を用いることから，事業部別貸借対照表を作成するか，あるいは事業部に帰属する資産を個別に試算するなどによって事業

部投下資本を算定可能であることが前提となっている。なお，事業部投下資本については第11章で詳述する。

事業部 ROI は，事業部の収益性を測定する上で優れた指標といえる反面，後に示すように事業部単体での意思決定と全社的視点からの意思決定との間に齟齬をきたす要因ともなりうる。そこで，次に残余利益の計算構造を説明し，事業部 ROI の問題について検討する。

事業部の**残余利益**は，事業部利益が事業部の資本コストをどの程度上回ったかを絶対額によって表した指標である。

事業部の残余利益＝事業部利益－事業部投下資本×資本コスト率

以下では，数値例を用いながら，事業部 ROI ならびに残余利益が各々どのように意思決定に影響を及ぼすかをみていく。

例題10-2 現在，ある事業部では事業部利益1,200万円，事業部投下資本4,000万円である。新規事業を実施するかどうかを検討しており，予想される金額は事業部利益500万円，事業部投下資本2,000万円である。この企業では資本コスト率を8％としている。この事業部の意思決定をROIを用いた場合と残余利益を用いた場合に分けて示しなさい。

【解答】

［図表10-4］ 事業部の ROI

現在の事業部 ROI	$\dfrac{1,200万円}{4,000万円} \times 100 = 30\%$
新規事業から得られる事業部 ROI	$\dfrac{500万円}{2,000万円} \times 100 = 25\%$
既存事業と新規事業を合わせた事業部 ROI	$\dfrac{1,200万円 + 500万円}{4,000万円 + 2,000万円} \times 100 \fallingdotseq 28.33\%$

現在の事業部 ROI は30％に対して，新規事業から得られる事業部 ROI は25％となっている。そして，既存事業と新規事業を合わせた事業部 ROI は28.33％と算定される。よって，新規事業を実施した場合，実施しない場合と比較して事業部 ROI は30％から28.33％に低下していることがわかる。仮に事業部の業績評

価が事業部ROIのみによって行われていれば，当該事業部は新規事業の実施を見合わせる可能性が高い（**図表10-4参照**）。

一方，資本コストに対して事業部利益がどの程度上回っているかみるために，残余利益を用いて新規事業から得られる利益を算定すると次のようになる。

[図表10-5] 事業部の残余利益

現在の事業部の残余利益	1,200万円－4,000万円×8％＝880万円
新規事業から得られる事業部の残余利益	500万円－2,000万円×8％＝340万円
既存事業と新規事業を合わせた事業部の残余利益	1,700万円－6,000万円×8％＝1,220万円

現在の事業部の残余利益は880万円に対して，新規事業から得られる事業部の残余利益は340万円となっている。そして，既存事業と新規事業を合わせた事業部の残余利益は1,220万円と算定される。残余利益を用いた場合，新規事業からは340万円が得られ，その金額だけ全社的利益（既存事業と新規事業の合算）が増加することがわかる（**図表10-5参照**）。

事業部ROIの場合は新旧の投資額と利益を合算すると収益性の低下を招くような数値を作り出し，それによって新規投資が全社的には求められるにもかかわらず，事業部で棄却される可能性があるが，残余利益の場合は新規投資から得られる利益が資本コストを上回るか否かで意思決定されるため，全社的利益への貢献度を評価する上では適している。追加的なプロジェクトがあった場合に，事業部ROIを使用していると全社的な目標一致にそぐわない行動を招く恐れがある。

くわえて，事業部ROIは事業部の責任者に対して「比率」を増加させるインセンティブが働く可能性がある（岡本，2000，p.668）。その結果，事業部利益を上げるだけでなく，事業部投下資本を過度に減少させようとすること（過少資本志向）が懸念されるのである。

ただし，事業部の残余利益にも問題がある。それは投下資本や資本コスト率の妥当性である。資本コストについては第7章で説明しているが，実務では正確に資本コストを算定することが容易ではない。なお，下記で説明する

EVA®も同様であり，資本コストを用いた業績評価指標ではこの点を念頭に入れておく必要がある。

2 EVA®[9]

経済的付加価値（EVA®）は残余利益の一形態であり，資本コストを上回る利益を測定する指標である。EVA®は下記の式で表すことができる。

EVA® ＝税引後営業利益（NOPAT）－加重平均資本コスト（WACC）

税引後営業利益はNOPAT（Net Operating Profit After Tax）と称される。税引後営業利益は文字どおり，税金を差し引いた後の営業利益である。上記の営業利益は損益計算書上の会計数値とは異なり，キャッシュ・フローに近づける形で修正される[10]。

加重平均資本コストはWACC（Weighted Average Cost of Capital）と称され，金利（借入れに対する支払利息など）だけでなく配当金などに関わるコストも含まれる。対象となる資本は総資産（総資本）から流動負債（買掛金や支払手形など）を除いた額である（第7章も参照のこと）。加重平均資本コストは債権者および株主の期待収益率の総体を指すことから，NOPAT＞資本コスト（つまり，EVA®の値が正）であるならば，企業が債権者および株主の期待収益率よりも多く利益を獲得していることを意味する。

以上を踏まえると，事業部の業績評価にEVA®を採用するということは，各事業部で得られた利益（事業部管理可能利益もしくは事業部利益に相当）が税金（国に対しての支払い），金利（債権者に対する支払い），株主の期待利益（株主に対する支払い）などをどれだけ上回ったかで評価することになる。

EVA®は株主価値を重視する指標である[11]。EVA®の現在価値の合計は**市場付加価値**（MVA:Market Value Added）と呼ばれ，企業価値を表す指標とし

---

9 EVA®はスターン・スチュアート社の商標登録である。
10 税引後営業利益（NOPAT）の算定式は岡本（2000, p.928）を参照されたい。
11 EVA®の他にも，株主価値を重視する指標としてキャッシュ・フロー投下資本利益率（キャッシュ・フローの割引現在価値を投下資本で除した比率）などがある（岡本，2000, p.927）。

て米国企業を中心に採用されている。MVA は株式の時価総額が資本をどの程度上回っているかを表す（櫻井，2015，p.749）。また，株主価値は MVA に期首資本を加算して算定する。このように企業が EVA® を業績評価指標として採用する場合，株主価値や MVA と関連づけて用いられることになる。

　日本企業における EVA® の導入は上場企業を中心にある一定数確認されているが，導入にあたっては課題も少なくない。森（2017）は先行研究で指摘されてきた EVA® の課題を，計算の複雑性をはじめ複数列挙している[12]。上述したように EVA® では税引後営業利益（NOPAT）および加重平均資本コスト（WACC）とも，算定には煩雑な手続きを要する。そのため，多くの企業では自社の実態だけでなく業績評価指標としての実用性も踏まえながら，簡便な計算方法を採用している可能性が高い。よって，導入されている EVA® の多くは一見すると同一名称でも，計算構造によっては似て非なる性質を帯びている。

《参考文献》
・岡本清（2000）『原価計算（六訂版）』国元書房。
・櫻井通晴（2015）『管理会計（第 6 版）』同文舘出版。
・清水孝（2015）『現場で使える管理会計』中央経済社。
・園田智昭（2006）『シェアードサービスの管理会計』中央経済社。
・森浩気（2017）「日本企業における EVA の機能と課題：旭硝子株式会社のケースを中心に」『原価計算研究』第41巻，第 2 号，pp.48-59。

12　森（2017）は他にも，短期利益志向の業績指標であること，数値がマイナスになりやすいこと，非生産的なテンションが発生しやすいこと，ステークホルダーへの浸透が困難であること，プロセスの評価が難しく結果の評価に偏ることなどをあげている。

第10章　章末問題

第1問　次の問に答えなさい。
  問1　事業部制組織と職能別組織の違いについて説明しなさい。
  問2　事業部制組織とカンパニー制組織の違いについて説明しなさい。
  問3　事業部制組織の課題について述べなさい。

第2問　M社では直接原価計算を用いて損益計算を行っている。以下の資料に基づき，問に答えなさい。

［資料］

直接原価計算に基づく損益計算

売上高	@20,000円×100個	2,000,000円
変動売上原価		
期首製品棚卸	@8,500円×20個	
変動製造原価	@8,400円×115個	
期末製品棚卸	(@8,400円×35個)	
		(842,000円)
変動販売費		(150,000円)
貢献利益		1,008,000円
固定費		
固定製造原価		(756,000円)
固定販売・管理費		(120,000円)
営業利益		132,000円

・期末製品棚卸原価の評価は先入先出法を用いている。
・期首製品の固定製造原価108,000円，期末製品の固定製造原価189,000円。

  問1　全部原価計算と直接原価計算の違いについて説明しなさい。
  問2　直接原価計算の営業利益に基づき，全部原価計算の営業利益を求めなさい。
  問3　直接原価計算と全部原価計算の営業利益の差異についてその理由を説明しなさい。

第3問　ある事業部では直接原価計算方式に基づくセグメント別損益計算書を作成している。次の問に答えなさい。
  問1　事業部（セグメント）の責任者の業績評価にはいかなる利益指標を用いることが適切か，その理由も含めて説明しなさい。
  問2　事業部（セグメント）単位の業績評価にはいかなる利益指標を用いること

が適切か，その理由も含めて説明しなさい。

第4問 X社では事業部制を採用している。以下に示すA事業部の資料に基づき，問に答えなさい。

[資料] A事業部
・現在の事業部投下資本は12,000万円，事業部利益は3,000万円である。
・新たな投資プロジェクト案では投資額2,500万円，事業部利益500万円が予想されている。
・X社では資本コスト率が15％と設定されている。

問1 A事業部の業績を事業部投下資本利益率（ROI）で評価する場合，A事業部は新たな投資プロジェクトを実行する可能性があるかどうか，その根拠も含めて述べなさい。

問2 A事業部の業績を残余利益に基づいて評価する場合，A事業部は新たな投資プロジェクトを実行する可能性があるかどうか，その根拠も含めて述べなさい。

問3 EVA®について説明しなさい。また，残余利益との関係についても述べなさい。

第11章

事業部制を支える会計手法
：振替価格と事業部資本と本社費配賦

　前章では，事業部の業績評価を中心にみてきた。しかし，事業部の業績評価を行う際に，事業部の利益を公平に測定することは容易なことではない。とくに，振替価格，事業部資本および本社費配賦などを採用している場合は事業部の利益計算に大きな影響を与える。本章では，上述した会計的問題について学習する。

第1節◆振替価格の基礎知識

　振替価格（transfer price）は，**移転価格**ともいい，事業部間もしくは職能間で材料，部品，中間製品，製品を振り替える（内部取引を行う）際に設定される価格を意味する[1]。事業部制組織といっても製品事業部間（製品A事業部⇔製品B事業部）での内部取引というケースを想定するよりも，職能間（製造事業部⇔販売事業部）での内部取引を想定することが現実的である。すなわち，職能別事業部制組織（各職能が事業部として独立）を前提として振替価格をみていくことになる。製造業を例にとると，製造事業部から営業事業部に完成品が渡される際，あるいは製造部内の工程①から工程②に仕掛品が渡される際に振替価格を用いて取引（売買）を行うといったケースである。

　振替価格を用いる目的は一般的に2つ考えられている。第1に，**業績評価**の観点から振替価格を設定することによって，事業部間や職能間の財もしくはサ

1　税制では移転価格という用語が使用される。本書では移転価格税制に関する記述は行わない。

ービスの授受が貨幣額によって可視化され，各事業部の利益を測定することが可能となり，全社的利益への貢献を評価することにつながる。先にも述べたように，製造事業部は製品原価にのみ責任を有することから本来はコスト・センターである。しかし，利益計算をするためにあえて振替価格を設定し，プロフィット・センター化することによって，製造事業部の責任者に経営者意識を醸成することが意図されている[2]。

　第2に，振替価格によって各事業部に利益を配分（利益の付け替え）し，各事業部の利益最大化が組織全体の利益最大化に結実するという，いわゆる**目標一致**（goal congruence）のための手段とも考えられる。各事業部が自分勝手な振る舞いをすれば，組織全体の利益に反する行動をとりかねない。部分最適な行動が全体最適を阻害するのである。そこで，振替価格を用いて，各事業部の利益配分を意図的にコントロールする。各事業部が適切な振替価格を設定することができれば，それに基づき各事業部が利益最大化を目指し，結果的に全社的利益の最大化につながるのである。

　しかし，適正な利益配分，言い換えれば，適切性の高い振替価格を設定することは容易ではない。振替価格の導入によって，かえって各事業部のモチベーションを損なうことがないように注意しなければならない。とくに，振替価格を設定する際の根拠が不十分である場合や実態を正確に表していない（貢献が正確に可視化されていない）場合などに問題が生じる。供給事業部（売り手）と受入事業部（買い手）の双方が満足する振替価格を見出すために，何度も議論を重ねる必要がある。

2　製造と営業との間で振替価格を設定することは必ずしも妥当とはいえない。本来，製造と販売は不可分な機能であり，そのため「売上手数料制度」といった販売手数料によって製造と販売間の内部取引を認識する場合もある（清水，2015,p.145）。一例として，京セラの「営業口銭」が該当する。

第2節◆振替価格の種類

　振替価格の決定には複数の基準が存在する。本節では代表的な市価基準および原価基準を説明し、最後にその他の基準として二重価格基準についても言及する。

1　市価基準

　市価基準は、内部取引される材料、部品、中間製品、製品に市場価格（市価）[3]が存在する場合に最も適した基準といえる。供給事業部（売り手）と受入事業部（買い手）の双方が、市価を入手でき交渉可能な状況が成立しうることが要件である。まさに各事業部がビジネスとして独立可能であることを暗に意味している。市価基準を用いれば、供給事業部および受入事業部の双方の能率が振替価格に反映されないため、公平な業績評価を実現できる。

　なお、内部取引の市場性をさらに高める工夫として**忌避宣言**の権利が各事業部に付与される場合がある。たとえば、京セラのアメーバ経営ではアメーバ間の内部取引で忌避宣言の権利が付与されている。忌避宣言とは、仮に供給事業部と受入事業部との間で振替価格の折り合いがつかない際に、外部との取引が可能であればそれを容認することを意味する。これによって、振替価格の交渉において供給事業部と受入事業部の真剣度がさらに増し、内部取引といえどもより市場性を反映する工夫が凝らされている。

　ただし、仮に忌避宣言の権利が容認されていても、それを行使する前に本社による仲介・調整が当然のことながら予想される。その意味で、純粋に事業部のマネジャー間レベルの交渉時に忌避宣言が容認されるかどうかは注意を要する。継続的な取引や品質レベルといった価格以外の点からも振替価格は考慮されるべきである。

　一方、市価基準にも問題がある。市価が存在していても妥当性を欠いている

---

[3]　厳密にいえば、完全競争市場が成立しており、唯一の市価が入手可能であることが前提となる。

場合，外部の市価が内部の振替価格よりも安くても取引によって企業全体へ負の影響をもたらす場合（上述したような品質や納期に問題があるなど）に注意を要する。つまり，市価の存在を根拠に市価基準を一律に採用すべきとは必ずしも言い切れないのである。

なお，**修正市価基準**が採用される場合もある。振替価格が内部取引によるものである以上，外部取引で生じうる引取運賃や代金の回収費は不要である。したがって，市価からこれらの不要なコストを除いた**修正市価**を振替価格として用いるのである。ただし，修正市価基準は供給事業部から不満が出る可能性もある。市価から差し引いた不要なコスト分だけ受入事業部に利益が移転しているとも考えられ，受入事業部にのみ有利に働いているとも受け取ることができるからである。市価基準ないし修正市価基準のいずれを採用するかは一概に判断できず，各事業部の生産能力等を勘案しながら決定していくほかない。

具体的な数値例で市価基準について確認する。なお条件を単純化するために，いずれの事業部でも余剰生産能力は発生しておらず，操業度差異（原価差異）も生じていないこととする。

設例11－1 供給事業部であるA事業部は，ある部品を市場で@650円で販売可能であり，節約可能な費用を除いた修正市価は@600円である。A事業部は修正市価で受入事業部であるB事業部に部品を100個供給する。A事業部では製造にあたり，標準変動費@300円，標準固定費@200円が発生する。またB事業部は，受け入れた部品に対して追加加工を行う。その際，標準変動費@100円および標準固定費@50円が発生する。最終的に，B事業部は製品を800円で外部に販売する。

【解答】
　以上の取引をまとめたものが**図表11－1**である。A事業部では売上総利益は@100円（10,000円）であり，B事業部は振替価格が市場価格@650円よりも安価な@600円であることから，部品をA事業部から購入する動機づけとなる。そして，振替価格@600円に加えて標準変動費@100円および標準固定費@50円を外部への売上高@800円から差し引き，売上総利益を@50円（5,000円）を計上する。

第11章　事業部制を支える会計手法：振替価格と事業部資本と本社費配賦　243

[図表11-1]　市価基準の計算結果

	A事業部（供給事業部）		B事業部（受入事業部）	
部品の市場価格	@650円	—	—	—
売上高（外部）	—	—	@800円×100個	80,000円
振替価格（修正市価）	@600円×100個	60,000円	@600円×100個	60,000円
標準変動費	@300円×100個	30,000円	@100円×100個	10,000円
標準固定費	@200円×100個	20,000円	@50円×100個	5,000円
売上総利益	@100円×100個	10,000円	@50円×100個	5,000円

　このように市価基準を用いることで，両事業部とも売上総利益を上げることが可能となり，全社的利益の最大化に貢献するだけでなく，公平な業績評価を実現できる。内部取引に市場原理を反映することは外部との競争に常に晒されることを意味し（忌避宣言の権利が容認されていればより一層強まる），結果的に各事業部の利益最大化に向けた創意工夫を引き出すことが大きな狙いなのである。

2　原価基準

　原価基準は妥当な市価が入手できないような特注品や仕掛品を振り替える時に用いられる。言い換えれば，振替価格の設定において市価が入手できる場合は市価基準が最も目的適合的であるが，そうでない場合は原価基準の可能性を検討するということになる。原価基準と一言でいっても，複数の考え方を組み合わせることによって多岐にわたる。まず，原価のみの場合と原価加算利益についてみていこう。

（1）　原価のみの基準

　原価のみを振替価格の基準として採用する場合，全部原価か変動費のみ，標準原価か実際原価によって4つの類型が生じうる。なお，テキストによって変動原価，限界原価，ないし差額原価と表記されることがあるが，本書では「変動費」に統一する。

はじめに述べておかなければならないのは，経営管理目的には**実際原価**よりも**標準原価**を採用することが望ましいということである。というのも，標準原価を用いることで，供給事業部における作業能率の良し悪しを受入事業部に移転することを防ぐことができるからである。公平な業績評価という目的からみて標準原価が理に適っているのである。そこで，本書の説明も標準原価基準の採用を前提に標準全部原価基準および標準変動費基準について順に説明していく。

	全部原価	変動費
標準原価	標準全部原価	標準変動費
実際原価	実際全部原価	実際変動費

(a) 標準全部原価基準

一般的に実務で採用されているのは**標準全部原価**といわれる。全部原価を採用することで，変動費だけでなく固定費を含めた金額によって振り替えることが可能となり，製造原価全体をカバーすることができる。また，財務諸表作成目的で容認されている全部原価計算から得られる情報を利用できるため，企業の理解も得やすい。しかし，余剰生産能力が生じる場合（未利用キャパシティの存在），全部原価を用いると固定費を含んだ情報となり，全社的な視点からの短期的意思決定には適さない。

次の数値例に基づいて考えてみよう（**図表11-2**を参照のこと）。供給事業部であるA事業部では正常操業度を基準操業度としており，実際操業度との差として余剰生産能力が20個存在しているとする。いったん製品を生産した後に，需要が上向いた結果，余剰生産能力であった20個分を生産・販売したとする。

標準全部原価の基準では，標準変動費と標準固定費の合計がA事業部（供給事業部）からB事業部（受入事業部）への振替価格となる。ここでは，@500円×20個＝10,000円が該当する。A事業部では標準変動費として@300円が見込まれる。また，標準固定費は上述したように正常操業度を基準に算出されている。具体的には，年間固定費予算額240,000円÷1,200個（年間）＝200円／個である。A事業部は標準全部原価で振り替えるため，売上総利益は0となる。

第11章　事業部制を支える会計手法：振替価格と事業部資本と本社費配賦　245

[図表11-2] 標準全部原価基準：供給事業部と受入事業部に余剰生産能力がある場合

	A事業部（供給事業部）		B事業部（受入事業部）	
余剰生産能力	20個	—	20個	—
売上高（外部）	—	—	@600円×20個	12,000円
振替価格（標準全部原価）	@500円×20個	10,000円	@500円×20個	10,000円
標準変動費	@300円×20個	6,000円	@100円×20個	2,000円
標準固定費	@200円×20個	4,000円	@50円×20個	1,000円
売上総利益	—	0	−@50円×20個	(1,000円)

　一方，B事業部はA事業部から受け入れた部品に加工を施し，市価@600円で外部に販売可能である。その際，B事業部では標準変動費@100円と標準固定費@50円を要する。ここでは説明を単純化するために，B事業部の標準固定費もA事業部と同様の条件とする（年間固定費予算額60,000円÷1,200個（年間）＝50円／個）。

　ただし，余剰生産能力がある場合，固定費は埋没原価となるので，本来意思決定に含めるべきではない。A事業部の固定費は，この20個を作っても作らなくても発生しているからである。他方，余剰生産能力がない場合は，当然に生産のための追加コストがかかることになる。

　上記の問題に対してどのような解決策が考えられるのか。固定費の影響を回避すればよいという考えに基づけば，全部原価ではなく変動費のみを基準に振替価格を設定すればよい。そこで以下では**標準変動費基準**についてみていく。

(b)　標準変動費基準

　標準全部原価基準と同様に，余剰生産能力が20個ある場合，その20個について生産・販売した状況を想定してみよう。振替価格に標準変動費を採用することによって，B事業部では売上高12,000円−振替価格6,000円−標準変動費2,000円＝貢献利益4,000円が認識される。標準全部原価基準の数値例でも述べたように，固定費は余剰生産能力20個の生産如何に関わらず発生する無関連原価（埋没原価）である。標準変動費基準を用いることによって，余剰生産能力

[図表11-3] 標準変動費基準：供給事業部と受入事業部に余剰生産能力がある場合

	A事業部（供給事業部）		B事業部（受入事業部）	
余剰生産能力	20個	—	20個	—
売上高（外部）	—	—	@600円×20個	12,000円
振替価格（標準変動費）	@300円×20個	6,000円	@300円×20個	6,000円
標準変動費	@300円×20個	6,000円	@100円×20個	2,000円
貢献利益	—	0	@200円×20個	4,000円

20個を生産すれば，B事業部に4,000円の追加利益が発生することになり，全社的利益に貢献することが明らかとなる（図表11-3を参照）。

したがって，全社的利益の最大化を目指す短期的意思決定（たとえば，余剰生産能力の新たな利用可否や新規の部品振替など）には，標準変動費基準を用いた貢献利益ベースの情報が有用であるといえる。受入事業部では最終製品の貢献利益（外部への販売価格－追加の変動費）を超えない範囲で振替価格を設定すれば，全社的な利益は増加することになる。ただし，変動費を継続的に振替価格に使用し続けると，供給事業部では固定費を含んだ全部原価を回収することができなくなる危険性がある。

しかし，標準全部原価基準および標準変動費基準は原価のみの基準である。それゆえ，業績評価という点で大きな欠陥を抱える。上述した供給事業部（A事業部）は，標準全部原価もしくは標準変動費という原価要素によって振り替えるため，売上総利益ないし貢献利益はいずれも0である。つまり，供給事業部はコスト・センターとの位置づけに過ぎなくなる。事業部制組織は各事業部をプロフィット・センターとして位置づけることに大きな特徴があるとすれば，損益情報で評価できないという点は無視できない。そのため，原価になんらかのマークアップを行う原価加算利益基準を導入し供給事業部の業績評価を行うことが考えられる。

（2） 原価加算利益の基準（原価加算基準／コスト・プラス法）

原価加算利益基準（原価加算基準，コスト・プラス法ともいう）は，原価のみの基準に利益をマークアップする形で振替価格を設定する。原価の分類はすで

に述べたように標準全部原価，標準変動費，実際全部原価，および実際変動費が存在するため，原価加算利益基準にもバリエーションがある。ただし，実際原価を用いることの問題点はすでに述べたとおりであるので，標準全部原価あるいは標準変動費に利益を加算する方法が一般的といえよう。

また，余剰生産能力が存在する場合は，標準全部原価を用いると上述したような固定費が利益計算に影響を与え，短期的な意思決定には適さないという問題が生じる。その場合には標準変動費に利益を加算する方法（標準変動費＋利益）が理に適っている。標準変動費＋利益を振替価格に用いるということは，供給事業部と受入事業部で貢献利益の配分を行うことに他ならない。つまり，標準変動費のみで振替価格を行う場合と比較すると，標準変動費＋利益の下では供給事業部に貢献利益が計上されることから，全社的利益への貢献を可視化することに役立つのである。

以上を踏まえると，原価加算利益基準の意義は原価のみの基準で生じるコスト・センターの問題の解消にある。すわなち，各事業部に利益を付与し，プロフィット・センターとして位置づけるのである。これによって，各事業部による全社的利益の貢献を可視化することが可能となる。また，原価に利益を加算することで，最終製品の価格設定に役立つことも考えられる。

しかし，原価加算利益基準には事業部の業績評価について問題も残る。市価が存在しない状況下で振替価格を設定するには，恣意的に利益を加算すること以外に手立てがない。全部原価あるいは変動費の割合に応じて配分するのか，単純に50：50で配分するのかといったルールをいかなる根拠を持って定めるのかによって，当然のことながら業績評価にも影響を及ぼすのである。すなわち，利益の配分方法によって各事業部の業績が変動するのである。仮に，類似製品等から合理的な見積もりが可能であれば，振替価格は**合成市価**（岡本，2000，p.681）としての性格を帯び，市価基準に近い機能を果たすとも考えられる。

ただし，実際のところは合理的な見積もりが困難なケースが圧倒的であろう。事業部のマネジャー同士の交渉を通じて，**交渉価格**を用いることも一案である。しかし，利益配分は事業部のモチベーションにも影響を及ぼすため，本社の調整ないし介入が往々にして必要であり，結果的に恣意性を排除することは困難といえる。各事業部の全社的な利益に対する公平な業績評価には欠陥が残ると

言わざるを得ない。

(3) 二重価格基準

二重価格基準とは，供給事業部と受入事業部で異なる振替価格，すなわち振替価格の基準を複数設定することによって内部取引を行うことを指す。二重価格基準の目的は，各事業部の目標一致（全社的利益の最大化）と業績評価（利益の測定と評価）を両立させることにある。振替価格に供給事業部では市価基準や原価加算利益基準（標準全部原価加算利益基準ないし標準変動費加算利益基準）が用いられ，受入事業部では原価基準（標準全部原価基準ないし標準変動費基準）が採用される。一例として，供給事業部で標準変動費加算利益基準，受入事業部で標準変動費基準を用いて振替価格を設定したとしよう。

図表11-4から明らかなように，本来であれば全社的（A事業部とB事業部の合計）な正味の貢献利益は40,000円であるべきところが，25,000円も二重計上されていることがわかる。各事業部には利益が計算されるためプロフィット・センターとしての役割を可視化することが可能である。他方，各事業部のマネジャーは実際より過大計上された利益によって危機意識が低下し，逆機能をもたらしかねない。したがって，振替価格に二重価格基準を採用する上では，トップが全社的な正味の利益に注意を払いながら，各事業部の自律性を促すことが求められる。

[図表11-4] 二重価格基準

	A事業部（供給事業部）		B事業部（受入事業部）	
売上高(外部)	—	—	@800円×100個	80,000円
振替価格	@550円×100個 （標準変動費 加算利益基準）	55,000円	@300円×100個 （標準変動費基準）	30,000円
標準変動費	@300円×100個	30,000円	@100円×100個	10,000円
貢献利益	@250円×100個	25,000円	@400円×100個	40,000円

第3節◆事業部資本

　事業部の業績評価を行う際，事業部利益のような単なる利益指標ではなく，ROI などの投下資本に対する利益率を指標として用いる場合に，**事業部資本**（事業部投下資本）の考え方が取り入れられる。事業部資本を用いると，事業部が使用する資本に対して資本コストを課し，それを上回る利益を回収することが事業部の最低限の目標となるのである。わが国ではカンパニー制を取り入れる機運が高まった1990年代頃から，実務的にも学術的にも注目が集まっている。とくにわが国の企業では，事業部に損益計算書だけでなく貸借対照表を作成することもある。

　資本コストを算定する際のルールは，企業の個別事情に応じて設定されるためいくつかのバリエーションが存在する[4]。管理会計では**社内金利制度**および**社内資本金制度**という仕組みによって体系化されている。社内金利制度では，本社に対する社内金利を事業部が負担し，事業部が使用する資本に対して一定の金利を課すことによって，事業部の業績を評価する制度を指す。

　社内資本金制度は社内金利制度の基盤（社内金利を算定するために社内資本金のあり方を示した枠組み）として展開される。社内資本金制度を採用している場合，損益計算書に加えて貸借対照表を作成し，フローだけでなくストックの観点からも事業部の業績管理を行うことになる。このため，事業部はあたかも独立企業としての性格を帯びることから事業部の責任者に経営者の視点をもたらすことが期待される。

　社内金利制度および社内資本金制度の双方に共通する考え方は，資金調達の源泉ごとに資本コスト率をどのように設定するかということである[5]。社内資

---

[4] 櫻井（2015，pp.700-701）は欧米企業でよくみられる EVA® における資本コスト算定ルール（正味運転資本に対する加重平均資本コストを採用）との比較から，日本企業では社内借入金，社内資本金，留保利益ごとに資本コストを変える（複数の資本コストを採用する）という特徴を指摘している。

[5] 投資責任を有するインベストメント・センターは資本の調達源泉まで問われているわけではない。資本調達に関する意思決定は本社が行う。

本金制度を採用していない企業での社内金利の方法は，総資産（総資本）に金利を適用することになる。言い換えれば，資金の調達源泉別に金利を課すのではない（資金の調達源泉別に差別的管理を行うわけではない）。

他方，社内資本金制度を採用している企業での社内金利の方法は，資金の調達源泉別（社内借入金，社内資本金，留保利益ごと）に各々すべてもしくは一部に金利を適用することになる。具体的には，①社内借入金のみ，②社内借入金および社内資本金（資本に対するリターン），③社内借入金，社内資本金，留保利益（留保利益も株主に帰属するという考え）に金利を課すといったケースがあげられる。社内借入金に金利を課す点はきわめて当然な考え方である。

社内金利制度および社内資本金制度の目的は，事業部の責任者に対して資金管理の責任（資金の調達面と運用面に対する管理）を明確化すること，また資産（資本）を効率的に利用するべく促すことである。そして，事業部の責任者が資本コストを考慮した利益管理ができるように独立採算意識を持たせるのである。一例として，社内借入金が増加すれば支払利息が増加し事業部利益が減少するため，社内借入金の早期返済を事業部の責任者に促すことが期待される。

そもそも社内資本金制度は分権化を推進することがその主たる目的と考えらえる。すなわち，事業部に社内資本金を割り当てる（企業の資本金を分割する）ことで，事業部があたかも独立した企業体としてみなされる。事業部が社内資本を有するということは，留保利益をもつことが認められることを合わせて意味する。

これによって，累積損益を認識することが可能となり，事業部の業績をある一時点ではなく継続的な累積額を反映して評価することが可能となる。事業部留保利益は将来への投資の原資を意味し，事業部累積欠損金は責任者が損失を回避するための注意喚起情報となりうる（損失が続けば事業の撤退ということもありうるため，それを回避するインセンティブが働く）。社内資本金制度を採用することによって，事業部の責任者は中長期的な視点から事業の利益責任を負う（挽，1996）ことが期待されるのである。

最後に，事業部の資本コストに加重平均資本コスト（WACC）を用いる考え方もある。この場合，全社のWACCを用いるのか，それとも各事業部で個別のWACCを推計するのか議論が分かれる。各事業部の資本構成や事業リスク

が異なれば，個別のWACCを使用すべきだが，それを計算するのは容易ではない。社内資本金の理論的な配分が難しいこともあり，実際に事業部に対して資本コストを用いることは困難がつきまとう。

第4節◆本社費配賦の是非

　事業部制組織では本社費を事業部に負担させる（配賦する）か否かが問われる。本社費は事業部にとって管理不能費に相当するため，事業部に配賦する場合はその影響を考慮しなければならない。本社費に含まれる項目は，一般的に本社に属する総務部，経理部，経営管理部などの間接部門で発生した費用である。事業部の責任者に対して事業部以外で発生した本社費を負担させることは，責任会計でいうところの管理可能性原則から逸脱している。本社費の発生自体を事業部の責任者が直接コントロールすることはできず，上述したように管理不能費となる。そのため，管理不能な要素が責任者の業績評価に含まれることによって評価の公平性が損なわれ，責任者のモチベーションを低下させるという懸念が生じる。

　では，事業部制組織で本社費を事業部に配賦する意義はどこにあるのであろうか。はじめに，本社費という間接費の肥大化を抑制する効果が期待できる。これは，事業部による本社費増加の牽制とも言い換えることができる。本社費を事業部に配賦している場合，無駄な本社費は事業部の業績にとって負の要因となる。そこで，事業部が本社費を監視することによって抑止力を利かせるのである。

　次に，事業部の責任者に全社的な視点を持たせ，経営者意識を醸成する効果が考えられる。各事業部の責任者の業績を管理可能費のみで評価した場合，自分の事業部の評価さえよければよいという局所的視点に陥りかねない。あえて本社費を負担させることによって，本社費を回収しその上で利益を生み出すという発想を事業部の責任者に持たせることが，組織全体の利益向上には肝要である。事業部制組織では各事業部に独立採算を促すが，それだけでは部分最適化を生みかねない。全体最適化をもたらすためにも，事業部に本社費を負担させることは理に適っている。

第5節◆本社費の配賦方法

　事業部へ本社費の配賦を行う場合，複数の配賦方法が考えられる。事業部の納得が得られる配賦基準は**受益者負担の原則**に基づくものである。すなわち，事業部が本社から何らかのサービス提供を受けた場合，受益分に応じて本社費を負担するという考え方である。受益者負担の原則に立てば，事業部の業績評価を行う際も事業部の責任者の納得感が得られやすい。その際に，活動基準原価計算（ABC）を採用し，原価作用因となる活動を特定し，活動ドライバーを用いた配賦も考えられる。

　次に，**事業部の規模に応じて本社費を配賦する方法**もある。たとえば，事業部への投下資本額や従業員数を配賦基準とするケースである。規模が大きいほど本社からの支援を多く受けているはずであるとの根拠がその背景にあるが，本当にそうであるかを証明することはむずかしい。

　つづいて，**負担能力主義に基づく配賦方法**が存在する。これは事業部の売上高や生産高を基準として本社費を配賦する方法である。負担能力主義では事業部が売上（生産高）を増加させるほど，本社費を多く負担する仕組みである。負担能力主義を採用する一例として，安定して収益を上げている事業部が多く本社費を負担することで，まだ十分な収益力がない新規事業部の本社費負担を軽くするなどのケースが想定される。しかし，負担能力主義の決定的な問題は，事業部が売上（生産高）を増加させるモチベーションを削ぐ可能性がある点である。事業部間の業績評価にも不公平性が生じ，長期的にみれば事業部の責任者にとって負の作用が働く可能性があることに注意しなければならない。

　なお，本社費を一括りにして配賦基準を設定する場合や本社費の発生要因（コスト・ドライバー）別に区分して複数の配賦基準を併用する場合もある。前者を**一括配賦法**，後者を**個別配賦法**という（櫻井，2015, pp.695-696）。いずれにせよ，発生要因が明確な本社費について配賦基準の妥当性は明らかだが，そうではない本社費については恣意的な配賦をせざるを得ない。各事業部の納得性を得るためには配賦基準に対する組織内でのコンセンサスが求められるが，実務では本社費の配賦方法が慣習的（儀式的）に用いられている場合も少なく

ない。

　補足として，本社費の配賦と同様の効果を期待する仕組みに社内課金制度が存在する。**社内課金制度**はシェアードサービスで用いられる仕組みの1つである（園田，2006）。シェアードサービスは社内の資源を効率的に活用することにその狙いがある。具体的には，事業部ごとに存在していた間接部門（たとえば，経理部門，総務部門など）を1つの組織（本社直轄の部門や独立した企業）として集約し，各事業部との間でサービス提供の授受を認識する。そして，本社から受けたサービスに対して事業部が一定の料金を支払う（サービスに課金する）仕組みである。本社費の配賦も社内課金制度も，間接部門から受けたサービスに対して，その応分コストを事業部が負担する意味では変わりはない。また，社内課金制度でも賦課金の算出根拠が問題となる。各事業部が納得のいく価格設定がなされなければ，本社費の配賦で述べたような不公平感が生じる可能性に注意を要する。

《参考文献》
・岡本清（2000）『原価計算（六訂版）』国元書房。
・櫻井通晴（2015）『管理会計（第6版）』同文舘出版。
・清水孝（2015）『現場で使える管理会計』中央経済社。
・園田智昭（2006）『シェアードサービスの管理会計』中央経済社。
・挽文子（1996）「社内資本金制度の目的と機能」『原価計算研究』第20巻，第2号，pp.43-52。

第11章　章末問題

第1問　S社ではA事業部（供給事業部）とB事業部（受入事業部）との間の内部取引で振替価格を導入している。A事業部ではX部品を製造してB事業部に供給し，B事業部はX部品に加工を施してY製品を製造し外部へ販売している。以下の資料に基づき，問に答えなさい。

[資料]

① X部品（A事業部製造）
単位当たり標準変動費@650円／個　　単位当たり標準固定費1,500円／個
X部品の市場価格@2,500円／個

② Y製品（B事業部製造）
単位当たり標準変動費@2,000円／個　　単位当たり標準固定費5,000円／個
製品Yの販売価格@11,000円／個

③ その他
・X部品とY製品の生産数量はそれぞれ400個とする。
・原則としてB事業部はA事業部から部品Xを調達する。

問1　X部品の振替価格が下記のような場合，A事業部およびB事業部の利益はそれぞれいくらになるか計算しなさい。

(1) 市価基準
(2) 標準全部原価基準
(3) 標準変動費基準
(4) 原価加算利益基準（標準変動費＋利益（ただし，この取引全体から得られるA事業部の利益は50,000円とする））

問2　Y製品の販売価格が@9,000円となった場合，B事業部はA事業部からX部品を調達するべきか否か，全社的利益の最大化という観点からその判断と根拠を示しなさい。

問3　X部品の生産数量が減少し未利用キャパシティが発生する場合，振替価格に全部原価基準よりも変動費基準が望ましい理由を説明しなさい。

第2問　R社では本社費8,000万円を事業部に配賦している。以下の資料に基づいて問に答えなさい。

[資料]
配賦基準

	X事業部	Y事業部	Z事業部
投下資本	7,500万円	9,000万円	8,500万円
従業員数	50人	85人	65人
売上高	1億1,000万円	1億3,000万円	8,000万円
営業利益	1,125万円	1,200万円	875万円

問1 投下資本，従業員数，売上高，営業利益のそれぞれを配賦基準とした場合，各事業部への本社費配賦額はいくらになるか計算しなさい。

問2 本社費を事業部に配賦するにあたり，どのような考え方で配賦基準を選択するべきか説明しなさい。

問3 本社費の配賦と社内課金制度の違いについて述べなさい。

第12章

小さい組織をどのように管理するのか
：ミニ・プロフィット・センターとアメーバ経営

第1節◆ミニ・プロフィット・センターの基礎知識

1　ミニ・プロフィット・センターの意義

　第4章で説明したように利益責任を負う組織単位をプロフィット・センターという。そこでは事業部レベルといった上位の組織階層を想定していた。それに対して，事業部よりさらに下位の組織階層におけるプロフィット・センターをミニ・プロフィット・センター（Microprofit Center：MPC）という。しかし，MPCの設計原理はプロフィット・センターを単に「小集団化（細分化）」するということだけではない。MPCはコスト・センターをプロフィット・センター化し利益責任を付与するというメカニズムを合わせて理解する必要がある。

　権限をより組織の下位層に委譲すること（エンパワメント）により，内外の経営環境の変化により迅速に対応する効果が期待されている。小集団化され，かつ利益にまで責任範囲を拡大することで，各利益責任単位では組織内外の資源を巧みに活用しながら自律的に行動することが求められる。このように，MPCは現場へ任せることで組織構成員1人1人に経営への参加を促し，企業に貢献する人材を育成していくという側面も持っている。

　MPCを学習することは，単に組織構造の問題として捉えるのでなく，人（組織構成員）への影響をどのように組織デザインに織り込んでいるのかという観点から理解することが望ましい。

MPC は近年注目を集める概念の1つであるが，諸刃の剣であることにも注意を要する。たとえば，組織を小集団化すれば，意思決定系統にバラつきが生じ部分最適化を招く可能性もある。また，組織全体での情報共有に時間を要し，かえってスピード感が損なわれることも懸念される。すべての経営管理システムにいえることではあるが，MPC の強みと弱みを合わせて理解した上で，最終的には弱みを克服するために各事例でどのように創意工夫をしているのかまで学習を進めることが必要である。

　MPC 概念は Cooper（1995）で初めて提唱され，その後わが国の研究者を中心に理論化が進展している[1]。Cooper は京セラをはじめ，ヒガシマル醬油，オリンパス光学といった日本企業の事例から，帰納的に MPC 概念を抽出している。さらに，MPC を真性（real）MPC と擬似（pseudo）MPC とに識別している。双方を区別する点は，①プロフィット・センターを管理するスキルを持つ人材がいるかどうか（いれば真性 MPC），②責任センターが作る中間製品を買う意思のある外部顧客がいるかどうか（いれば真性 MPC），そして③この責任センターの作る中間製品を外部顧客に販売する意思があるかどうか（あれば真性 MPC）の3点である（Cooper, 1995, p.280）。②と③は内部取引に市価基準を採用することができる環境が整っているかどうかを意味し，実質的に②と③が真性 MPC と擬似 MPC を区別する条件となる（三矢，2003, p.17）。それを踏まえて，本書では便宜的に市価基準の振替価格の採用を真性 MPC の特徴とみなす。

　Cooper（1995）が**真性 MPC** の一例としてあげているのが京セラである。京セラでは製造プロセス内で各工程をアメーバとして編成し，各アメーバに利益責任を課している。アメーバ間の内部取引は原則として市価基準に基づく振替価格が採用されている。これによって，製造工程のアメーバであっても**市場価格**をベースとした価格交渉で自アメーバの利益を管理する。アメーバ経営の詳細は次節に改めて述べる。

　他方，Cooper が考察したその他の事例（ヒガシマル醬油，オリンパス光学など）でも，同様に製造工程間で内部取引を行っている。しかし，採用されてい

---

[1] たとえば（三矢，2003）など。

る振替価格は市場性のない基準（たとえば，原価加算利益基準）で行われており，**擬似 MPC** とされる。すなわち，擬似 MPC では工程間で市場価格をベースとした価格交渉が行われておらず，振替価格はあらかじめ決められた仕切価格となっている。

　真性 MPC および擬似 MPC の双方に共通している点は，製造工程間の内部取引で利益を測定し管理していることである。製造工程はその職務だけをみれば「コスト・センター」としての役割であるが，利益責任を課すこと（利益責任の付与）によってプロフィット・センター化していることがわかる。これによって，各工程は単なる原価低減に対する役割期待から，利益向上への役割期待へと異なる性質を帯びることになる。もちろん，上述したように採用されている振替価格の性質が市場性を帯びているか否かによって，真の意味での「利益」管理となるかは議論の余地はある。それでも各工程が独立採算を意識することで，まさに製造の現場レベルから経営者意識を醸成することが期待されている。

2　真性 MPC と擬似 MPC

　真性 MPC と擬似 MPC について，Cooper 以降，わが国の事例研究で明らかにされてきた知見を踏まえながら説明を加える。

　真性 MPC の代表的な事例は前述した京セラのアメーバ経営（たとえば三矢, 2003）の他に，ハリマ化成のユニット採算システム（菅本, 2004; 菅本・牧野, 2005）があげられる[2]。真性 MPC の特徴は，前述したように内部取引に市価基準による振替価格を適用する点にある。京セラやハリマ化成では，内部取引だけでなく外部との取引も一部認められている（忌避宣言権）ため，振替価格の交渉に市場原理を取り入れ，各責任単位に独立採算意識を強く醸成させている。

　製造部門をあえて真性 MPC とする論拠として，「実際にモノをつくる製造部門こそが利益の源泉である」（稲盛, 2006, p.176）という考えがある。この考

---

[2]　セーレン（足立, 2010）では工場と営業部との間で市価基準による振替価格が導入されており，真性のプロフィット・センターに該当する。ただし，利益責任の細分化とまではいえず，ここでは真性 MPC に含めていない。

え方の下では，営業部門は「マーケット情報を製造部門に伝えることが期待されている」（三矢，2003, p.79）。単に製造部門は作る人，営業部門は売る人という構図ではなく，製造部門こそが利益を生み出す源泉という考えを強く反映している。よって真性MPCを採用するということは，製造部門を市場の競争原理にあえて晒すことで，製造現場から利益体質を強化することに他ならない。そのために，製造部門は常に利益向上に寄与する原価改善が求められる。

それに対して，擬似MPCの代表的な事例はCooper（1995）で取り上げられていたヒガシマル醤油，オリンパス光学の他に多くの事例研究がある。具体的には，NEC埼玉のラインカンパニー制（谷・三矢，1998），住友電気工業のMPC（菅本・伊藤，2003；松木，2003，2005，吉田・松木，2001，2005），電子部品メーカーA社のブロック・カンパニー制度（窪田ほか，2004），北日本電線（住友電気工業の関連会社）のMPC（松木，2006）などである。

擬似MPCでは内部取引に市価基準ではなく原価加算利益基準が振替価格（いわゆる仕切価格）として適用されている。つまり各責任単位では権限の範囲が原価に限定されることになる。内部取引の価格には利益が含まれるが，利益分はあらかじめ決められたマージンで設定される。つまり，ここでいう利益とは，各責任単位にとって市場性を帯びていない擬似的な利益に過ぎない。このことから擬似MPCは「業績の測定は利益によっておこなわれているが，経営管理者の権限は原価（あるいは収益）の発生額に関する意思決定権限に限定されているような責任単位である」（伊藤，1998, p.87）といえる。

擬似MPCは権限が管理可能な「原価」に限定されている点で，機能面でみればコスト・センターと何ら変わりがないのではないか，という疑問が生じる。そこで，あえてプロフィット・センター化する意義について伊藤・菅本（2003）は，①効果的な原価改善活動の動機づけと，②利益情報を用いた「前向き」な目標による意欲向上をあげている。①効果的な改善活動とは，擬似MPCによって現場の作業と企業利益との関連づけを擬似的に行い，改善すべき項目の優先順位を明確化すること（吉田・松木，2001）である。

他方，②利益情報を用いた「前向きな」目標によって従業員の意欲が向上する論拠は，「利益の増大」という目標が「原価の削減」という目標よりも改善を動機づける効果が強い（Kaplan and Cooper, 1998）ということに求めること

ができる。心理学的アプローチからも，現場で利益情報を用いることが作業員の自己効力感を醸成し，それが自律的な行動の先行要因となっていることが明らかとなっている（渡辺，2008）。つまり，自ら考え行動した結果が利益という実績にどれだけ貢献したかを評価することで，従業員が動機づけられるのである。

以上のことから，擬似的MPCは単なるコスト・センターとはその期待される機能が大きく異なる。現場の作業員が「原価」情報のみで改善活動を行うよりも，「利益」情報をあえて採用することで，全社的利益への貢献の可視化と利益増大というポジティブな動機づけが期待されるのである。ただし，この効果はコスト・センターを単にプロフィット・センター化することでは享受できない。既述したように，効果の論拠を組織構成員が納得する形で可視化されることが求められる。

第2節◆アメーバ経営の概念

1　京セラの経営

CooperがMPCの一例として取り上げた京セラのアメーバ経営は，管理会計領域において多様な研究アプローチの下で進展している[3]。本節ではアメーバ経営の概要について，とくに管理会計的側面を中心に説明する。

アメーバ経営は日本的管理会計[4]を代表する手法の1つである。京セラの前身である京都セラミック株式会社（以下，京セラ）の創始者である稲盛和夫名誉会長が様々な経営課題に直面する中で，それを克服するべく編み出された経営管理システムである。中でも管理会計の仕組みには独自の会計観が反映されている。後述するように，**時間当り採算**と呼ばれるKPIを中核とした**部門別採算制度**がそれである[5]。

3　アメーバ経営に関する論点ごとの変遷は庵谷（2018）に詳しい。
4　ここでいう日本的管理会計とは日本企業で創発された管理会計技法もしくは一連の管理会計システムを指す。

京セラは稲盛氏の技術を世に問うべく，ファインセラミックス製品を事業の中心に据えたものづくりベンチャー企業として1959年に創業された。そして，現在では通信事業やサービス業といった多様な事業を包括したグローバル企業へと発展を遂げている。このように，アメーバ経営は中小企業から大企業に至るまで，業種業態も製造業から非製造業に至るまで多様な組織への適用が可能である[6]。事実，京セラのアメーバ経営を導入する組織も少なくない。とくに，2010年の日本航空株式会社（以下，JAL）への導入とその成果は，アメーバ経営が優れた経営管理システムであることを世に知らしめるまたとない契機となったといえる。ただし，京セラのアメーバ経営と導入組織のアメーバ経営には相違も多く存在する（庵谷，2018）。

2　京セラのアメーバ経営

　アメーバ経営学術研究会（2010）によれば**アメーバ経営**とは「機能ごとに小集団部門別採算制度を活用して，すべての組織構成員が経営に参画するプロセスである」(p.20) と定義されている。

　また，アメーバ経営の目的について稲盛氏は以下の3要素を列挙している（稲盛，2006,p.31）。

> 1．市場に直結した部門別採算制度の確立
> 2．経営者意識を持つ人材の育成
> 3．全員参加経営の実現

　第1の目的は「市場の動きに即座に対応できるような部門別採算管理」（稲盛，2006,p.44）の実現を指す。具体的には内部取引で用いる振替価格に市場価格を採用することで，組織の末端にまで市場意識を浸透させるのである。

5　京セラアメーバ経営における時間当り採算の生成と発展については潮（2013）に詳述されている。

6　京セラコミュニケーションシステム株式会社（KCCS）によれば，2017年12月末時点のアメーバ経営導入実績は749社に上り，うち製造業48%，非製造業41%，介護・医療11%となっている（京セラウェブサイト「コンサルティング事業の歩み・導入実績」）。

第2の目的は各アメーバのリーダーに経営者に必要な意識を醸成することにある。各アメーバのリーダーは部門別採算を実践する中で，アメーバという1つの組織を経営するノウハウを養う。

最後に，第3の目的は組織の全構成員が全社的目標に向かって個々の力を結集することにある。局所的な行動は部分最適化を生むが，アメーバ経営では全体最適化を志向する。従業員は自アメーバの採算のみに注力するのではなく，他のアメーバと協働しながら全社的目標の最大化に尽力していくのである。そこで，京セラでは「大家族主義」や「利他の精神」といった「人の心をベース」とした経営を展開している（稲盛，2006）。

アメーバ経営は管理会計のみを指すのではなく，**京セラフィロソフィやアメーバ組織を含めたパッケージ**として存在する。京セラフィロソフィはアメーバ経営を支える土台であり（廣本，2006），「アメーバ経営は理念システムとしてのフィロソフィとともにコントロール・パッケージをなし」，車の両輪（谷，2013，p.26）と例えられる。よって，アメーバ経営を理解するには「組織」，「管理会計」，「経営哲学」（三矢，2003）という側面を総合的に見ていく必要がある。

第3節◆アメーバ経営の手法

1　アメーバ組織

京セラでは全社的に事業部制組織を展開しているが，**アメーバ組織**は基本的に職能別組織を前提に設計されている。稲盛氏は当初「工程別に採算を見ようと考え」（稲盛，2006，p.103），アメーバ組織を考案した。まず製造部門と販売（営業）部門とに利益責任単位を分け（製販分離），さらに製造部門内で工程別に利益責任単位を編成している。各工程（アメーバ）は連続的な業務プロセスを編成していることから，「ライン部門の連続プロフィットセンター化を意味している」（上總・澤邉，2005，p.100）。本来，製造部門内の各工程はコスト・センターに相当する。それに対してアメーバ経営では，各工程をプロフィット・センターに置き換えているのである。受注生産方式を前提とするアメーバ

組織は**図表12-1**のとおりとなる。

[図表12-1] アメーバ組織

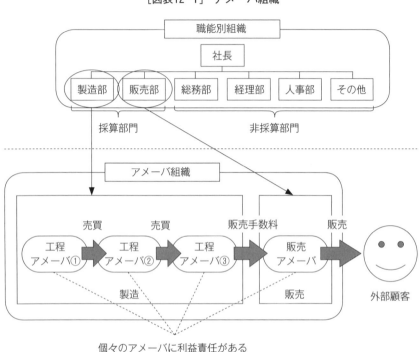

[出所] 庵谷, 2018, p.17。

図表12-1からわかるように, 利益責任単位は事業部よりもさらに下位レベルである職能部門（製造・販売）あるいは工程にも設定されている。利益責任単位がより小さい単位となっていることから, ミニ・プロフィット・センター（MPC）と称されるのである。

なお, アメーバ組織は利益責任単位を小さな括りにすれば成立するというわけではない。京セラでは以下の3つの条件を満たすことを課している（稲盛, 2006, p.103）。

> 条件1　アメーバが独立採算組織として成り立つ単位であること。つまり，アメーバの収支が明確に把握できること。
>
> 条件2　ビジネスとして完結する単位であること。つまり，リーダーがアメーバを経営するのに，創意工夫をする余地があり，やりがいを持って事業ができること。
>
> 条件3　会社の目的，方針を遂行できるように組織を分割すること。つまり，組織を細分化することで，会社の目的や方針の遂行が阻害されないこと。

端的に解説すると次のとおりとなる。第1の条件はアメーバ組織が独立採算可能かどうか（単体で利益計算[7]が可能かどうか）を意味している（**利益の計算可能性**）。第2の条件はアメーバ組織が1つの事業として成り立つかどうかを示している（**事業としての完結性**）。第3の条件はアメーバ組織が組織の目的を達成するのに十分な機能を有するかどうか（集約化⇔細分化のバランスがとられているかどうか）を指す（**目的の遂行可能性**）。以上を踏まえると，アメーバ経営ではいたずらに組織を細分化することを必要としていない。アメーバ組織は刻々と変わる内外の経営環境の変化に適応させるために，上述した3つの条件に照らし合わせながら分裂と統合が繰り返されるのである[8]。

2　管理会計システム

アメーバ経営の管理会計システムは**部門別採算制度**と呼ばれる一連の管理会計技法から成る。その中核は時間当り採算と呼ばれる京セラ独自の業績評価指標にある。また，アメーバ組織の収支計算を行うために，アメーバ間の内部取引に振替価格が採用されている。以下では時間当り採算を中核とした部門別採算制度について説明する。

---

[7] 京セラのアメーバ経営では，基本的に現金主義をベースとした管理会計が展開されており，利益計算もいわゆる発生主義をベースとしたものとは異なることに注意を要する。

[8] 直接部門（製造部門，販売部門など）が採算部門（プロフィット・センター）であり，間接部門（経営管理部門，経理部門，総務部門など）が非採算部門（ノン・プロフィット・センター）とされる。

（1） 時間当り採算

　時間当り採算はアメーバ組織の1時間当りの付加価値を表しており，1か月間のアメーバの成果が計算対象となる。各アメーバの売上高から労務費以外の経費を差し引いて付加価値を算出し，総労働時間で除した値が時間当り採算となる[9]。計算構造を端的に示すと下記のようになる。

$$時間当り採算 = \frac{売上高 - (総経費 - 労務費)}{総労働時間}$$

　時間当り採算を向上させるには，売上最大，経費最小，時間最短という3つのアプローチが考えられる。このように明快な論理に基づいていることから，時間当り採算は組織の最前線の従業員にもわかりやすい指標となっている。労務費を経費項目から除外する狙いとして，労務費の最小化の回避，人員貸借（詳しくは後述）の流動化促進，業績の比較可能性向上などがあげられる（庵谷，2018, pp.91-94）。労務費は各アメーバで管理不能（稲盛，2006）であるので，各アメーバでは労務費の削減に着手することなく業績向上の施策を検討することが可能となっている。なお，アルバイトもしくはパートの人件費は労務費ではなく「雑給」として経費に含まれている（**図表12-2**の備考欄を参照）。

　具体的な計算項目をみていく。受注生産方式を前提とした場合の時間当り採算は次のようになる。

　図表12-2は製造部門の時間当り採算の計算式とそれに基づく採算表である。総出荷とは製造部門の売上を意味し，社外出荷（社外への販売）および社内売（次工程アメーバへの販売）の合計からなる。営業部門は製造部門から販売手数料として**営業口銭**を受け取ることになる。

　総出荷から社内買（前工程アメーバからの買い）を差し引くと自アメーバの生産高である総生産が算出される。つづいて，自アメーバで要した労務費を除

---

[9] 京セラでは「労務費」と「経費」を独自の定義で用いている。よって，原価計算基準の形態別分類に基づく定義とは異なるため，解釈には注意を要する。たとえば，営業部門で通常「販売費および一般管理費」に当たる人件費や費用が「労務費」や「経費」といった表記で示されることがある。

[図表12-2] 製造部門の時間当り採算

主な項目		計算式	備考
総出荷	（千円）	A=B+C	
社外出荷	（千円）	B	社外への売り
社内売	（千円）	C	次工程への売り
社内買	（千円）	D	前工程からの買い
総生産	（千円）	E=A-D	
費用合計	（千円）	F=a+b+・・・+q	労務費以外の費用
原材料費		a	
金具・仕入商品費		b	
外注加工費		c	
修繕費		d	
雑給		e	アルバイト／パートの人件費
・・・・・・・		・・・	
・・・・・・・		・・・	
工場経費		o	
内部技術料		p	
営業・本社経費		q	
差引売上	（千円）	G=E-F	付加価値（労務費含む）
総時間	（h）	H	正規従業員の労働時間
当月時間当り	（円/h）	I=G÷H	時間当り付加価値

［出所］三矢, 2003, p.93, 図表4-7に基づき筆者加筆修正。

いた費用合計を計算し，総生産から差し引くと差引売上（付加価値を意味する）が求められる。最後に，差引売上を総労働時間で除すと，当月時間当り（時間当り採算）が計算可能となる。

図表12-3は営業部門の時間当り採算の計算式とそれに基づく採算表である。売上は製造部門で計上されるため，売上に口銭率を掛け合わせた営業口銭が営業部門の総収益となる。つづいて，労務費を除いた経費合計を算出し総収益から差し引くことで，差引収益が計算される。さらに，各アメーバ組織の総労働時間で除すことによって当月時間当り（時間当り採算）を求めることができる。

[図表12-3] 営業部門の時間当り採算

主な項目		計算式	備考
受注		X	当月の総受注高（未実現分を含む）
売上高	（千円）	A	
総収益	（千円）	B＝A×10%	営業口銭（手数料収入）を一律10%と仮定
経費合計	（千円）	C＝a+b+・・・+q	労務費以外の費用
電話通信費		a	
旅費交通費		b	
販売手数料		c	
販売費		d	
雑給		e	アルバイト／パートの人件費
・・・・・・・・		・・・	
・・・・・・・・		・・・	
賃借料		p	
本社経費		q	
差引収益	（千円）	D＝B－C	付加価値（労務費含む）
総時間	（h）	E	正規従業員の労働時間
当月時間当り	（円/h）	F＝D÷E	時間当り付加価値

［出所］三矢, 2003, p.96, 図表4-8に基づき筆者加筆修正。

　最後に，**人員貸借**について説明を加える。アメーバ経営では未利用キャパシティの有効活用が促進されている。アメーバ組織で手の空いた人員がいる場合，必要なアメーバ組織に貸し出すことができる。これによって貸し手のアメーバではその分の時間を借り手のアメーバへ振り替えることができる。言い換えれば「時間最短」による時間当り採算の向上を実現できるのである。また，借り手のアメーバも新たな人員を補うことで生産高が上がれば，「売上最大」という観点から時間当り採算の向上を図ることが可能となる。結果的に，局所的な不能率が解消されることによって，組織全体の生産性が向上することが期待されるのである。

3 予実管理システム

京セラでは予算という用語を採用せず，代わりに3か年ローリングプラン，マスタープランおよび予定に基づく**予実管理システム**（上總，2010）を運用している。3か年ローリングプランが向こう3年間の中長期的利益計画，マスタープランが年次の利益計画，予定が月次の利益計画をそれぞれ意味し，事前管理に重きを置いた目標管理として機能している。このことから**フィードフォワード型予算管理**（上總，2010, p.83）とも称される。

マスタープランは年度末に作成した翌年度の年次利益計画を月割した数値であるのに対し，予定は月末に作成した翌月の月次利益計画である。双方ともに月次の目標管理という点で共通しているが，数値に込められた意味合いが異なる。マスタープランは各アメーバの責任者が達成したいという思いを込めた数値（ストレッチな目標値）であるのに対し，予定は直近の経営環境を加味した現実的な数値となる。

ただし，マスタープランで設定された目標値は原則として修正されず，年間を通じて達成することが各アメーバには求められる。このため，仮にある月にマスタープランの目標値が達成できなかった場合，翌月以降に下回った分を取り戻す必要が生じる。すると，翌月以降の予定の目標値もその分を織り込む必要が生じるため，現実的な目標値というよりもストレッチな目標値という性格を帯びてくる可能性もある。このあたりのさじ加減はケースバイケースであり，予定の目標値をどのレベルに設定するかは現場の責任者と上位の責任者との間で意見が交わされ，調整されることが想定できる。

予定ではさらに目標値の進捗管理を週次もしくは日次で実施している。目標値を事後的に管理するのではなく，月中に事前管理することで早期に手立てを講じるのである。

なお，業績評価の仕組みではアメーバの業績と責任者の報酬（賞与）は連動していない。これはアメーバ経営の重要な要素の1つとしてあげられる。というのも，業績連動報酬は，各アメーバの利己的な行動を誘発しかねないからである。また，各アメーバの責任者がストレッチな目標値を設定することを躊躇しかねないという点も指摘できる。京セラでは，アメーバの責任者に挑戦を促

し，メンバーが一丸となって目標値を達成することを重要視している。仮に目標値をクリアできなくとも業績に反映しないことで，責任者の挑戦意欲が削がれることがないように配慮しているのである。

4　社内売買システム

アメーバ経営では各アメーバの収支を計算するために振替価格を用いた内部取引を行っており，京セラでは**社内売買**と称される。**図表12-4**は受注生産方式に基づく社内売買システムを表している。アメーバ間では原則，市価基準に基づく振替価格が用いられている。さらに，各アメーバには忌避宣言権が付与されており，必ずしも社内のアメーバに対して売買を行わずともよいとされている。アメーバ間での社内売買が確約されていないことから，各アメーバの責任者の真剣度は市場取引と同様となる。このように，社内に市場原理を持ち込

[図表12-4]　社内売買システム

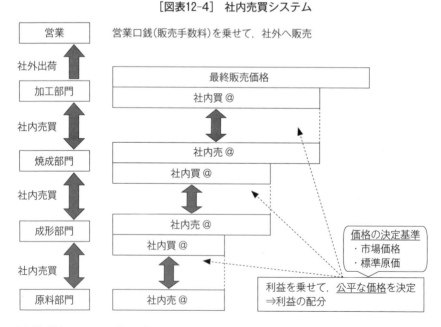

[出所] 稲盛，2010, p.9に基づき筆者加筆修正。

むことによって，全員参加経営の実現を図っているのである。なお，製品の中には特注な仕様で市場価格が存在しないケースもある。その場合は，標準原価ベースの原価基準により振替価格が設定されている。

5 非製造業における協力対価システム

京セラの社内売買システムは非製造業では**協力対価システム**として展開されている（松井，2017）。その主な理由は，京セラでは工程間あるいは製造部門と販売部門との間に連続的な業務プロセス（たとえば，工程①⟹工程②……）が存在する一方，非製造業では各職能が個別に顧客にサービスを提供している（非連続的な業務プロセス）ケースが多く存在するからである。非連続的な業務プロセスでは実際に職能間での取引がないため，各職能で社内売買を行うことが実質的に困難である。そこで，編み出された手法が「協力対価」という方式である。具体的には，病院やJALへの導入事例が報告されている。

協力対価システムでは，主幹部門（元請け）を設定し，他の部門（下請け）との取引を擬似的に認識する方法をとる。松井（2017）によると，大きく3つのステップを踏む（pp.296-298）。第1に，顧客にサービスを提供する主幹部門（元請け部門）を設定すること，第2に，主幹部門（元請け部門）は支払いのみを行い，その他の部門（下請け部門）は受け取りのみを行うこと，第3に，部門間の社内売買では売上を同時に認識させることとしている。これは，サービスが活動の束と解されることに由来し，製造業におけるものづくりのプロセスと異なることに着目した，非製造業（とくに対人的サービスを提供する組織）に適した社内売買の仕組みといえる。主幹部門（元請け部門）とその他の部門（下請け部門）では，協力対価が設定されることで，各部門を採算部門（プロフィット・センター）化し，利益管理を行うことを可能とするのである。

ただし，擬似的な取引となるがゆえに，協力対価で用いる価格はあらかじめ定められたものを用いる以外に手はない。そのため，病院では診療報酬制度をベースとした価格設定が行われ，JALでもあらかじめ各便を運航するのに必要な費用を試算し，それをベースに価格が設定されている。よって，協力対価の仕組みでは各責任単位は擬似的なプロフィット・センター（もしくは擬似MPC）という様相を呈しており，京セラとは異なることに注意を要する。

第4節◆京セラフィロソフィ

1　京セラフィロソフィの概要

　京セラフィロソフィはアメーバ経営を成功裡に遂行させるうえで，不可欠な要素となっている。稲盛氏によれば，どんなに優れた経営管理システムを構築しても，それを動かす人（とくに責任者）の心が乱れていては効果を発揮できないとし，「人の心をベース」とした経営を重視している。「物事を損得で判断するのではなく，善悪で判断する」（稲盛，2010, p.13）行動をとるように説いている。

　稲盛氏は京セラの経営理念を「全従業員の物心両面の幸福を追求すると同時に，人類，社会の進歩発展に貢献すること」（京セラウェブサイト「社是・経営理念」）と定めている。これは，近年トレンドとなっている株主重視経営とは一線を画すものであり，**全員参加型経営**を目指す京セラならではの理念である。また同理念は，時間当り採算が時間当り付加価値を意味することにも表れている。すなわち，時間当り採算を向上させることは付加価値（利益＋労務費）の向上に他ならず，従業員への配分を増加させることにも通ずるのである。このように，京セラフィロソフィが管理会計の仕組みに具現化されていると解釈する研究は潮（2013）をはじめ多数存在している（庵谷，2018）。

　京セラフィロソフィは1冊の書籍として上梓されている（稲盛，2014）。その内容は多岐にわたるため，ここでは特定のテーマで括られたフィロソフィを紹介する。具体的には「7つの会計原則」，「6つの精進」，「経営12カ条」である。

2　7つの会計原則，6つの精進，経営12カ条

　7つの会計原則は，①キャッシュベース経営の原則，②一対一対応の原則，③筋肉質経営の原則，④完璧主義の原則，⑤ダブルチェックの原則，⑥採算向上の原則，⑦ガラス張り経営の原則である。7つの会計原則には稲盛氏の会計観が強く反映されている。とくに現金主義や在庫といった無駄の排除を徹底すると同時に，採算情報を社内でオープンにし共有することを重要視している。

6つの精進は，①誰にも負けない努力をする，②謙虚にして驕らず，③反省のある毎日を送る，④生きていることに感謝する，⑤善行，利他行を積む，⑥感性的な悩みをしないである。「6つの精進」は稲盛氏の経営観だけでなく人生観も反映されている。わけても，利己的な行動ではなく利他的な行動（相手の利益も考慮して行動すること）が，翻って自社の長期的な利益につながることを明文化している。

　経営12カ条は，①事業の目的，意義を明確にする，②具体的な目標を立てる，③強烈な願望を心に抱く，④誰にも負けない努力をする，⑤売上を最大限に伸ばし，経費を最小限に抑える，⑥値決めは経営，⑦経営は強い意志で決まる，⑧燃える闘魂，⑨勇気をもって事に当たる，⑩常に創造的な仕事をする，⑪思いやりの心で誠実に，⑫常に明るく前向きに，夢と希望を抱いて素直な心でである。「経営12カ条」は経営者にとって最低限必要なマインドセットを表しており，各アメーバの責任者が持つべき心得として意識づけている。

　以上のフィロソフィを普段の行動で意識づけるために，京セラではフィロソフィ教育を全社的に展開している。現場の従業員から中堅，幹部の従業員に至るまで，あらかじめ定められた時間のフィロソフィ研修を受講する必要がある。また，京セラフィロソフィが記載されたフィロソフィ手帳が全従業員に配付され，朝礼などで唱和やフィロソフィに基づく体験談が共有されている。他にも社内コンパを定期的に開催することで，従業員間でフィロソフィを語り合う場を積極的に設けている。

　最後に，フィロソフィと管理会計の関係を簡潔に論じる。フィロソフィは管理会計を補完するとの見方と，フィロソフィは管理会計に具現化されているとの見方がある。補完するとの見方は，各アメーバが時間当り採算を追及し部分最適化行動に陥ることを，フィロソフィ（たとえば，大家族主義や利他の精神）によって是正するという解釈である。他方，具現化するとの見方は，時間当り採算にはフィロソフィが具現化されていることから，時間当り採算を追求することは同時にフィロソフィを実践していることを意味するとの解釈である。いずれにせよ，フィロソフィと管理会計との間で整合性がとれていることが必要であり（澤邉・庵谷，2017），双方を合わせてアメーバ経営を設計・運用することが有効であると考えられる。

《参考文献》

- Cooper, R.（1995）*When Lean Enterprises Collide: Competing through Confrontation*, Boston: MA, Harvard Business School Press.
- Kaplan, R. S. and R. Cooper（1998）*Cost & Effect*, Boston MA: Harvard Business School Press.（櫻井通晴訳（1998）『コスト戦略と業績管理の統合システム』ダイヤモンド社）
- 足立洋（2010）「製造部門における利益管理」『原価計算研究』第34巻, 第2号, pp.68–78。
- アメーバ経営学術研究会編（2010）『アメーバ経営学－理論と実証－』KCCSマネジメントコンサルティング株式会社。
- 伊藤克容（1998）「擬似プロフィットセンターに関する考察」『産業經理』第58巻, 第3号, pp.85–92。
- 伊藤克容・菅本栄造（2003）「擬似プロフィットセンターの多様性に関する考察」『會計』第163巻, 第3号, pp.234–246。
- 稲盛和夫（2006）『アメーバ経営：ひとりひとりの社員が主役』日本経済新聞出版社。
- 稲盛和夫（2010）「アメーバ経営はどのようにして誕生したのか」『アメーバ経営学－理論と実証－』KCCSマネジメントコンサルティング株式会社, pp.1–22。
- 稲盛和夫（2014）『京セラフィロソフィ』サンマーク出版。
- 潮清孝（2013）『アメーバ経営の管理会計システム』中央経済社。
- 庵谷治男（2018）『事例研究 アメーバ経営と管理会計』中央経済社。
- 上總康行（2010）「アメーバ経営の仕組みと全体最適化の研究」アメーバ経営学術研究会編『アメーバ経営学－理論と実証－』KCCSマネジメントコンサルティング株式会社, pp.58–88。
- 上總康行・澤邉紀生（2005）「京セラのアメーバ経営と利益連鎖管理（PCM）」『企業会計』Vol.57, No.7, pp.97–105。
- 窪田祐一・島吉伸・吉田栄介（2004）「ミニ・プロフィットセンターの相互依存関係マネジメントへの役立ち－電子部品メーカーA社のケースを通じて－」『原価計算研究』第28巻, 第2号, pp.27–38。
- 澤邉紀生・庵谷治男（2017）「部門別採算制度が経営理念の発現に及ぼす影響－ホテルにおけるアメーバ経営の事例－」アメーバ経営学術研究会編『アメーバ経営の進化：理論と実践』中央経済社, pp.61–100。
- 菅本栄造（2004）「ユニット採算システムの設計と運用方法－ハリマ化成（株）のミニ・プロフィットセンターの事例研究」『會計』第166巻, 第6号, pp.30–44。
- 菅本栄造・牧野信夫（2005）「ハリマ化成（株）におけるユニット採算システム－ミニ・プロフィットセンターの管理会計システムの構築に向けて」『経理研究』第48号, pp.315–329。

- 谷武幸（2013）「アメーバ経営の概念モデル－フィロソフィとのコントロールパッケージによる組織の活性化」『企業会計』第65巻，第 No.2, pp.17－27。
- 谷武幸・三矢裕（1998）「NEC埼玉におけるラインカンパニー制：ミニ・プロフィットセンターの管理会計の構築に向けて」『國民經濟雜誌』第177巻，第3号，pp.17－34。
- 廣本敏郎（2006）「京セラのアメーバ経営－その意義と形成過程－」『経済論叢』（京都大学）第178巻，第4号，pp.1－28。
- 松井達朗（2017）「協力対価方式の発案－医療・介護業界，日本航空への導入－」アメーバ経営学術研究会編『アメーバ経営の進化：理論と実践』中央経済社, pp.287－307。
- 松木智子（2003）「ミニ・プロフィットセンター・システムの特徴と効果－住友電気工業㈱の予備的調査を通じて」青森公立大学経営経済学研究，第9巻，第1号，pp.21－49。
- 松木智子（2005）「ミニ・プロフィットセンター制によるマネジメント・コントロールの分析－結果・行動・人事・組織文化によるコントロールの視点から－」『原価計算研究』第29巻，第1号，pp.92－104。
- 松木智子（2006）「ミニ・プロフィットセンター制における管理会計情報の役割－上司とミニ・プロフィットセンター長とのアカウンタビリティ関係」『原価計算研究』第30巻，第1号，pp.20－34。
- 三矢裕（2003）『アメーバ経営論』東洋経済新報社。
- 吉田栄介・松木智子（2001）「擬似ミニ・プロフィットセンターのエンパワメント：住友電気工業㈱のケースを通じて」『商経学叢』第47巻，第3号，pp.171－190。
- 吉田栄介・松木智子（2005）「住友電工のミニ・プロフィットセンターとエンパワメント」櫻井通晴編『企業再編と分権化の管理会計－企業価値を高める再生の手法』中央経済社, pp.157－173。
- 渡辺岳夫（2008）「ミニ・プロフィットセンター・システムの情報特性と人間心理」『會計』第174巻，第7号，pp.31－46。
- 京セラウェブサイト「コンサルティング事業の歩み・導入実績」https://www.kccs.co.jp/consulting/service/amoeba/summary/ （最終閲覧日2018年8月30日）。
- 京セラウェブサイト「社是 経営理念」https://www.kyocera.co.jp/company/philosophy/index.html（最終閲覧日2018年12月21日）。

第12章　章末問題

第1問　ミニ・プロフィット・センター（MPC）について次の問に答えなさい。
　問1　プロフィット・センターと MPC の違いについて説明しなさい。
　問2　真性 MPC と擬似 MPC の違いについて説明しなさい。
　問3　コスト・センターをプロフィット・センターとすることの意義について述べなさい。

第2問　アメーバ経営について次の問に答えなさい。
　問1　アメーバ経営における組織構造の特徴について説明しなさい。
　問2　時間当り採算の計算構造とその特徴を説明しなさい。
　問3　アメーバ経営における社内売買の仕組みについて説明しなさい。
　問4　アメーバ経営におけるフィロソフィの役割について述べなさい。

索　引

──数字──

3か年ローリングプラン ……………… 269
4つの視点 ……………………………… 8
6つの精進 ……………………………… 273
7つの会計原則 ………………………… 272

──欧文──

ABC …………………………………… 173
ABCとABMの関係 …………………… 177
ABM …………………………… 176, 192
BSC ……………………………………… 5
CAPM ………………………………… 161
CVP分析 ………………………………… 56
EDINET ………………………………… 30
EOL …………………………………… 30
ESG …………………………………… 20
EVA …………………………………… 234
IE（インダストリアル・エンジニア
　リング）法 …………………………… 61
IMA ……………………………………… 4
MPC …………………………………… 257
MVA …………………………………… 234
NOPAT ………………………………… 234
ROA …………………………………… 34
ROE …………………………………… 37
ROI …………………………………… 32
TDABC ………………………………… 181
VE ……………………………………… 205
WACC ………………………………… 234

──あ──

アクション・プラン …………………… 10
アメーバ経営 …………………… 261, 262
アメーバ経営の目的 ………………… 262
アメーバ組織 ………………………… 263
安全余裕率 ……………………………… 69
意思決定会計 …………………………… 11
一括配賦法 …………………………… 252
移転価格 ……………………………… 239
意図された戦略 ………………………… 3
インタラクティブ・コントロール・
　システム ……………………………… 14
インタレスト・カバレッジ・レシオ … 46
インタンジブルズ ……………………… 8
インテンシティ・ドライバー ……… 181
インベストメント・センター … 81, 222
売上債権回転率 ………………………… 40
売上総利益 ……………………………… 32
売上高当期純利益率 …………………… 37
売上高利益率 …………………………… 38
運転資金 ……………………………… 101
運転資本 ……………………………… 108
運転資本の源泉と使途 ……………… 110
運転資本の増減の原因 ……………… 110
営業活動によるキャッシュ・フロー … 116
営業口銭 ……………………………… 266
影響システム …………………………… 2
営業利益 ………………………………… 32
営業量 ………………………………… 56
エンパワメント ………………… 221, 257

オペレーション・サイクル……101

——か——

価格差異……213
学習と成長のプロセス……8
加算法……204
加重平均資本コスト……162, 234
活動基準管理……176
活動基準原価計算……173
活動ドライバー……179, 181
活動分析……177
株主の期待収益率……161
勘定科目精査法……58
カンパニー制組織……223
管理会計……1
管理会計の体系……11
管理会計の定義……4
期間……200
企業の存在意義……3
企業理念……3
擬似（pseudo）MPC……258
基準操業度……212
期中統制……78
期中平均……29
機能横断的な開発チーム……202
機能別組織……219
忌避宣言の権利……241
キャッシュ・コンバージョン・サイクル……101
キャッシュ・フロー……149
キャッシュ・フロー計算書……27, 116
境界システム……14
業績評価……239
業績評価会計……11
京セラ……261

京セラフィロソフィ……3, 263, 272
共通固定費……229
業務処理ドライバー……181
業務的ABM……193
業務的意思決定……127
業務分野の行動計画……74
協力対価システム……271
金融収益……34
黒字倒産……98
経営12カ条……273
経営資本……32, 36
経営資本利益率……36
経営成績……27
経営理念……53
経営レバレッジ……69
計画会計……11
経済的付加価値……231, 234
経常利益……32
継続的原価改善……200
原価維持……199, 200, 210
原価改善……199, 200, 207
原価改善のプロセス……208
原価加算基準……246
原価加算利益基準……246
原価管理……197
原価企画……199, 200, 202
原価企画のプロセス……203
原価基準……243
原価計画……198
現価係数……160
原価態様……57
原価統制……198
原価標準……200, 210
現金同等物……99
権限の委譲……221
現在価値……158

建設仮勘定 …………………………… 36, 41
原単位 ……………………………………… 10
貢献利益 ……………………………… 64, 67
貢献利益図表 …………………………… 67
交渉価格 ……………………………… 247
工場支援レベルの原価 ……………… 180
控除法 ………………………………… 204
合成市価 ……………………………… 247
工程管理 ……………………………… 208
高低点法 ………………………………… 59
行動コントロール ……………………… 13
顧客の視点 ……………………………… 8
顧客別収益性分析 …………………… 188
コスト・オブ・コスティング ……… 188
コスト・センター ……………………… 80
コストテーブル ……………………… 205
コスト・ドライバー ………………… 180
コスト・ドライバー分析 …………… 177
コスト・ビヘイビア …………………… 57
コスト・プラス法 …………………… 246
コストプール ………………………… 178
コスト・マネジメント答申書 ……… 197
固定長期適合率 ………………………… 45
固定費 ……………………………… 56, 57
固定比率 ………………………………… 45
個別固定費 …………………………… 229
個別財務諸表 ………………………… 30
個別配賦法 …………………………… 252
固変分解 …………………………… 56, 58
コミッテッド・コスト …………… 208, 230

——さ——

最小自乗法 ……………………………… 59
財政状態 ………………………………… 27
最適セールス・ミックス …………… 142

サイト ………………………………… 104
財務安全性分析 ………………………… 42
財務活動によるキャッシュ・フロー
……………………………………… 117
財務諸表 …………………………… 25, 26
財務の視点 ……………………………… 8
財務分析 ………………………………… 25
財務分析の限界 ………………………… 31
財務レバレッジ …………………… 37, 46
差額原価 ……………………………… 130
差額収益 ……………………………… 130
差額利益 ……………………………… 130
差額利益分析 ………………………… 130
作業時間差異 ………………………… 215
サプライヤー主体の原価改善 ……… 209
サプライヤーとの連携 ……………… 203
参加的予算管理 …………………… 76, 92
残余利益 …………………………… 231, 232
シェアードサービス ………………… 219
市価基準 ……………………………… 241
時間当り採算 …………………… 261, 266
時間主導型活動基準原価計算 ……… 181
時間ドライバー ……………………… 181
事業戦略 ………………………………… 3
事業部 ROI …………………………… 231
事業部管理可能個別固定費 ………… 229
事業部管理不能個別固定費 ………… 229
事業部資本 …………………………… 249
事業部制組織 ………………………… 219
事業部の残余利益 …………………… 232
事業利益 ………………………………… 34
資金運用表のフォーマット ………… 110
資金繰表のフォーマット …………… 105
資金繰表 ……………………………… 103
資金の概念 ……………………………… 99
資金の効率的利用 ……………………… 98

資金の手当て	98
資金予算	76
資源ドライバー	178
自己資本	28, 32
自己資本回転率	37
自己資本比率	44
自己資本利益率	37
事後統制	78
資産	28
市場付加価値	234
事前統制	78
実質無借金経営	100
資本	28
資本回転率	38
資本コスト	149, 157
資本資産価格モデル	161
資本支出予算	76
資本利益率	32
社内課金制度	220, 253
社内金利制度	249
社内資本金制度	249
社内売買	270
社内売買システム	270
収益	28
収益性分析	32
集権的組織	221
修正市価基準	242
受益者負担の原則	252
受注の可否	128
準固定費	57
純資産	28
準変動費	57
承認図サプライヤー	205
情報資本	8
正味運転資本	100
正味キャッシュ・フロー	151
正味現在価値法	164
ショート	108
職能別組織	219
人員貸借	268
人事コントロール	13
信条システム	14
真性（real）MPC	258
診断型コントロール・システム	14
人的資本	8
数量差異	213
スキャッター・グラフ法	59
ストレッチな目標	83
スパン・オブ・コントロール	221
成果コントロール	13
税金の効果	152
正常操業圏	58
税引後営業利益	234
税引前当期純利益	32
製品支援レベルの原価	180
製品単位レベルの原価	180
製品別の原価改善	208
制約条件1単位当たりの貢献利益	140
セールス・ミックス	129
責任会計	80
責任センター	80
セグメント別損益計算書	228
設備投資	147
全員参加型経営	272
全社戦略	3
戦略	3
戦略的ABM	193
戦略的意思決定	127
戦略的な原価管理	202
戦略マップ	9
操業度	56, 211
総合予算	76

索引　281

総資本……………………………28
総資本事業利益率………………35
相対的業績評価…………………93
創発戦略…………………………3
組織資本…………………………8
ソルベンシー………………26, 42
損益計算書………………………27
損益分岐点………………………62
損益分岐点売上高………………62
損益分岐点販売数量……………62
損益分岐点比率…………………69
損益予算…………………………76
存在意義…………………………53

——た——

貸借対照表………………………27
貸与図サプライヤー…………206
タスク・コントロール…………12
脱予算経営………………………92
棚卸資産回転期間………………41
棚卸資産回転率…………………41
他人資本…………………………27
短期資金管理……………………98
短期予算…………………………75
短期利益計画……………………55
単純回収期間法…………155, 159
着地点……………………………84
中期経営計画……………………54
長期経営計画……………………54
長期資金管理……………………99
長期予算…………………………75
調整機能…………………………79
直接原価計算…………………225
直接材料費原価差異総額……213
直接労務費原価差異総額……215

賃率……………………………133
賃率差異………………………215
追加加工の可否………………128
デザイン・イン………………206
デフォルト・リスク………42, 161
デューデリジェンス……………26
当期純利益………………………32
統合報告…………………………20
当座比率…………………………43
投資活動によるキャッシュ・フロー
　………………………………117
投資利益率法…………………169
統制会計…………………………11
統制機能…………………………78
トップ・ダウン型………………76
豊田綱領…………………………3

——な——

内製か外注か…………………129
内部プロセスの視点……………8
内部利益率法…………………169
二重価格基準…………………248

——は——

バイヤー主体の原価改善……209
バッチレベルの原価…………180
バランスト・スコアカード……5
販売価格差異……………………86
販売数量差異……………………86
非資金的取引…………………111
ビジョン…………………………53
非付加価値活動………………178
費用………………………………28
費用収益対応の原則……………29

標準原価	201
標準原価管理	200
標準全部原価	244
標準全部原価基準	244
標準変動費基準	245
品質機能展開	205
フィードバック・コントロール	16, 79
フィードフォワード・コントロール	16
フィードフォワード型予算管理	269
付加価値活動	178
複利計算	158
負債	27
負債比率	44
負担能力主義	252
部分最適化行動	222
部門別個別原価計算	173
部門別採算制度	261, 265
部門予算	76
振替価格	239
不利差異	85, 213
プロフィット・センター	80, 222
不渡り	104
文化コントロール	13
分権的組織	221
米国公認管理会計士協会	4
変動費	56, 57
変動費率	63
ボトム・アップ型	76
本社費配賦	251

——ま——

埋没原価	131
マスタープラン	269
マネジド・コスト	208, 230
マネジメント・コントロール	12
ミッション	53
見積損益計算書	78
見積貸借対照表	78
ミニ・プロフィット・センター	257
未利用キャパシティ	189, 190
未利用キャパシティの原価	190
目標一致	240
目標原価	203
目標原価の決定方法	204
持株会社制度	224

——や——

有価証券報告書	30
有形固定資産回転率	41
有利差異	85, 213
容易に換金可能である有価証券	100
要求払預金	99
予算	74
予算管理	74
予算管理の問題点	92
予算実績差異分析	83
予算スラック	92
予算統制	74
予算の計画機能	78
予算の体系	77
予算の統制機能	78
予算編成	74
予算編成方針	81
予実管理システム	269
予実差異分析	83
予定	269
予定資金繰表	104, 106

―ら―

ラグビー方式の開発……………203
利益図表………………………61
利益目標………………………55
利害関係者……………………26
流動比率………………………43
流動負債………………………43
レバレッジ効果………………48

レベニュー・センター…………80
連結財務諸表…………………30
ローリング方式………………54
ローリング予測………………93

―わ―

割引回収期間法…………159, 169
割引計算………………………158

【著者紹介】

清水　孝（しみず　たかし）

早稲田大学大学院会計研究科教授　博士（商学）早稲田大学（2000年）

1982年早稲田大学商学部卒業。1991年早稲田大学大学院商学研究科博士後期課程単位取得。1991年朝日大学経営学部専任講師，1994年同助教授，1995年早稲田大学商学部専任講師，1997年同助教授，2002年同教授を経て，2005年より現職。2016年よりめぶきフィナンシャル・グループ外部取締役（監査等委員）。

2006年度から2008年度まで公認会計士試験委員。2002年から2003年までカリフォルニア大学バークレー校客員研究員。IMA（米国公認管理会計士協会）東京支部支部長。CIMA（英国勅許管理会計士協会）North Asia Management Accounting Leaders' Think Tank, CGMA100に選出（2017年）。

《主要業績》

『論点で学ぶ原価計算』新世社，2018年。
Management Control Systems in Japan, Routledge, 2017.
『原価計算（改訂版）』税務経理協会，2017。
『スタンダード管理会計（第2版）』（共著）東洋経済新報社，2017。
『現場で使える管理会計』中央経済社，2015。
『現場で使える原価計算』中央経済社，2014。
『戦略実行のための業績管理』中央経済社，2013。
『68シーンで完全マスター！　今すぐ使えるワンランク上の実践絵ビジネス英語』（共編著）東洋経済新報社，2013年。他多数。

庵谷　治男（おおたに　はるお）

中央大学経済学部准教授　博士（商学）早稲田大学（2017年）

2005年明治大学商学部卒業。2011年早稲田大学大学院商学研究科博士後期課程単位取得。2011年長崎大学経済学部助教，2013年同准教授，2019年東洋大学経営学部准教授を経て，2024年より現職。

《主要業績》

『実務に活かす管理会計のエビデンス』（加登豊・吉田栄介・新井康平編，第7章執筆）中央経済社，2022年。
『事例研究 アメーバ経営と管理会計』中央経済社，2018年（日本原価計算研究学会2018年学会賞（著作賞）受賞）。
『アメーバ経営の進化―理論と実践』（アメーバ経営学術研究会編，第3章分担執筆）中央経済社，2017年。
『サービス・リエンジニアリング―顧客の感動を呼ぶホスピタリティを低コストで実現する』（伊藤嘉博編著，第5章分担執筆）中央経済社，2016年（余暇ツーリズム学会2016年学会賞受賞）。

基礎管理会計

| 2019年4月20日 | 第1版第1刷発行 |
| 2025年3月30日 | 第1版第2刷発行 |

著者　清　水　　　孝
　　　庵　谷　治　男
発行者　山　本　　　継
発行所　㈱中央経済社
発売元　㈱中央経済グループ
　　　　パブリッシング

〒101-0051　東京都千代田区神田神保町1-35
電話 03（3293）3371（編集代表）
　　 03（3293）3381（営業代表）
https://www.chuokeizai.co.jp
印　刷／㈱堀内印刷所
製　本／誠製本㈱

© 2019
Printed in Japan

＊頁の「欠落」や「順序違い」などがありましたらお取り替えいた
しますので発売元までご送付ください。（送料小社負担）

ISBN978-4-502-30341-8 C3034

JCOPY〈出版者著作権管理機構委託出版物〉本書を無断で複写複製（コピー）することは，著作権法上の例外を除き，禁じられています。本書をコピーされる場合は事前に出版者著作権管理機構（JCOPY）の許諾を受けてください。
JCOPY〈https://www.jcopy.or.jp　eメール：info@jcopy.or.jp　電話：03-3513-6969〉

会計と会計学の到達点を理論的に総括し、
現時点での成果を将来に引き継ぐ

体系現代会計学 全12巻

■総編集者■

斎藤静樹(主幹)・安藤英義・伊藤邦雄・大塚宗春

北村敬子・谷　武幸・平松一夫

■各巻書名および責任編集者■

第1巻	企業会計の基礎概念	斎藤静樹・德賀芳弘
第2巻	企業会計の計算構造	北村敬子・新田忠誓・柴　健次
第3巻	会計情報の有用性	伊藤邦雄・桜井久勝
第4巻	会計基準のコンバージェンス	平松一夫・辻山栄子
第5巻	企業会計と法制度	安藤英義・古賀智敏・田中建二
第6巻	財務報告のフロンティア	広瀬義州・藤井秀樹
第7巻	会計監査と企業統治	千代田邦夫・鳥羽至英
第8巻	会計と会計学の歴史	千葉準一・中野常男
第9巻	政府と非営利組織の会計	大塚宗春・黒川行治
第10巻	業績管理会計	谷　武幸・小林啓孝・小倉　昇
第11巻	戦略管理会計	淺田孝幸・伊藤嘉博
第12巻	日本企業の管理会計システム	廣本敏郎・加登　豊・岡野　浩

中央経済社